JN437616

파라오, 이집트의 영광

파라오, 이집트의 영광

The Glories of Ancient Egypt

TREASURES of the PHARAOHS

델리아 펨버턴 지음 · 김희상 옮김

심산

TREASURES OF THE PHARAOHS
by
Delia Pemberton

All rights reserved
Copyright © Duncan Baird Publishers Ltd. 2004
Text Copyright © Duncan Baird Publishers Ltd. 2004
Commissioned Artwork Copyright © Duncan Publishers Ltd. 2004
For copyright of the photographs see Page XX,
which is to be regarded as an extension of this copyright page

Korean Translation Copyright © 2006 Simsan Publishing Co.
Korean edition is published by arrangement with Duncan Baird Publishers Ltd.
through Corea Literary Agency, Seoul

이 책의 한국어판 저작권은 Corea 에이전시를 통한 Duncan Baird Publishers Ltd.와의 독점계약으로 심산출판사에 있습니다.
신저작권법에 의해 한국내에서 보호를 받는 저작물이므로
무단 전재와 복제를 금합니다.

파라오, 이집트의 영광

초판 1쇄 발행 2006년 2월 28일

지은이 | 델리아 펨버턴
옮긴이 | 김희상
펴낸이 | 최원필
펴낸곳 | 심산출판사
주 소 | 서울시 마포구 연남동 567-39 301호
전 화 | 02-324-6280~1
팩시밀리 | 02-324-6412
E-mail | simsan@korea.com
등 록 | 제1-2114호(1996년 11월 28일)

ISBN 89-89721-51-2 03930

* 책값은 뒤표지에 표시되어 있습니다.

차례

머리말

이 책은 테베Thebes의 이야기를 들려주고자 한다. 테베, 고대 이집트의 가장 유명한 도시에 관해서! 아랍어로 붙여진 룩소르Luxor라는 이름으로 더 잘 알려진 테베는 2000년 이상 관광객의 발길을 이끌고 있다. 테베를 찾아 그 놀라운 건축들을 보고 감탄을 금치 못한 방문객들은 수를 헤아릴 수 없을 정도다. 워낙 고대의 유적들이 많은 탓일까. "세계의 가장 큰 야외 박물관"이라는 애칭이 조금도 어색하게 들리지 않는다. 고대 이집트인들이 와세트Waset라고 부른 테베는 상上이집트의 남쪽에 자리 잡고 있다. 나일강이 도시 한복판을 가로지르고 있는 테베는, 주민이 주로 강 동쪽 둑 너머에 살았던 조그만 지방 도시였으나, 점차 발전을 거듭하면서 제국을 다스리는 국제적인 규모의 도시로 발돋움했다.

테베의 규모와 정치적 비중이 급속도로 커져 갈 수 있었던 것은 이집트의 두 거대한 군사 왕조에 힘입은 바가 크다. 지역에 기반을 둔 이 왕조들은 제11왕조와 제17왕조로 두 번에 걸쳐 일어난 내전에서 나라를 구했다. 두 왕조의 고향인 테베는 이집트의 가장 중요한 도시이면서 궁극적으로 종교 중심지로 격상되었다. 테베의 지방 신神 아문Amun* 이 국가의 수호신으로 올라선 것은 당연하다. 아문을 섬기는 나일강 동쪽의 성지 카르나크Karnak는 이후 몇 세대에 걸친 왕들의 아낌없는 관심으로 아름답게 꾸며졌다. 저마다 앞 다투어 독실한 신심을 증명해 보이려 안간힘을 썼기 때문이다. 카르나크가 빠르게 신전과 사당들을 갖춘 거대한 성역으로 성장하자, 사제들 역시 막강한 힘을 획득해 급기야는 파라오와 경쟁할 지경에까지 이른다. 때로 그들은 직접 왕을 추대하면서 이집트 남부 전역을 손아귀에 넣기도 했다.

이집트의 종교 중심지라는 막중한 지위와 더불어 테베는 500년이 넘는 장구한 세월 동안 왕의 묘역으로 쓰이기도 했다. 강의 서쪽 둑에서 멀리 떨어진 소위 '왕들의 계곡' 에는 엄청난 크기의 돌을 깎아 만든 묘들이 있다. 이 묘들은 고대 이집트의 유명한 왕과 왕비들의 미라를 가지고 있었던 곳으로, 1922년 투탕카멘Tutankhamen의 묘에서 발굴된 것과 같은 굉장한 보물들이 함께 묻혀 있었다. 일반의 생각과는 달리, 세계에서 가장 유명한 이 묘지는 그 동안의 온갖 노력에도 불구하고 간직한 모든 비밀을 다 드러내 놓지는 않았다. 무덤과 보물들 그리고 왕의 미라는 계속해서 그 놀라운 정체를 드러내면서 신문지상을 장식하고 있다. 왕의 계곡과 나일강 사이에는 각 왕마다 자신의 화려한 장제신전을 자랑하며 섬김을 받고 있다. 불멸의 기억을 자랑하도록 꾸며진 이 신전들은 말하자면 왕들의 "수백만 년을 이어 갈 대저택"인 셈이다. 테베의 서쪽 강둑 평지에는 이런 일련의 기념비적 유적들이 가득하다. 그 가운데 잘 알려진 것으로는 데이르 엘바하리 Deir el-Bahari에 있는 하트셉수트Hatshepsut의 테라스 사원, 장엄한 분위기를 자아내는 폐허인 람세스 2세Ramesses II의 신전 라메세움Ramesseum, 메디네트 하부Medinet Habu에 위치한 람세스 3세Ramesses III의 묘역 그리고 아멘호텝 3세Amenhotep III의 멤논Memnon** 거상 등을 꼽을 수 있다. 바로 지척에는 2.4km 정도 폭의 강기슭에 직면해, 말카타Malkata라고 불리는 아멘호텝 3세의 왕궁이 폐허가 된 채 죽 흩어져 있다. 이를 보고 있노라면 아멘호텝 3세가 그 어느 왕보다도 더 자신의 생각대로 테베의 풍경을 바꾸어 놓았음을 쉽게 읽어 볼 수 있다. 나일강 서쪽 둑에 자리를 잡은 소박하기 그지없는 두 번째 거류지는 데이르 엘메디나Deir el-Medina라고 하는 촌락으로 왕묘를 짓던 일꾼들이 거주했던 곳이다. 그 흔적을 살펴보면, 이집트의 가장 화려한 유적들을 창조한 노동자들의 생활상을 잘 엿볼 수 있다.

델리아 펨버턴Delia Pemberton은 충실한 글과 적절한 사진들을 통해 이 고대의 유적들을 생생하게 그려 보이고 있다. 지금껏 잘 알려지지 않은 테베의 보물들과 함께! 독자들을 도시의 태초로 안내하는 그녀의 손길을 따라가노라면, 테베의 문화적이고 정치적인 1000년의 발달 과정을 일목요연하게 읽을 수 있다. 테베의 융성과 몰락은 이집트 전체의 운명과 호흡을 같이하는 것이기에 더욱 흥미롭다. 다시 말해서 저자는 테베의 오랜 역사가 안고 있는 주요 특징들을, 유구한 왕조가 성스러운 땅 위에 남긴 지울 수 없는 흔적을 추적해 가면서 보여 주고 있다. 이 성역을, 나일강은 주변에 기름진 옥토를 남기면서 산들을 만나고 그 너머에 있는 사막을 지켜보며 흐르고 있다. 역사책이자 예술 카탈로그이면서 동시에 중요한 참고 문헌이기도 한 이 책 『파라오, 이집트의영광』은 한때 고대 이집트의 심장이었던 도시를 쉽고도 매혹적으로 접근하게 해주는 역작이 아닐 수 없다. 테베! 이 빛나는 유물은 1000년의 세월을 넘어서까지 그 영광을 이어 오면서 현대인을 열광케 하고 있다.

조안 플레처Joann Fletcher

* 아문 : Amon, Amana, Ammon, Hammon 또는 Amen 등으로 다양하게 불린다. 원뜻은 '숨겨진 자'다. 이집트의 하늘 신으로 태양신과 동일시되었다. 원래는 Khmun이나 테베의 지방신이었는데, 이집트로 유입되면서 정치적 중요성을 가진 신으로 섬겨지기 시작했다. 아문은 푸른색 피부와 턱수염이 난 얼굴에 휘어진 뿔을 가진 숫양의 머리를 한 인간의 모습으로 묘사된다. 여기에서 볼 수 있듯, 아문의 성스러운 동물은 숫양과 염소다.

** 멤논 : 그리스 신화에 등장하는 에티오피아의 왕. 티토노스와 새벽의 여신 에오스 사이에서 난 절세의 미남. 트로이 전쟁에서 아킬레우스의 손에 죽었다. 그러나 뒤에 제우스의 도움으로 불사의 존재가 되었다고 전해진다. 이 신화는 이집트에도 전파되어, 많은 멤논의 거상이 세워졌다.

개관

100개의 문을 가진 테베

고대 테베의 장엄한 유적들 그리고 엄청난 규모의 고고학적 보물들은 2000년이 넘는 세월 동안 이집트를 찾는 관광객들의 상상력을 사로잡고 있다. 고대 그리스인들은 테베 건축물들의 위용과 화려함에 감동을 받은 나머지 "100개의 문을 가진 도시"라는 찬사를 아끼지 않았다. 보이오티아Boeotia에 있는 자신들의 도시에 테베의 이름을 따서 똑같이 테베*라고 이름 붙인 것도 그들이다. 일설에 따르면 이 이름은 그저 단순하게 이집트인들이 도시를 부르는 명칭 '타와세트ta-Waset'를 나타내는 것이라고도 하고, 혹은 '타이페트ta-Ipet', 즉 룩소르 신전을 부르는 것이었다고도 한다. 로마인들은 이 신전을 군사 기지로 만들어 버렸다. 아랍인들이 이 도시를 룩소르el-Uqsor('궁성' 혹은 '성채'라는 뜻으로 라틴어의 카스트라castra에서 왔다)라고 부르는 이유는 여기에 있다. 오늘날 테베는 룩소르라는 이름으로 더 잘 알려져 있다.

왕의 권위를 상징하는 지팡이 '왕홀'이라는 뜻을 갖기도 하는 와세트 혹은 타와세트라는 도시의 옛 이집트식 이름은 사실 이 도시에 꼭 맞는 것이기는 하다. 도시 자체가 파라오의 눈부신 부와 호사의 상징이 아닌가. 저 먼 선사 시대의 보잘것없는 촌락이라는 다소 모호한 기원에서 고대 세계의 가장 강력한 도시로 발돋움한 테베! 왕의 권좌는 북쪽으로 제4나일강 폭포에까지 뻗어 현대 터키의 국경과 맞닿을 정도였으며, 남쪽으로는 깊숙이 현재 수단까지 장악한 제국을 호령하는 자리였다.

나일강 남쪽 계곡에 자리 잡은 테베는 서쪽 사막의 오아시스에서 홍해로 나아가는 대상의 통로와 아주 가깝게 접근해 있는 지리적 여건을 톡톡히 즐겼다. 그러나 이를 제

9쪽 현대 룩소르의 전경.
나일강의 동쪽 둑 위를 차지한 현재 위치가 고대 테베가 자리했던 곳이다. 룩소르 신전(여기서는 중앙에 보인다)은 신왕국 시기에 테베의 신 아문을 섬기기 위해 높이 세워졌다.

아래 고대 이집트 왕조의 연대기.
BC 7세기 이전의 모든 연대는 가장 근사치로 추정한 것임을 유념할 것.

* 그리스어 표기는 'Thebai'다.

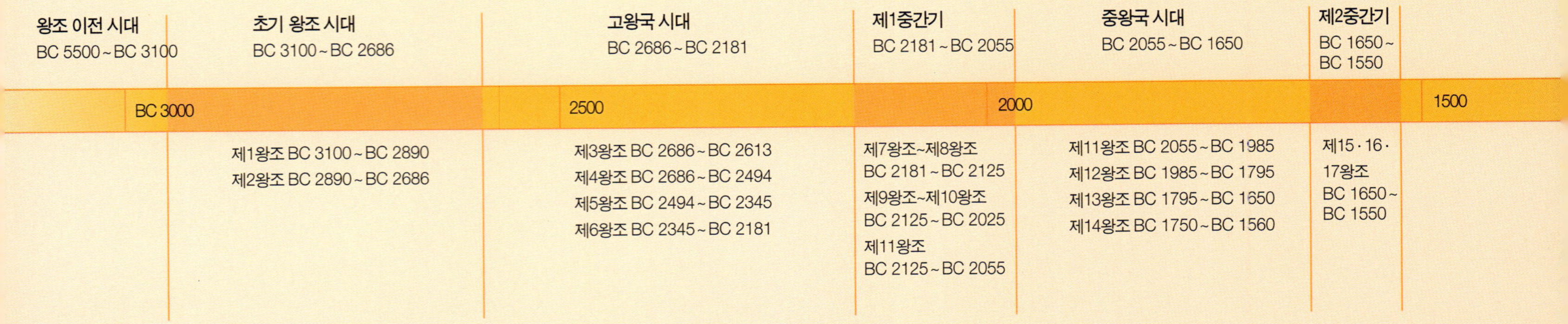

왕조 이전 시대 BC 5500~BC 3100	초기 왕조 시대 BC 3100~BC 2686	고왕국 시대 BC 2686~BC 2181	제1중간기 BC 2181~BC 2055	중왕국 시대 BC 2055~BC 1650	제2중간기 BC 1650~BC 1550
BC 3000		2500		2000	1500
	제1왕조 BC 3100~BC 2890 제2왕조 BC 2890~BC 2686	제3왕조 BC 2686~BC 2613 제4왕조 BC 2686~BC 2494 제5왕조 BC 2494~BC 2345 제6왕조 BC 2345~BC 2181	제7왕조~제8왕조 BC 2181~BC 2125 제9왕조~제10왕조 BC 2125~BC 2025 제11왕조 BC 2125~BC 2055	제11왕조 BC 2055~BC 1985 제12왕조 BC 1985~BC 1795 제13왕조 BC 1795~BC 1650 제14왕조 BC 1750~BC 1560	제15·16·17왕조 BC 1650~BC 1550

왕국 시대 1550 ~ BC 1069	제3중간기 BC 1069 ~ BC 747	후시대 BC 747 ~ BC 332	프톨레마이오스 왕조 BC 332 ~ BC 30	로마 시대 BC 30 ~ AD 395	비잔틴 시대 AD 395 ~ AD 641
	1000	500	기원전	기원후	500
8왕조 1550 ~ BC 1295 9왕조 1295 ~ BC 1186 20왕조 1186 ~ BC 1069	제21왕조 BC 1069 ~ BC 945 제22왕조 BC 945 ~ BC 715 제23왕조 BC 818 ~ BC 715 제24왕조 BC 727 ~ BC 715	제25왕조 BC 747 ~ BC 656 제26왕조 BC 664 ~ BC 525 제27왕조(제1차 페르시아 지배기) BC 525 ~ BC 404 제28왕조 BC 404 ~ BC 399 제29왕조 BC 399 ~ BC 380 제30왕조 BC 380 ~ BC 343 제2차 페르시아 지배기 BC 343 ~ BC 332	마케도니아 왕조 BC 332 ~ BC 305 프톨레마이오스 왕조 BC 305 ~ BC 30		

공중에서 찍은 테베 네크로폴리스*의 전경. 나일강 서쪽 둑 방향에 위치하고 있다. 전면에 보이는 것은 람세스 2세의 장제 신전, 즉 '라메세움' 이라고 더 잘 알려진 신전이다. 무덤 꼭대기 오른쪽에 보이는 것이 하트셉수트의 테라스 사원이다.

*네크로폴리스: 고대 도시 가까이에 있는 묘지를 뜻하는 고고학 용어. 그리스어로 사자(死者)의 도시라는 뜻.

외하면 테베를 전략적 요지라고 보기는 힘들다. 테베가 그토록 중요한 도시로 부상할 수 있었던 것은 역사적 우연에 힘입은 바가 크다. 고대 이집트 역사에는 두 번의 절박한 위기 상황이 있었다. 이때 테베 출신의 왕조들이 질서를 평정하고 나라를 다시 통일하는 데 성공한 것이다. 이들이 통치하는 동안 테베의 수호신 아문은 이집트 전역에서 섬김을 받는 주요 신으로 격상했다. 테베에 있는 아문 신전은 국가 대사원 가운데 하나의 지위를 부여받았다.

고대 테베의 정확한 크기는 이미 이루어진 개발 때문에 가늠하기 힘들다. BC 1세기에 그리스의 역사가 디오도로스 시켈로스Diodōros Sikelos는 도시의 둘레가 140스타디아stadia(약 26km)였을 거라고 추산했다. 이로 미루어 본다면 대략 41km^2 정도의 면적이 아니었을까? 이는 거주 지역과 경작지를 포함한 계산이다. 그러나 저 광대한 묘역은 제외한 크기다. 묘역의 크기는 다시 8km^{2}를 이룬다.

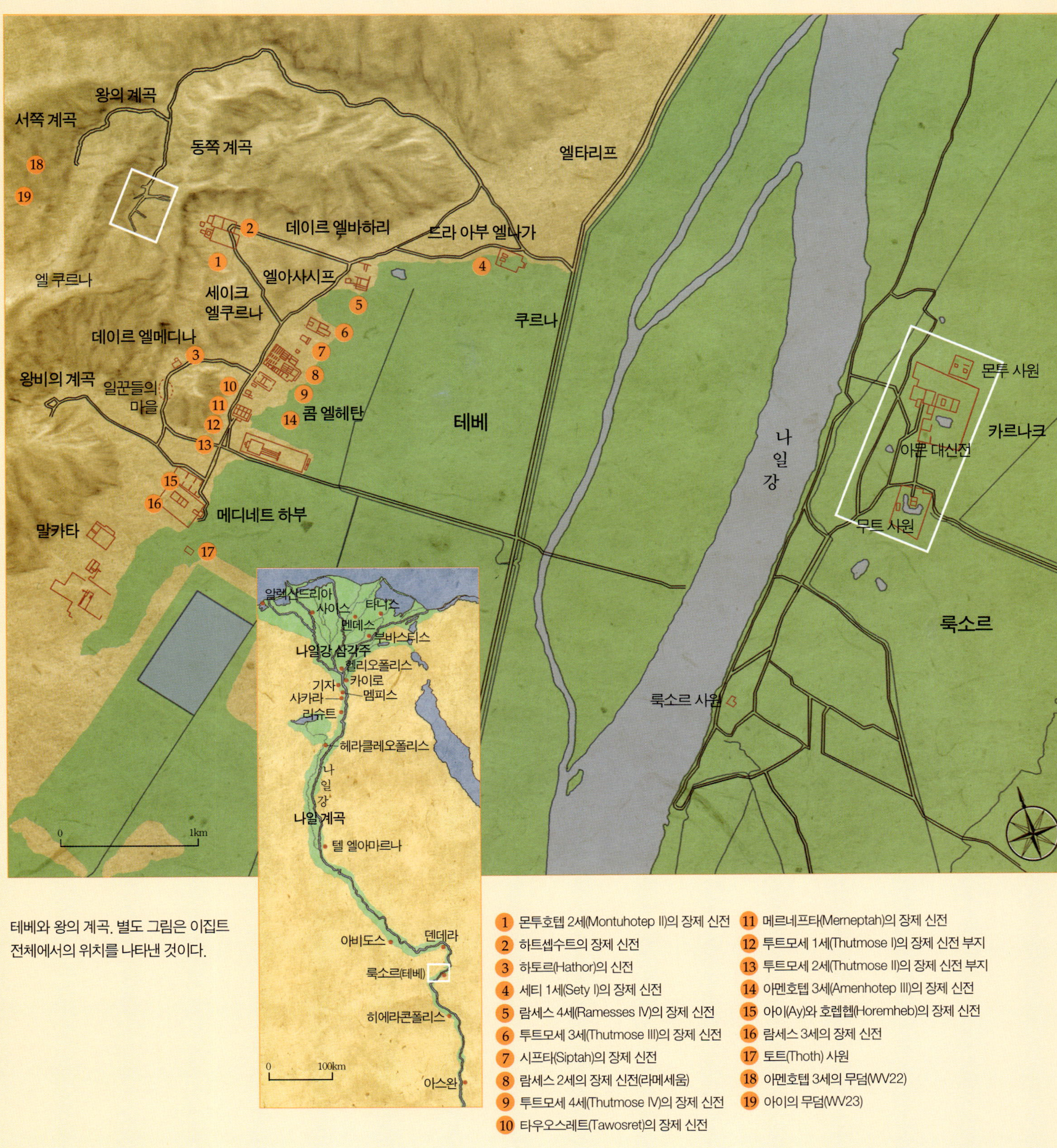

테베와 왕의 계곡. 별도 그림은 이집트 전체에서의 위치를 나타낸 것이다.

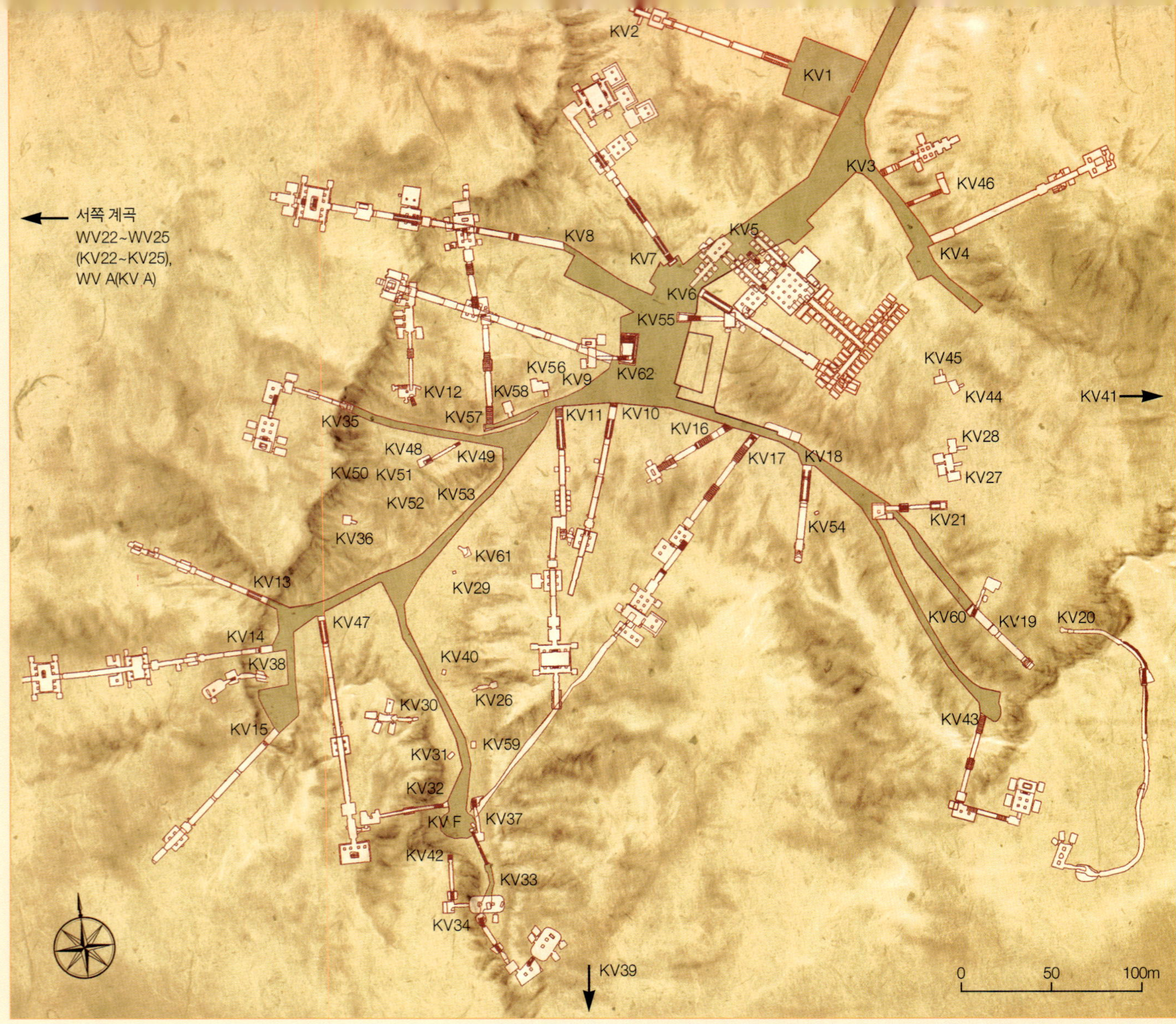

왕의 계곡 동쪽 계곡을 나타낸 지도. 이곳에 있는 62개의 왕묘 대부분은 주인의 이름과 정확한 위치가 확인되어 있다.

기호 해설

KV란 '왕의 계곡'을 가리키는 것이다(즉 왕의 계곡 동쪽 계곡을 말한다. 이곳을 지칭하는 아랍어 '와디 비반 엘무루크(Wadi Biban el-Muluk)'를 글자 그대로 풀면 '왕들의 무덤이 있는 계곡'이라는 뜻이다). WV는 '서쪽 계곡'을 말한다. 다시 말해서 왕의 계곡 서쪽 줄기를 가리킨다.

KV1 람세스 7세
KV2 람세스 4세
KV3 람세스 3세의 아들
KV4 람세스 11세
KV5 람세스 2세의 아들
KV6 람세스 9세
KV7 람세스 2세
KV8 메르네프타
KV9 람세스 5세와 람세스 6세
KV10 아멘메세
KV11 람세스 3세
KV12 성명 미상, 제18왕조
KV13 바이(Bay: 왕실 대관)
KV14 타우오스레트/세트나크트(Seth-nakht)
KV15 세티 2세
KV16 람세스 1세
KV17 세티 1세
KV18 람세스 10세
KV19 몬투헤르크헵세프(Montuherkhep-shef) 왕자
KV20 투트모세 1세와 하트셉수트
KV21 제18왕조의 두 왕비
WV22(KV22) 아멘호텝 3세
WV23(KV23) 아이
WV24(KV24) 성명 미상, 제18왕조
WV25(KV25) 성명 미상, 제18왕조
KV26 성명 미상, 제18왕조
KV27 성명 미상, 제18왕조
KV28 성명 미상, 제18왕조
KV29 성명 미상, 제18왕조
KV30 성명 미상, 제18왕조
KV31 성명 미상, 제18왕조
KV32 티아아(Tia'a: 아멘호텝 2세의 아내이자 투트모세 4세의 어머니)
KV33 성명 미상, 제18왕조
KV34 투트모세 3세
KV35 아멘호텝 2세
KV36 마이헤르프리(Maiherpri: 왕실 고위 관리)
KV37 성명 미상
KV38 투트모세 1세(KV20과 함께)
KV39 아멘호텝 1세?
KV40 성명 미상, 제18왕조
KV41 성명 미상, 제18왕조
KV42 하트셉수트메르예트라(Hatshep-shut-Meryet-Ra; 투트모세 3세의 아내)
KV43 투트모세 4세
KV44 성명 미상, 제18왕조
KV45 우세르헤트(Userhet: 아문 평원의 관리인)
KV46 유야(Yuya)와 투야(Thuya): 아멘호텝 3세의 왕비 티예(Tiye)의 부모
KV47 시프타
KV48 아메네모페트(Amenemopet: 테베의 시장이자 대신)
KV49 성명 미상, 제18왕조
KV50 성명 미상
KV51 성명 미상, 제18왕조
KV52 성명 미상, 제18왕조
KV53 성명 미상, 제18왕조
KV54 투탕카멘 지하 저장소
KV55 테(Tye)? 아크헨아텐(Akhenat-en)?
KV56 성명 미상, 제18왕조
KV57 호렘헵
KV58 성명 미상, 제18왕조
KV59 성명 미상, 제18왕조
KV60 사트라(Satra), 인(In)이라고도 불림(왕실 간호사?)
KV61 성명 미상, 제18왕조
KV62 투탕카멘
WV A(KVA) 성명 미상
KV F 성명 미상

공중에서 내려다본 왕의 계곡 전경. 전면에 데이르 엘바하리 사원의 모습도 보인다. 벼랑 위의 소로는 왕묘 건설 공사 종사자들이 데이르 엘메디나의 숙소에서 왕의 계곡을 오가던 통로다.

테베는 중왕국과 신왕국(BC 약 2055~BC 1069년)을 거치면서 가장 큰 부흥을 누렸다. 그러나 종교적 성지로서 테베가 갖는 비중은 그보다 훨씬 더 오랫동안 이어졌다. 예를 들어 카르나크의 아문 대신전은 최소한 중왕국 시절부터 로마 시대에 이르기까지 활발한 섬김의 중심으로 기능했다. 이미 로마 시대만 하더라도 지중해권의 많은 관광객들이 테베를 찾았을 정도다.

어찌 옛날뿐이랴! 현재에도 테베를 찾는 방문객들은 장대한 신전과 웅장한 왕의 무덤 그리고 비록 규모는 조금 작지만 그 아름다움에서는 조금도 뒤지지 않는 개인의 유적들을 보고 벌어진 입을 다물지 못한다. 오늘날 테베의 그림, 조각, 보석 그리고 무덤 부장품 등은 전 세계 박물관을 돌면서 그 화려한 자태를 뽐내고 있다. 테베의 중요성은 유네스코가 세계 문화 유산으로 선정한 데서도 잘 드러난다. 테베에 대한 고고학의 천착과 연구는 여전히 계속되면서 새롭게 발굴한 유물을 끊임 없이 선보이고 있으며, 고대 이집트에 관한 우리의 지식을 넓혀 주고 삶과 죽음에 대한 이해의 폭을 더욱 깊게 하고 있다.

ORIGINS
태초

구석기 시대에서 제17왕조에 이르기까지

BC 10만 년~BC 1550년경

여신의 자궁
구석기 시대에서 초기 왕조에 이르기까지

BC 10만 년~BC 2686년경

테베 지역 최초의 원주민은 BC 약 10만 년경 사막 언저리의 산에서 유목과 수렵을 하면서 씨족 생활을 하였다. 구석기 시대의 사막은 지금보다 훨씬 더 좋은 조건을 갖추고 있었다. 무엇보다도 사바나에 가까운 환경은 식물이 풍부했고 사냥감이 풍성했다. 나일강의 서쪽과 동쪽으로 지류도 풍부했으며, 주기적으로 범람하는 강물은 온갖 식물이 자라기 좋은 비옥한 땅의 오아시스를 만들어 냈다. 뿐만 아니라 강물에 쓸리면서 드러난 암석에서 부싯돌을 채취해 도구를 만들어 쓰기도 좋았을 것이다.

BC 약 5000년경부터 시작된 신석기 시대에 이르자, 빙하기 말기의 극지방 얼음이 녹아내리면서 기후 변화가 일어났고, 사막은 갈수록 메말라 갔다. 매년 빚어지는 나일강의 범람(현재는 아스완댐 덕분에 더 이상 범람하지 않는다)이라는 위험을 무릅쓰고, 원시인들은 안전한 산을 떠나 비옥한 강 주변의 충적토로 옮겨 가기 시작했다. 그곳에서 그들은 농사를 짓기 위해 관개수로를 개척하고 윤작을 실시하는 등 농경문화 정착에 주력하게 된다.

이집트의 원시 종교에 관해서는 알려진 것이 거의 없다. 추정하기로는 각 부락마다 고유한 신을, 그것도 주로 동물 형태의 신을 섬겼던 것 같다. 시간이 흐르면서 이 신들은 이집트 만신전萬神殿을 가득 메울 정도가 된다. 테베의 나일강 서쪽 둑 너머에 있는 왕의 계곡에서 발견된 소가 그려진 바위는 이후에 나타난 암소의 여신 하토르Hator* 의 숭배와 관련이 있는 것으로 보인다.

이집트 남부에서 무덤에 부장물들을 넣기 시작한 것은 BC 약 4000년경부터다. 이는 사후에도 생명은 계속된다는 믿음이 커져 가고 있음을 보여 주는 것이다. 이집트 다른 지역과 마찬가지로 테베의 공동묘지는 도시의 서쪽 사막과 가까운 곳에 자리하고 있다. 죽은 사람의 영혼이 지는 해를 따라 지하 세계로 들어가고 있는 셈이다. 그래야 매일 아침 동쪽에서 떠오르는 해와 함께 부활할 것이 아닌가. 나일강 주변의 비옥한 평지와 사막을 엄격하게 구분한 것도 산 자와 죽은 자의 영역을 분리하려는 노력의 일환이다.

촌락이 형성되면서 농업에 의해 촉진된 도예나 석공예 등의 간단한 공업이 생겨나자 사회는 갈수록 복잡해졌다. 무엇보다도 농업은 물을 저장하고 분배하는 관개사업을 요구하면서 농부들로 하여금 서로 협력하지 않으면 안 되게 만들었다. 이런 협력 형태가 지방 행정 조직의 시초로 자리 잡으면서 소小국가가 출현하는 계기가 된다. 테베 지역에

* 하토르 : 이집트 신화에 나오는 하늘, 사랑, 기쁨, 결혼, 춤의 여신. 태양신 라(Ra)의 딸이자 역시 태양신으로 숭배받는 호루스(Horus)의 아내다. 보통 두 개의 뿔 사이에 태양 원반을 달고 있는 여신, 또는 암소의 모습으로 표현된다.

는 이런 원시 공동체가 많았던 것으로 보인다. 그 가운데서 주목할 만한 곳으로는 엘타리프el-Tarif와 게벨레인Gebelein 그리고 남쪽의 아르만트Armant 등을 꼽을 수 있다. 그러나 이곳들은 남쪽으로는 히에라콘폴리스Hierakonpolis, 북쪽으로는 나카다Naqada 등과 같은 강력한 중심지의 그늘에 가려져 있었다. 이 도시들이 급성장한 배경에는 와디 함마마트Wadi Hammamat가 있다. 동부 사막 지역에 위치한 와디 함마마트에는 금광이 있었을 뿐만 아니라, 홍해 인접국들과의 교역을 하는 주요 통로였기 때문이다.

이집트 역사에서 가장 중요한 사건은 BC 3100년경에 일어난다. 이집트 남쪽의 소국들이 동맹을 이루어 이집트 전역, 그러니까 지중해 연안에서부터 현대의 아스완댐이 있는 나일강 첫 계곡까지 완전하게 장악한 것이다. "두 나라들", 즉 나일강 계곡(상이집트)과 나일강 삼각주(하이집트)의 통일은 이집트라는 국가적 정체성의 형성과 여기에서의 왕조 역할에 심대하고도 지속적인 영향을 미쳤다.

통일의 주인공은 전설의 왕 메네스Menes** 다. 메네스를 글자 그대로 번역하면 '건립자' 라는 뜻이다. 국가의 수도가 된 곳은 계곡과 삼각주가 만나는 곳에서 멀지 않은 멤피스Memphis다. 이때부터 이집트의 통치자 메네스는 신과 다름없는 존재로 섬김을 받았다. 그는 "상이집트와 하이집트의 왕" 이라는 칭호와 함께 "두 나라의 주인" 으로 불렸다. 그가 손에 들고 있는 두 개의 왕관은 계곡과 삼각주의 합치를 상징한다. 무엇보다도 메네스는 이집트의 보호자이자 신이 내린 질서의 수호자로 섬김을 받았다.

이집트인들은 통일 시대를 황금기로 여긴다. 후대는 이 시기를 그들의 예술, 건축 그리고 사회 체제의 형성에서 의식적으로 접근해 들어가 예술적 영감의 원천으로 채택하고 있을 정도다. 하긴 물품이든 제도든 묵을수록, 그 위엄은 더욱 빛나는 법이다.

테베 서쪽에서 바라본 산맥과 암벽들. 왼쪽 끝에는 데이르 엘메디나, 오른쪽 끝에는 드라 아부 엘나가(Dra Abu el-Naga)라는 이름의 촌락들이 있다. 선사시대 이래 성지로 떠받들어진 곳은 왼쪽 위에 보이는 소위 테베의 '정상(el-Qurn)' 이다. 정면 중앙의 경작지와 면해 있는 건축은 신왕국 시대 왕의 장제 신전 잔해다. 람세스 2세의 신전(라메세움)은 세이크 엘쿠르나(Sheikh Abd el-Qurna) 산 바로 앞의 정중앙에 위치하고 있다. 그 뒤의 오른쪽에 있는 움푹 들어간 곳은 몬투호텝 2세와 하트셉수트의 사원들이 자리하고 있는 데이르 엘바하리다. 이 지점의 암벽 너머가 '왕의 계곡' 이다(18쪽 사진 참조).

** 메네스: Mena, Meni, Min 등 다양한 이름을 가진 이집트의 전설적인 왕. 이집트학 연구자들은 전설적인 인물 메네스를 스코르피온, 나르메르, 아하 등의 이집트 왕들 중 하나와 같은 인물로 추정하고 있으나 확실하게 밝혀진 것은 아무것도 없다.

'왕의 계곡'(동쪽 계곡) 전경. 남동쪽으로 길게 뻗은 산맥을 따라 신왕국의 신전들이 자리하고 있다. 테베의 서쪽에 해당하는 이 계곡은 멀리 보이는 나일강 평원과 나란히 이어진다. 초기의 테베 무덤들은 드라 아부 엘나가와 밀접해 있었다. 이 촌락은 사진에서 보이는 나일강 평원의 맨 왼쪽에 보인다.

고요함을 사랑한 여신

제3왕조에서 제10왕조까지

BC 2686 ~ BC 2125년경

카르나크의 투트모세 3세 기념 성전에 있는 고왕국 통치자들의 부조. 이 형상들은 카르나크를 지을 당시의 왕들을 기념하기 위해 새긴 것이다.

고왕국 시절(제3왕조에서 제6왕조까지, BC 2686~BC 2181년경) 국가의 수도는 멤피스였고, 테베는 상대적으로 눈에 띄지 않는 변방의 도시에 지나지 않았다. 효율적인 통치를 목적으로 이집트는 '노모스nomos'*, 즉 지방 현들로 나뉘었으며 각 현은 저마다 통치자를 가졌다. 상이집트의 네 번째 노모스에 해당하는 테베(와세트)는 남쪽의 게벨레인에서 북쪽의 메다무드Medamud에 이르는 대략 40km의 길이를 갖는다.

테베에서 발견되는 많은 무덤들은 고왕국 시절 지방 통치자들의 것이다. 그 중에서 가장 오래된 것은 엘타리프에 있는 두 개의 독립된 장방형 마스타바mastaba**들로, 각각 제3왕조와 제4왕조의 것으로 추정된다. 제5왕조 때부터 지방 관리들은 가까이 있는 암벽을 깎아 들어가 무덤을 만들었다. 그 무덤의 암벽과 석비에는 무덤 주인의 이름과 지위가 적혀 있다. 카르나크 신전의 오래된 유물도 이 시기의 것으로 추정해 볼 수 있다.

고왕국 말기 중앙정부가 붕괴하면서 지방 출신의 많은 세력가들은 멤피스를 떠나 각자의 고향으로 돌아갔다. 경쟁 세력들을 밀어젖힐 힘을 키워 가며 호시탐탐 정치적 야심을 실현할 기회를 노리기에는 고향만한 곳이 없지 않은가. 이렇게 해서 제7왕조와 제8왕조에 걸쳐서는 멤피스가, 계속해서 이어진 제9왕조와 제10왕조 때에는 나일강 계곡 북부의 헤라클레오폴리스Herakleopolis가 하이집트의 중심 세력권이었다. 반면 남쪽에서는 주도권을 장악하기 위한 도시들 간의 다툼이 치열했다. 테베가 이 와중에 끼어 있었음은 물론이다.

이렇게 나라가 다시 사분오열한 소위 첫 번째 중간기(BC 2181~BC 2055년경)에 룩소르에서 남서쪽으로 약 9km 떨어진 나일강 서쪽 아르만트에 본거지를 둔 족벌이 처음으로 두각을 나타낸다. 이 족벌의 부상과 함께 국가적 지존으로 오르기 위한 테베의 오랜 등반 작업이 시작된 것이다.

*노모스 : 영어 명칭은 'nomes'다. 고대 이집트의 행정 구역 단위를 가리키는 말. 이집트는 많게는 43개의 노모스를 가졌었다.

**마스타바 : 이집트 무덤의 한 형태. 피라미드와는 달리 장방형의 돌로 만든 석실묘다.

왕권의 도시

제11왕조

BC 2125~BC 1985년경

테베 제11왕조 초기는 주요 경쟁 상대인 헤라클레오폴리스의 제9, 10왕조와 시기상으로 거의 맞아떨어진다. 이집트 남쪽의 작은 영역만을 장악했을 뿐인데도 불구하고 테베의 세력은 자신을 분명하게 왕조로 내세우고 있다. 왕의 칭호를 서슴없이 썼으며, 왕권을 상징하는 카르투슈Cartouche(타원형 장식 테두리)* 안쪽에 자신의 이름을 새겨 넣었다.

후대에 제11왕조의 창설자로 인정받은 왕은 BC 2119년경에 테베의 태수(지방 현의 수장)를 지낸 몬투호텝이다. 이 이름의 뜻을 그대로 옮기면, "몬투Montu는 평안하시다"가 된다. 여기서 몬투는 아르만트를 주요 성지로 하는, 테베의 전쟁 신의 이름이다. 말하자면 이 왕조는 몬투를 충직하게 섬기는 집안이다. 이 왕조 후대의 많은 왕들도 똑같은 이름을 썼는데, 이는 아마도 그들의 호전성과 팽창주의에 불타는 열정을 강조함과 동시에 왕조 창건자와 자신을 함께 묶으려는 의도였을 것이다.

몬투호텝을 계승한 세 명의 왕은 모두 인요테프Inyotef라고 불렸다. 이들이 묻힌 곳은 엘타리프다. 테베의 서쪽은 피라미드 같은 독립된 묘를 짓기에는 터가 턱없이 비좁았던 탓에 암석을 뚫어 만든 새로운 형태의 묘가 등장한다. 일명 '사프 무덤Saff tomb'이 그것으로 바로 세 명의 인요테프들을 위해 만든 무덤이다. 석회암벽을 파고들어간 사프 무덤은 기둥이 떠받들고 있는 전경을 통해 들어가면 회랑이 나오며 그 끝에 왕과 왕족들의 시신을 모신 암굴이 있다.

이집트 남부에서 등장하는 왕가나 개인의 유적에서 나온 석주와 비문 등을 보면, 몬투호텝의 후계자들이 테베의 위세를 멀리까지 떨쳤음을 알 수 있다. 결국 인요테프 2세의 오랜 통치기(BC 2112~BC 2063년경) 말엽에 테베는 북쪽으로는 아비도스Abydos, 남쪽으로는 저 멀리 나일강 첫 번째 폭포까지 세력권을 확장하고 있다. 테베의 북벌 팽창은 헤라클레오폴리스의 제10왕조에 충성을 보이는 지방 세력과의 충돌을 불가피하게 만들었다. 때에 따라서는 헤라클레오폴리스와 직접 정면으로 충돌하는 일도 벌어졌다.

BC 2055년경에 제10왕조를 폐한 테베는 그 영향력을 이집트 전역으로 확산하기에 이른다. 첫 번째 과업은 지난 150년 가까운 세월의 혼란이 남긴 사회적이고 경제적인 손실을 회복하는 것이었다. 첫 중간기를 거치는 동안 이집트는 남쪽의 이웃나라 누비아에게 아프리카 무역의 주도권을 빼앗겼고, 거듭된 전쟁으로 나일강 삼각주는 피폐해져 있었다. 물을 둘러싼 다툼이 갈수록 격렬해지면서 농작물이 부실해졌고, 그 결과 기근이

21쪽 사암을 깎아 색칠을 한 넵헤페트레 몬투호텝 2세의 조각상. 하이집트에 대한 통치권을 상징하는 붉은 왕관을 쓰고 있다. 테베 서쪽 데이르 엘바하리의 묘역에서 출토되었다. 왕의 얼굴은 이집트 절대 신 우시르(Usire)** 로 그려져 있다. 우시르는 죽임을 당한 뒤 지하 세계로 내려가 죽음의 신이 되기 전에 아들 호루스***를 낳기 위해 잠깐 동안 되살아났다는 전설 속의 첫 이집트 왕이다. 우시르는 비옥한 토양과 풍성한 결실을 책임지는 신이기도 하다. 전설은 매년 곡식이 추수되어 백성의 식량으로 쓰임과 동시에 일부는 다음 파종을 위해 남겨지는 농경 주기를 상징한다. 우시르의 피부는 보통 이집트의 비옥한 충적토와 같이 검게 그려지거나, 새로운 성장을 상징하는 녹색으로 칠해진다.

* 카르투슈: 명판이나 갑옷 가장자리에 새겨진 소용돌이 꼴 장식을 말한다. 카르투슈는 고대 이집트에서 호신 부적인 동시에 이집트 파라오의 이름과 함께 왕궁의 전면을 새긴 그림을 가리키기도 한다.

** 우시르: 그리스식 발음 오시리스(Osiris)로 더 잘 알려진 이집트의 절대 신. 명계(冥界)의 신인 동시에 초목(草木)의 신이기도 하다.

*** 호루스: 죽음과 부활의 신 우시르와 최고의 여신 이시스(Isis) 사이에서 난 아들. 사랑의 여신 하토르의 남편이다. 어려서는 병약하였으나 우시르로부터 병법을 전수 받아 결국 아버지의 동생이자 원수인 세트(Seth)를 죽이고 통일 이집트의 왕이 되었다는 전설이 전해진다. 이집트 왕들을 '살아 있는 호루스'라고 부르는 것은 이런 이유에서다.

발생하여 범죄가 창궐하는 무법천지가 되어 버리고 말았다.

제11왕조의 마지막 세 왕은 전부 몬투호텝이라는 이름을 가졌다. 마침내 제10왕조를 끝장내고, 서쪽의 리비아와 동쪽 시나이 반도의 베두인족에 대항해 군사력을 강화함으로써 이집트 국경을 공고히 다지기 시작한 왕은 몬투호텝 2세(BC 약 2055~BC 2004년)다. 그의 이런 노력을 후계자 몬투호텝 3세와 4세도 이어받았다. 이 왕들은 삼각주 동부의 요새 망을 재건하고 강화하면서 시나이, 팔레스타인 그리고 시리아 등의 이집트 침공을 막았으며, 이집트가 누비아에서 누리고 있던 이전의 권위를 회복시켰다.

몬투호텝 2세가 주도한 이집트의 재통일은 소위 중왕국(BC 2055~BC 1650년경)의 시작을 의미한다. 중왕국의 번성과 함께 테베는 급속하게 대도시로 성장했고, 이집트 전체 수도의 적지로 발돋움했다. 그 옛날 단일 축에서 벗어나 있는 사례로만 기억되던 도읍이 이렇게 커진 것이다. 나일강 동쪽, 그러니까 카르나크에 있는 자신의 왕궁 옆에 몬투호텝 2세는 지역의 신 아문에게 헌정하는 성대한 신전을 짓도록 했다. 아문 신은 아내인 무트Mut* 여신과 아들인 달의 신 콘수Khonsu와 함께 섬겨진다. 이전에 아문은 별로 알려지지 않은 창조의 신에 불과했으나, 테베가 정치 중심으로 급부상하면서 이집트 전역에서 섬김을 받는 주요 신 가운데 하나가 되었다.

왕궁에서 나일강 건너 5km 떨어진 곳에 있는 데이르 엘바하리에 몬투호텝은 자신의 묘역을 웅장하게 건설하였다. 테베 서쪽의 거대한 석회암벽으로 이뤄진 입지는 그 배경만으로도 상당한 시각적 효과를 기대할 수 있는 곳이다. 입지의 선정에는 이 점이 충분히 고려된 것으로 보인다. 바로 맞은편에 있는 카르나크와 더불어 왕의 묘역은 삶과 죽음의 경계를 넘나드는 신적인 왕의 존재를 강조해 주지 않는가. 몬투호텝의 묘역은 왕의 무덤과 장제 신전으로 이뤄져 있다. 장제 신전이란 왕에게 제사를 드리기 위해 만들어진 공간을 말한다.

묘역의 설계는 이전에 볼 수 없던 매우 독특한 것이다. 지하 묘실과 기둥이 떠받들고 있는 전경은 초기 사프 무덤의 요소를 그대로 취하였으며, 묘역의 중앙을 강조한 구조와 둑의 형태로 만들어진 오름길 등은 이집트 북부의 옛 수도 멤피스의 무덤들에서 볼 수 있는 왕의 피라미드를 참조한 것으로 보인다. 이런 형태가 등장하고 있는 것은, 몬투호텝 2세가 북부를 정벌한 뒤 그곳 왕조의 전통에 영향을 받은 결과로 보인다.

22쪽 데이르 엘바하리의 장제 신전에 등장하는 석회암 부조. 상이집트를 상징하는 흰 왕관을 쓴 왕이 포로로 사로잡힌 적에게 철퇴를 내려치는 소위 '타격 장면' 이다. 이런 장면은 왕의 권위를 상징하는 전통으로 자리 잡아 왕조 이전 시기부터 로마 시대에 이르기까지 고대 이집트의 3500년 전 역사를 걸쳐 왕실의 유적과 공예품에 약간씩 변형되기는 하지만 빠짐없이 등장한다.

* 무트 : 하늘의 여신. 콘도르로 묘사되거나 콘도르 모양의 헤어스타일을 한 모습으로 그려진다. 무트는 또한 모든 신들의 어머니이기도 하다.

카위트(Kawit)의 석관에 새겨져 있는 젖 짜는 장면. 카위트는 멘투호텝 2세의 여러 왕비 가운데 한 명으로, 역시 데이르 엘바하리에 묻혀 있다. 암소가 눈물을 흘리는 이유는, 젖을 먹여야 할 송아지는 앞발에 묶여 있고 사람이 젖을 짜내고 있기 때문이다. 이집트인들은 이로써 암소의 여신 하토르에게 미안한 마음을 표하고 있는 것일까?

묘역이 동쪽을 바라보고 있는 것은 몬투호텝이 매일 새롭게 부활하는 태양을 볼 수 있게 배려한 것이다. 또 묘역 주변은 정원으로 잘 가꿔져 있는데, 플라타너스나 무화과 등의 관상용 나무들이 심어져 있다. 오름길 옆에는 눈에 잘 띄지 않도록 만들어진 가상 무덤이 하나 있다. 아마도 도굴꾼의 눈을 속이기 위한 것으로 보인다. 이 무덤 안에는 우시르의 형상으로 만들어진 몬투호텝의 조각상이 있다(21쪽 참조). 중왕국에 이르러 죽은 왕은 거의 우시르와 같은 대접을 받은 것으로 보인다.

전설이 전하고 있는 이집트의 첫 왕 우시르는 동생인 악의 신 세트에게 살해당한 뒤 지하 세계의 왕이 되었다. 그랬다가 아내 이시스의 마법으로 되살아난 우시르는 아들 호루스를 낳는다. 말인즉 죽어서 아들을 낳은 셈이다. 이 아들이 왕위를 계승했음은 물론이다. 살아 있는 실제의 왕, 즉 백성의 보호자이자 백성을 떠받들어야 하는 현실의 왕이 호루스의 화신으로 섬겨지고 있는 것은 이런 이유에서다. 바꿔 말해서 죽은 왕은 우시르가 된다.

제11왕조 테베의 장군 안테프(Antef)의 조각상. 사암을 깎은 다음 색칠을 한 것이다. 안테프는 몬투호텝 2세의 대신으로 군대를 총괄한 인물이다. 멘투호텝의 묘와 거의 맞먹을 정도인 안테프 묘의 규모와 도색을 보면, 안테프가 대단한 권세를 누렸음을 잘 알 수 있다.

초기 왕조의 묘역과 마찬가지로 몬투호텝의 묘도 아내와 자식을 묻을 장소를 마련해 두고 있다. 당시 몬투호텝의 많은 여인들 가운데서 왕비라는 최고의 지위를 누린 여자는 단 한 명뿐이다. 그러나 왕이 워낙 많은 첩들을 거느렸기에, 거대한 묘역 곳곳에 여인들이 묻혀 있는 것으로 보인다. 주인이 확인된 묘들은 템Tem과 네페루Neferu의 것이다. 정식 왕비의 영예를 누린 여인은 네페루인 것 같다. 네페루는 또한 왕의 누이동생이기도 했다. 또 하나의 확인된 묘는 왕의 큰아들 인요테프의 것인 듯하다. 그는 왕위를 이어받을 만큼 오래 살지 못했다.

사원의 안뜰에는 다른 무덤들과 함께 일렬로 늘어선 여섯 개의 사당들이 있다. 사당들은 모두 지하에 묘실을 갖추고 있는데, 이는 죽은 왕의 하렘으로 만들어진 것이다. 그 가운데 아이의 묘가 하나 있기는 하지만 말이다. 폐허가 되다시피 한 무덤에서는 아마포 옷가지와 벽 부조 장식의 조각들 그리고 아주 아름답게 조각된 두 개의 석관이 발견되었다. 석관의 주인은 아샤이트Ashait와 카위트라는 왕족의 여인들이며, 석관 위에는 왕궁의 생활이 그려져 있다.

옛날부터 평민들은 왕과 가까이 묻히고 싶어했다. 살아서 영화를 누린 사람은 죽어서도 마찬가지가 아니겠는가. 조금이라도 더 가까이 가서 그 영화를 함께 맛보고 싶었으리라. 왕실의 묘역에 무덤을 지어도 좋다는 허가는 높은 사회적 지위를 가진 사람에게만 내려졌다. 보통은 왕족과 고위 관리에게만 허용된 특권이다. 제11왕조 초기의 개인 묘는 주로 엘타리프에 있는 왕실 묘 옆에서 발견된다. 그러나 몬투호텝 2세의 묘역이 완성되면서, 묘지로 각광을 받은 곳은 데이르 엘바하리다. 가장 관심을 끄는 묘 중의 한 곳에는 모두 60구에 달하는 유골들이 묻혀 있다. 분명 전쟁 중에 전사한 사람들을 서둘러 묻은 것으로 보인다. 몬투호텝이 벌인 재통일을 위한 전쟁에서 죽은 사람들임에 거의 틀림없다.

왕의 묘역 북쪽과 남쪽에는 암벽의 단단한 바위를 깎아 만든 묘들이 있다. 몬투호텝 대신들의 묘다. 원래 이 묘들은 정성 들여 단장한 부조 장식들을 가지고 있

었다. 주로 농사를 짓고 가사를 꾸리는 장면을 묘사한 것들이다.

아마도 무덤의 주인이 살아서 섬김을 받던 특권을 다음 세계에서도 누리라고 만들어 놓은 것 같다. 오랜 세월을 거치는 동안 부조는 거의 부서져 버렸다. 그러나 이 개인 묘의 다른 부장품들은 그대로 남아 있다. 그 중에는 거대한 석회암 석관이 있는데, 이는 재상(최고 대신) 다기Dagi의 것이다. 석관에는 많은 봉헌물과 함께 비문이 적혀 있는데, 죽은 이의 사후 생활을 돕기 위한 것으로 보인다. 또 다른 재상 이피Ipi의 묘에서는 헤카나크트Heqanakht라는 사제의 것으로 보이는 편지들이 나왔다. 이 기록들은 당시의 일상생활을 생생하게 전해 주는 자료다. 그러나 뭐니 뭐니 해도 가장 유명한 개인 묘는 장관이었던 메케트라Meketra의 것이다. 여기에서는 묘실의 바닥 아래 감추어졌던 많은 목각 공예품들이 출토되었다. 다른 무덤의 손상된 그림과 마찬가지로, 이 공예품들은 중왕국 귀족의 사유지를 아주 꼼꼼하게 재현한 것이다. 작업장이 딸린 대저택, 마구간 그리고 부엌 등등. 하인들의 모습도 보트와 가축들과 함께 그려져 있다.

데이르 엘바하리의 메케트라 묘에서 나온 다채로운 색채의 목각 공예품들은 귀족 생활의 생생한 모습을 보여 준다.

26쪽 한 여인이 한 손에는 오리를 들고 머리에는 음료가 담긴 항아리를 넣은 통을 이고 있다. 메케트라의 정령이 누릴 식료품이다.

위 차양 아래 앉은 메케트라가 가축의 수를 헤아리고 있다.

강한 신 아문

제12왕조

BC 1985~BC 1795년경

제12왕조의 통치 아래 테베는 나일강 계곡 북쪽에 있는 새 도시, 그러니까 현재의 리슈트Lisht와 가까운 도시에 수도의 명예를 내주고 만다. 천도를 결심한 왕은 제12왕조의 첫 왕인 아메넴헤트 1세Amenemhet I(BC 1985~BC 1955년경)다. 아마넴헤트는 제11왕조의 마지막 왕인 몬투호텝 4세 아래서 대신을 지낸 인물이었던 것 같다. 어떻게 해서 그가 왕위에 오르게 되었는지는 분명하지 않다. 몬투호텝이 후사를 두지 못한 까닭에 아메넴헤트를 후계자로 지목한 것은 아닐까? 거꾸로 아메넴헤트가 쿠데타를 일으켰을 가능성도 배제할 수는 없다.

새 수도의 이름 아메넴헤트이트타위Amenemhet-Itjtawy의 뜻은 "아메넴헤트가 두 나라들을 접수했다"이다. 이는 과거와의 결별을 천명하려는 아메넴헤트 1세의 결단을 표현하고 있는 것이다. 그 옛날 아메넴헤트는 이집트 질서의 궁극적인 재건자라는 명성을 누렸다. 이는 주로 "네페르티의 예언The Prophecy of Neferti"이라는 괴문서의 영향을 받은 것이다. 고왕국 시절에 씌어진 것처럼 꾸며진 이 책은 사실 아메넴헤트 통치 당시나 혹은 더 뒤에 만들어진 것으로 보인다. 책에서 네페르티라는 이름의 한 사제는 고왕국의 몰락과 함께 이집트를 엄습할 대혼란을 예고하였다. 물론 거기서 그치지 않고 질서를 재건할 성스러운 운명의 주인으로 아메넴헤트를 지목하였다. "보라, 한 왕이 남쪽에서 나리니, 그의 이름은 아메니Ameny(아메넴헤트)이리라…. 그는 흰 왕관을 받을 것이며, 붉은 왕관을 수호하리라. 그는 두 권력을 하나로 묶을 것이다…. 악행을 범하거나 공격을 꿈꾸는 자들은 그가 두려워 침묵하리라…. 정의가 제 자리를 되찾을 것이며 불의가 추방당하리라."

꾸며진 선전 전략의 냄새가 짙게 풍김에도 불구하고 아메넴헤트가 이집트 내의 영토 분쟁을 일단락지은 것은 사실인 것 같다. 그는 각 지방 간의 경계를 분명히 함으로써 장래의 번영을 일굴 기초를 다졌고, 농사를 짓는 데 쓰일 물을 공정하게 분배했다. 그는 또 국가 전역의 핵심 요직에 자신에게 충직한 관리들을 심어놓는 데 주력했다. 남쪽의 아스완에는 새 총독을 파견했으며, 누비아에도 요새를 구축하면서 아프리카 무역의 주도권을 다시 장악했다.

아메넴헤트는 "아문은 으뜸이다"라는 뜻이다. 이는 제12왕조 치하에서 아문이 테베의 지방 신에서 이집트 전역을 장악한 주신主神으로 격상했음을 의미한다. 비록 궁정은

29쪽 카르나크에서 출토된 세누스레트 1세(Senusret I)의 조각상. 석회암으로 만들었으며 색칠을 하였다. 세누스레트는 우시르 신으로 표현되어 있다. 왕족 미라의 전통대로 가슴 위에서 두 팔을 교차해 놓았다. 양쪽 손에는 각각 '생명'을 상징하는 안크(ankh) 십자가가 들려 있다.

위 카르나크의 세누스레트 1세 봉축 신전에 있는 한 기둥. 창조의 신 프타(Ptah)*의 포옹을 받는 왕을 그렸다.

31쪽 세누스레트 1세의 흰 성소에 등장하는 섬세한 이 부조가 이토록 말끔하게 보존될 수 있었던 데는 그만한 이유가 있다. 카르나크에 있는 세 번째 파일론(Pylon)**에 채워 넣기 위해 아멘호텝 3세가 우아함을 자랑하는 이 사당에서 기둥을 뽑아다 썼기 때문이다. 전면에 등장하는 장면은 불끈 선 남근으로 왕성한 생식 능력을 자랑하는 아문-민(Amun-Min)*** 신 앞에 선 왕을 보여 주고 있다.

북쪽으로 옮겨 갔지만, 테베에 위치한 아문 신전은 전혀 무시당하지 않았다. 카르나크에서 진행되고 있는 대규모 신전 공사도 원안대로 계속되었다.

그러나 30년 넘게 권좌를 장악하고 있던 아메넴헤트는 결국 암살당하는 최후를 맞는다. 아마도 권력을 둘러싼 암투에서 희생된 것으로 보인다. 그의 뒤를 이어 왕위에 오른 사람은 그의 아들 세누스레트 1세(BC 1965년경~BC 1920년)다. 새 왕은 아버지의 과업을 이어받아 누비아에 보다 많은 요새를 구축하고 리비아족을 공략했다. 그리고 동쪽으로는 시리아, 팔레스타인 지역의 도시 국가들과 활발한 무역을 전개하면서 외교 관계를 공고히 했다.

카르나크에서 아문의 화려한 새 신전을 완공하고 경축한 왕은 세누스레트(그리스어로는 세소스트리스Sesostris로 알려져 있다)다. 중왕국의 신전들은 주로 점토 벽돌을 쓰고 외장만 암석을 사용해 지었는데, 그 결과 세누스레트가 지어 놓은 구조물은 거의 남아 있지 않다. 이후 왕들이 건축물을 지으면서 건자재를 마구잡이로 빼다 썼기 때문이다. 그러나 하얀 석회암으로 만든 아름다운 사당은 현재 카르나크의 야외 박물관에 재현되어 있다. 흰 성소로 알려진 이 사당은 아마도, 사제들이 종교 행렬을 위해 배 모양의 건조물에다가 신전에 모실 여러 신상神像들을 나르면서 사용하던 중간 역쯤 되었던 것 같다. 단출한 주랑 형태의 사당은 들고 날 때 전면과 후면에 있는 경사로를 이용하게 되어 있다. 사당은 행사를 치르는 동안 신성한 배를 놓아 둘 공간만 달랑 가지고 있다. 사당의 외관에는 백성을 대신해서 신들에게 제물을 바치고 있는 세누스레트 1세의 모습을 새긴 섬세한 부조가 가득하다.

세누스레트 1세의 정치는 후계자 아메넴헤트 2세Amenemhet II와 세누스레트 2세Senusret II에 의해 그대로 승계되었으며, 세누스레트 3세Senusret III(BC 1874~BC 1855년경)에 이르러 이집트는 누비아와 시리아 팔레스타인 지역에서의 옛 힘을 되찾았다. 이집트의 남쪽 국경은 더욱 남쪽으로 밀고 내려가 셈나Semna에 위치한 나일강 두 번째 폭포에까지 이르렀다. 요새 망을 튼튼히 구축하면서 남쪽 국경을 더욱 든든하게 굳혔음은 물론

* 프타 : 우주의 창조자, 만물의 제조자, 장인들, 특히 조각가들의 수호자로 섬겨지는 이집트의 신.

** 파일론 : 원래는 그리스어인 파일론은 고대 이집트 사원의 탑문(塔門)을 가리킨다.

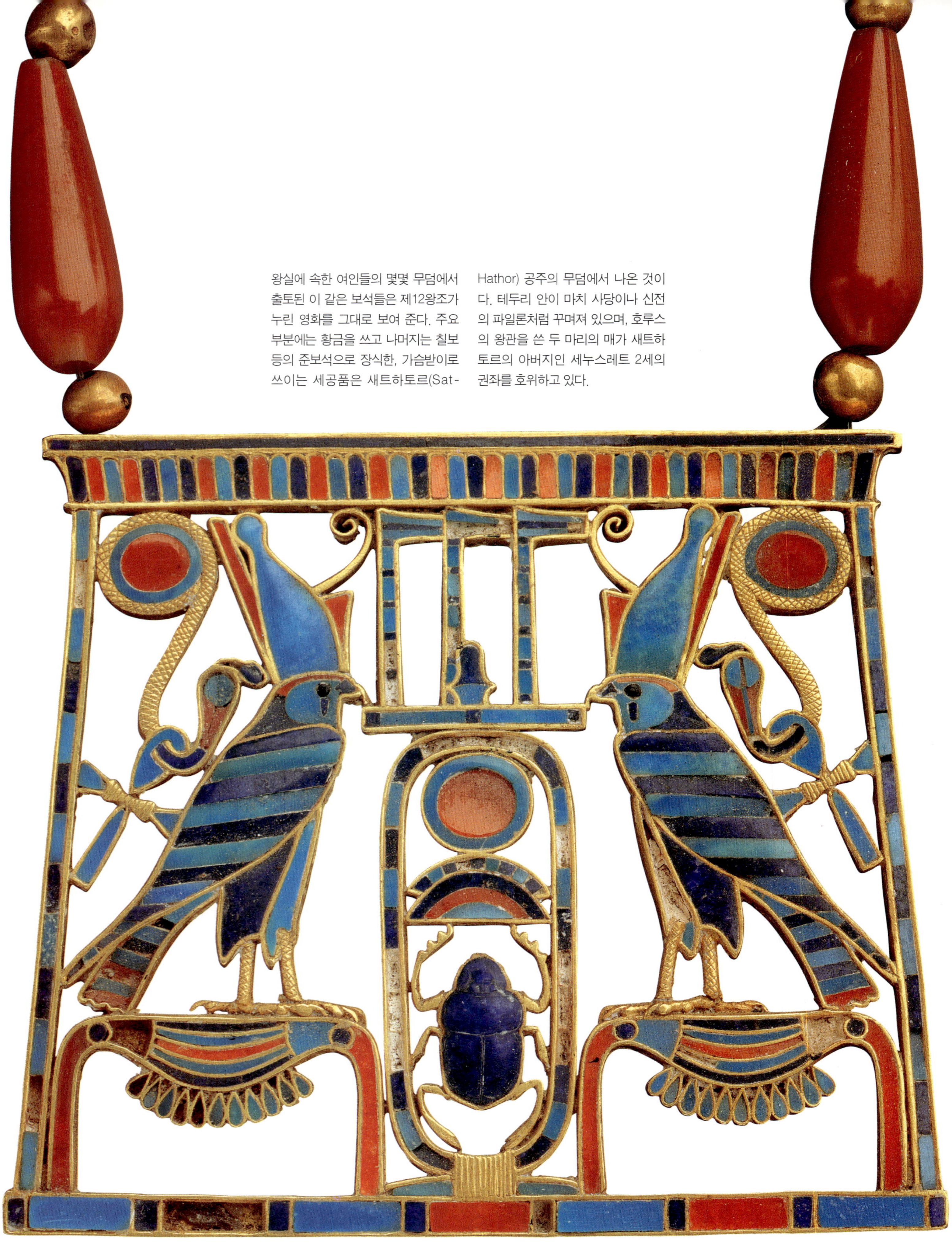

왕실에 속한 여인들의 몇몇 무덤에서 출토된 이 같은 보석들은 제12왕조가 누린 영화를 그대로 보여 준다. 주요 부분에는 황금을 쓰고 나머지는 칠보 등의 준보석으로 장식한, 가슴받이로 쓰이는 세공품은 새트하토르(Sat-Hathor) 공주의 무덤에서 나온 것이다. 테두리 안이 마치 사당이나 신전의 파일론처럼 꾸며져 있으며, 호루스의 왕관을 쓴 두 마리의 매가 새트하토르의 아버지인 세누스레트 2세의 권좌를 호위하고 있다.

이다. 국내에서는 지방 영주들의 권력을 제한함으로써 보다 강한 왕의 실권을 확보하는 데 성공했다. 이렇게 해서 마침내 아메넴헤트 3세Amenemhet III (BC 1855~BC 1808년경)에 이르자 이집트는 옛 영화를 완전히 회복했다. 그러나 이 영광의 세월은 오래 가지 못했다. 왕조가 급속히 쇠락하고 만 것이다. 왕조의 마지막 남성 왕은 아메넴헤트 4세Amenemhet IV였는데, 그가 다스린 9년의 세월은 이렇다 할 치적을 찾기 어려운, 상대적으로 가라앉은 시절이었다. 그의 뒤를 이은 왕은 누이동생 소벡네페루Sobekneferu였다. 장담하건대 첫 번째 여성 파라오가 등장하는 순간이다. 왕조의 최후를 장식한, 비록 짧은 통치 기간(BC 1799~BC 1795년경)이기는 했지만, 소벡네페루는 북부 라훈Lahun 근처의 하와라Hawara에 있는 아메넴헤트 3세의 거대한 장제 신전을 완성한 것으로 보인다. 거의 3000여 개가 넘는 작은 공간들을 가지고 있는 신전을 두고 미노타우로스의 전설을 믿는 그리스인들은 나중에 '미궁' 이라고 불렀을 정도다.

정작 소벡네페루가 묻힌 곳이 어디인지는 알려져 있지 않다. 대개의 12왕조 왕들과 마찬가지로 북부의 리슈트나 라훈 혹은 다흐슈르Dahshur에 무덤이 있지 않을까 추측하고 있는 정도다. 지금 언급한 지명들에서 왕조는 고왕국 시절의 피라미드 건축 전통을 되살리고 있다. 왕족이나 고관대작들도 이 묘역들에 묻혔다. 특히 몇몇 왕비의 무덤에서는 어마어마한 보석들이 출토되기도 했다.

아무튼 주로 북쪽 지역에 묘를 쓴 결과, 이 시기의 것으로 보이는 무덤과 관련된 유적들은 별로 찾아볼 수가 없다. 그 대신 왕들이나 높은 지위를 누렸던 사람들은 테베의 신전에 자신들의 조각상을 헌정하는 것으로 테베에서의 건재를 과시했다. 테베에 있는, 12왕조의 것으로 보이는 유일한 무덤은 원래 세누스레트 1세의 치하에서 대신을 지낸 인요테프이쿠에르Inyotef-iquer를 위해 마련된 것이었다. 그러나 실제로 거기 묻힌 인물은 대신의 어머니인 세네트Senet다. 인요테프이쿠에르 자신은 리슈트에 묻혔다. 테베에서 흔히 볼 수 있는 무덤들은 하위 관리들의 것으로 별 장식이 없이 초라하다. 이를테면 몬투호텝의 집사를 지낸 인물의 수수한 묘는 1823년 옛 모습 그대로 발견되었다.

황금과 준보석을 배합해 만든 이 코브라는 세누스레트 2세가 가졌던 왕의 표장 중에 포함된 것이다. 아마도 왕관의 전면이나 두건 앞에 달려 있었던 것으로 보인다. 고개를 곧추세우고 적의 눈에 독을 쏘는 형상이다. 그리스어 우라에우스(Uraeus : 글자 그대로 "고개를 빳빳이 세우다" 라는 뜻이다)로 더 잘 알려진 이 코브라는 종종 코브라 여신 우아제트(Uatchet)와 동일시된다. 우아제트는 하이집트의 수호신으로, 이 신을 섬기는 예식은 왕조 이전의 시기까지 거슬러 올라간다.

*** 아문-민 : Min은 풍요를 상징하는 이집트의 신이다. 아문과 결합해 파라오의 성적 능력과 아들을 낳을 기운을 불어넣어 주는 신으로 등장한다.

니트프타(Nit-Ptah)의 묘에서 출토된 석주. 석회암으로 만들고 채색을 하였다. 니트프타는 제12왕조 때 왕실의 고위 관리를 지낸 인물이다. 니트프타와 그의 가족을 그린 이 석주는 1915년 뉴욕 메트로폴리탄미술박물관 팀에 의해 테베의 서쪽에 위치한 아사시프(Asasif) 지역에서 발견되었다. 23cm 높이에 31cm의 폭을 가진 이 석주는 니트프타와 그의 아내 세니(Seni)가 가운데 서고 그 앞과 뒤에 딸 데두(Dedu)와 아들 인요테프(Inyotef 혹은 Antef)가 따르는 모습을 그리고 있다. 여인들이 손에 들고 냄새를 맡는 꽃은 아마도 연꽃이나 수련인 듯하다. 이런 행위는 죽고 난 다음에 몸이 다시 젊음을 회복하라는 상징적인 것이다. 석주의 위쪽에 띠 모양으로 새겨진 기록은 묘의 주인과 그 가족이 누구인지를 적은 것이다. 장례를 관장한다는 신 프타소카르(Ptah-Sokar)가 지켜보는 가운데 가족은 '이마쿠(imakhu: 명예로운 혹은 존경받는 사람이라는 뜻)'의 반열에 오르고 있다.

왕국의 경쟁 세력들

제13왕조에서 제17왕조까지

BC 1795~BC 1550년경

제12왕조의 왕권은 테베의 다른 가문으로 넘어간다. 이른바 제13왕조(BC 1795~BC 1650년경)가 출현한 것이다. 이 왕조는 처음에는 북쪽에서 이집트를 다스리기 시작했다. 그러나 150여 년 동안 60여 명의 왕들을 거쳐 내려오면서 왕권은 극도로 쇠약해졌다. 속속 출현하는 경쟁 세력이 도전장을 내민 것은 당연하다. 그 중에는 제14왕조도 끼어 있었는데, 이 왕조는 제13왕조와 거의 같은 시기에 이미 이집트 일부를 다스리던 세력이다.

이런 내정의 혼란에 휘말리자 국경 너머까지 힘을 미치기는 무리였다. 시리아와 팔레스타인 등에서 아시아인들이 속속 나일강 삼각주 지역으로 밀고 들어오는 동안, 누비아는 이집트의 세력권에서 멀찌감치 달아나 버렸다. 아시아인들은 때로 아바리스Avaris* 를 거점으로 한 독립 왕국을 건설할 정도였다. 제15왕조와 제16왕조를 이룬 이들을 이집트인들은 헤카 카스트heka khaswt(이민족 왕들)라고 불렀다. 나중에 그리스인들이 '힉소스Hyksos' 라고 부른 바로 그 왕조들이다.

* 아바리스: 나일강 삼각주에 위치한 이집트의 고대 도시. 현재의 텔 엘다바(Tell el-Daba)에 해당한다.

후대의 이집트 기록은 힉소스의 이런 진출이 외국의 강제 침략에 따른 결과인 양 쓰고 있다. 그러나 사실은 다르다. 힉소스는 그저 오랜 시간에 걸쳐 점차적으로 이민족이 이집트로 이주해 들어오면서 형성된 세력이다. 테베와 힉소스의 관계도 처음에는 우호적이었다. 힉소스는 본래 유목과 교역을 주로 하던 사람들이어서, 남쪽의 나일강 계곡까지 세력을 확장하는 데도 별반 관심을 갖지 않았다. 그러나 시간이 지나면서 힉소스가 삼각주 내에서 힘을 튼튼하게 기르고, 테베가 근동 무역에서 배제되자 관계가 틀어지기 시작했다. 특히 남쪽의 나일강 계곡 쪽으로 자신의 세력권을 다지고 싶었던 제13왕조는 테베로 수도를 옮기기로 결심한다.

테베에는 제13왕조의 유적이 별로 남아 있지 않다. 하긴 적대 세력에 둘러싸여 있던 터에 무엇이 남아 있을까. 그러나 후대 왕조, 특히 제17왕조(BC 1650~BC 1550년경)의 유물은 적지 않게 살아남아 있다. 왕과 왕비의 무덤들은 테베의 서쪽 둑에 위치한 드라 아부 엘나가라는 곳에 있다. 그러나 그 정확한 위치는 19세기의 발굴 작업에도 불구하고 알 길이 없다. 제17왕조 초기의 왕실

아래 제17왕조의 왕비 아호텝 2세(Ahhotep II)의 무덤은 1859년에 그 말짱한 전모를 드러냈다. 이 여인은 아마도 카모세(Kamose) 왕의 왕비였던 듯하다. 다시 말해서 저 유명한 왕비 아호텝 1세(Ahhotep I)의 며느리가 되는 셈이다. 무덤은 테베 서쪽의 드라 아부 엘나가라는 곳에서 발견되었다. 그런데 이 무덤은 왕비의 묘라기보다는 왕의 것에 가깝다. 화려하게 도금된 관에서 많은 금은보석이 쏟아져 나왔다. 그 좋은 예가 금과 준보석 구슬들을 꿰어 만든 이 아름다운 팔찌다(반대편의 이미지도 참조할 것).

묘 부장물들은 당시 테베 궁정의 피폐한 살림살이를 그대로 확인시켜 준다. 왕의 시신을 모시는 관만 해도 원래의 전통은 레바논 산 삼나무를 쓰고 누비아 산 황금으로 화려하게 장식을 했었는데, 제17왕조의 그것은 그저 지역에서 나는 나무를 쓰고, 그 표면에 얇게 금박을 입힌 것에 지나지 않는다. 리시Rishi('깃털'을 뜻하는 아랍어)라는 이름으로 알려진 이 관은, 왕이 깃털이 풍부한 수호신의 날개에 싸여 있는 모습을 보여 주도록 만들어졌다.

왕비 아호텝 2세의 무덤에서는 아흐모세 1세(Ahmose I: 47쪽 참조)가 의전용으로 쓴 것으로 보이는 황금 단검과 도끼 그리고 금목걸이도 나왔다. 이 목걸이에는 전쟁에서 승리를 거두고 개선한 군인에게 왕이 하사하는 이른 바 '용맹의 파리'가 달려 있다. 그것도 세 개씩이나! 상대적으로 유별난 이 목걸이는 이집트 재통일을 위한 전쟁이 한창일 당시 아호텝 2세의 활약을 인정하는 의미로 준 것으로 보인다.

테베가 북쪽의 힉소스에 적극적으로 대항하기 시작한 것은 제17왕조 후반(BC 1560년경)의 세케넨라 타아 2세Seqenenra Taa II의 치세기에 이르러서다. 늘어만 가던 당시의 적대감은 후대에 씌어진 『아페피와 세케넨라의 싸움The Quarrel of Apepi and Seqenenra』이라는 기록에 잘 드러나 있다. 거기에서 힉소스의 왕 아페피는 자신의 수도 아바리스에서 세케넨라에게 편지를 써, 테베의 하마들이 킁킁대는 통에 시끄러워서 견딜 수가 없다고 불평하고 있다. 그러나 당시의 갈등을 더욱 냉정하고 구체적으로 증언하고 있는 것은 전쟁의 상처로 얼룩진 세케넨라의 미라다. 두개골에 나 있는 깊은 상처를 과학적으로 검토해 본 결과, 상처의 대부분은 도끼에 의한 것이었다. 그것도 팔레스타인에서 만들어진 바로 그런 도끼의! 왕이 힉소스와 싸우다가 전사했다는 주장에 힘을 실어 주는 대목이 아닐 수 없다.

아버지의 원수를 갚으려는 충정이었을까. 세케넨라의 뒤를 이은 카모세Kamose(BC 1555~BC 1550년경)는 힉소스와 누비아의 연합군을 물리치는 혁혁한 승리를 일구었다. 이 승리를 웅변해 주는 것은 바로 카르나크의 아문 신전에 있는 두 개의 우뚝 선 석주들이다. 카모세는 왕위에 그리 오래 머무르지는 못했으나 재임 말기에 아바리스를 장악했으며, 힉소스 왕조를 남쪽의 팔레스타인 지역으로 몰아내는 데 성공했다. 카모세의 후계자인 그의 동생 아흐모세 1세는 아직 어렸기에, 세케넨라의 미망인인 왕비 아호텝 1세가 섭정을 맡았다. 역사의 위기를 잘 넘긴 탓일까? 후대에 아호텝의 치적을 기리는 많은 기념물과 비문이 생겨났다. 그녀의 관은 데이르 엘바하리에 있는 제22왕조의 한 단일한 묘(DB320)에서 발굴된 왕들의 미라들 중에서 발견되었다.

특별 주제

탐구와 발견

위 세티 1세의 무덤(KV17)에 그려진 벽화. 위의 그림은 1817년 무덤을 발견한 조반니 바티스타 벨초니(Giovanni Battista Belzoni)가 뜬 탁본이다. 비록 화가는 아니었지만, 벨초니의 탁본은 무덤의 벽화와 비문을 보존한 중요한 자료에 속한다. 벨초니 이후 세월이 흐르면서 벽화와 비문의 상태가 심각할 정도로 손상되었기 때문이다.

테베의 유적에 남겨져 있는 많은 그리스어와 라틴어 낙서들이 증명하듯, 이미 고대부터 테베는 여행자와 학자의 발길을 잡아끄는 강렬한 매력을 발산했다. 현대까지도 우리가 고대 이집트에 관한 정보를 얻을 수 있는 주 출처는 그리스 역사가 헤로도토스Herodotos나 디오도로스Diodōros 혹은 지리학자 스트라본Strabon 등과 같은 고전 작가들의 설명이었지 않은가.

중세에도 피라미드와 하이집트의 성지들을 찾는 서구 순례자들의 발길은 끊이질 않았다. 다만 멀리 떨어진 이집트 남부만이 잘 알려지지 않았을 따름이다. 로마 시대 이후 테베를 방문한 서구인의 첫 기록은 17세기 후반에서 18세기 초반으로 거슬러 올라간다. 프랑스 예수회 소속 신부 클로드 시카르Claude Sicard가 이 고대 도시를 찾은 것은 1715년이다. 그는 고대 이후 테베를 찾은 유럽 출신의 첫 번째 학자다. 시카르는 고전 문헌들을 꼼꼼히 살펴가며 멤논 거상과 왕들의 계곡 등을 찾아냈다. 그의 이런 발견은 후대의 탐험가들, 이를테면 덴마크 출신의 프레데릭 루트비히 노르덴Frederik Ludwig Norden이나 영국 출신의 리처드 포콕Richard Pococke 등에게 길을 열어 준 것이나 다름없는 성과였다. 지금 든 두 탐험가는 1737년과 1738년에 각각 테베를 방문해 처음으로 왕묘들의 지도와 스케치를 그린 사람들이다. 당시만 하더라도 원주민들은 낯선 이방인을 아주 적대적으로 대했기 때문에, 초기의 탐사 작업은 그야말로 목숨을 걸어야 하는 위험하기 짝이 없는 것이었다.

테베에 대한 첫 번째 대규모 탐사가 이루어진 것은 1798년이다. 나폴레옹이 인도와의 무역로를 확보하기 위한 거점으로 이집트를 강점한 것이다(그때까지 이집트는 오스만제국의 속국이었다). 나폴레옹은 이집트의 모든 유적을 상세하게 탐사할 목적으로 기술자, 설계사 그리고 각 분야의 학자들을 망라한 대규모 탐사대를 파견했다. 이들이 발견한 것 중에 저 유명한 로제타 석판Rosetta Stone*이 있다. 이집트 상형문자를 해독하는 데 결정적 역할을 한 바로 그 석판 말이다. 1801년 영국군은 이집트에서 프랑스군을 몰아내는 데 성공했다. 그러나 탐사대의 학자들은 남도록 허락했다. 남은 사람들은 부단히 연구를 거듭해, 그 성과를 『이집트 견문기Description de L' Egypte』(총 24권, 1809~1822)로 펴냈

*로제타 석판 : 비문이 새겨져 있는 고대 이집트의 돌. 이 비문 덕분에 이집트 상형문자를 해독할 수 있게 되었다. 길이 114cm, 폭 72cm의 이 석판은 검은 현무암으로 만든 것으로, 1799년 나폴레옹 탐사대의 일원이 발견했다. 지금은 대영박물관에 소장되어 있다.

위 1816년 벨초니는 '젊은 멤논' 이라고 불리던 람세스 2세의 쓰러진 조각상을 테베에 있는 왕의 장제 신전에서 영국으로 옮기는 작업을 지휘했다. 당시를 재현한 이 그림에서 이집트 노동자들이 끌고 있는 거상 조각은 높이 2.7m, 무게 7톤이 넘는 엄청난 것이다. 거상은 먼저 나일강으로 운반된 다음, 배를 타고 런던으로 향했다. 현재 이 거상은 대영박물관에 있다.

아래 초기 이집트 학자들이 '멤논니움(Memnonium)'** 혹은 '오지만디아스(Ozymandias)***의 무덤' 이라고 불렀던 람세스 2세의 장제 신전의 내부 장식. 테베 서쪽에 있는 이 장제 신전의 현재 이름은 라메세움이다. 손으로 일일이 각인한 부조를 그린 이 그림은, 고대 이집트에 대한 선풍적인 관심을 촉발한 『이집트 견문기』에 수록되었다. 이런 삽화의 정확도 덕분에 『이집트 견문기』는 이집트학 학자들에게 없어서는 안 될 자료다.

** 멤논니움 : 멤논이 사는 왕궁이라는 뜻.

*** 오지만디아스 : 왕 중의 왕이라는 이 이름은 람세스 2세를 부르던 별칭이다.

카르나크 신전의 전투(유화): 장 샤를 랭글로와(Jean-Charles Langlois: 1789~1870) 작품. 프랑스 장교 출신인 이 화가는 한 편의 장대한 드라마를 보는 것만 같은 파노라마 화풍으로 유명하다. 위의 작품은 1799년에 나폴레옹의 이집트 탐사대가 터키 군을 물리친 승리의 장면을 묘사한 것이다. 그런데 그림 자체는 오히려 전투가 벌어졌던 카르나크 신전이 폐허가 된 참상을 강조하고 있다. 그림은 카르나크 신전의 서쪽 제1파일론을 바라보고 그린 것이다. 멀리 룩소르 신전의 모습이 보인다(왼쪽 위).

다. 이 책은 발간과 함께 이집트 고대 유적에 대한 폭발적인 관심을 불러일으켰다.

테베의 유적에 보다 쉽게 접근할 수 있게 된 것은 오스만제국의 이집트 총독 무함마드 알리Muhammad Ali(1805~1849)의 노력 덕분이다. 여러 혁신적인 정책을 펼치며 이집트의 근대화를 주도한 알리에 힘입어 테베는 학자와 수집가의 발길을 잡아끄는 매력을 유감없이 발휘한 것이다. 그 중에서도 가장 활발하게 활동한 수집가들은 바로 이집트 현지에 파견된 각국의 외교관이었다. 이를테면 이집트 주재 프랑스 총영사를 지낸 베르나르디노 드로베티Bernardino Drovetti와 그의 영국측 동료 헨리 솔트Henry Salt가 바로 그런 사람들이다. 파리의 루브르박물관이나 런던의 대영박물관이 소장하고 있는 저 많은 테베 유물은 바로 이들이 활약한 결과다. 솔트의 고용인이었던 조반니 벨초니는 왕성한 탐사 작업으로 많은 중요한 유적들, 특히 '왕들의 계곡'에 자리 잡고 있는 세티 1세의 묘를 발견하는 혁혁한 공을 세웠다. 조반니 벨초니는 이탈리아 출신의 기술자였는데, 한때 서커스단에서 곡예사를 한 적도 있는 아주 강인한 체구를 지닌 사람이었다.

1822년 이집트 상형문자를 판독해 낸 프랑스의 학자 장 프랑수아 샹폴리옹Jean-François Champollion은 처음부터 이집트 고적을 학문적 입장에서 접근하였다. 그는 특히 각종 유적과 예술품을 꼼꼼하게 기록하는 일에 중점을 두었다. 샹폴리옹은 이탈리아 출신의 이폴리토 로셀리니Ippolito Rosellini와 함께 프랑스 · 이탈리아 합동 탐사대를 이끌고 이집트를 방문해 테베에서만 두 달 반을 머물렀다. 칼 리하르트 렙시우스Carl Richard Lepsius가 조직한 독일 탐사대는 1844~1845년까지 활동을 벌이면서 테베의 유적을 기록하고 수

집하는 데에만 한철을 온전히 보냈다. 테베 고적지의 과학적인 연구를 선도한 영국 학자들은 아주 많다. 그 중에서 특히 눈에 띄는 인물로는 로버트 헤이Robert Hay, 제임스 버튼James Burton, 알렉산더 린드Alexander Rhind, 존 가드너 윌킨슨John Gardner Wilkinson 등을 꼽을 수 있다. 윌킨슨은 아예 테베의 쿠르나Qurna에 있는 한 무덤 곁에 집을 짓고 1821~1832년까지 머무르며 연구 활동을 벌였다. 이 시기 동안 그는 수천 장에 달하는 무덤의 비문과 벽화의 탁본을 떴다. 꼼꼼하기 이를 데 없는 이 탁본들은 아주 소중한 자료로 쓰이고 있다. 세월이 흐르면서 비문과 벽화의 상태가 상당히 손상되었기 때문이다.

수십 년에 걸친 테베의 탐사 작업은 그러나 대개 제멋대로 아무렇게나 이루어진 탓에 약탈과 파괴가 횡행했다. 1858년 무함마드 알리의 뒤를 이은 그의 아들 사이드 파샤Said Pasha*는 이집트 유적을 체계적으로 관리할 사람으로 프랑스의 고고학자 오귀스트 마리에트Auguste Mariette를 선임했다. 이집트 문화재 관리국이 탄생한 것이다. 마리에트가 테베에서 발견한 것은 그때까지 자취를 찾을 길이 없었던, 드라 아부 엘나가에 있는 제17왕조 왕들의 무덤이다.

문화재 관리국의 임무는 두 가지로 대별된다. 우선 이집트에서의 고고학 발굴 작업을 규제 감독하는 것, 그리고 유적과 예술품을 보존하고 그에 대한 목록 및 기록을 남기는 것. 19세기 말에 이르러 테베의 유적은 관리국이 지정한 유물 감독관이 감독 관리하게 되었다. 유물의 무분별한 해외 반출을 엄격하게 통제하기 시작한 것이다. 당국의 허가를 얻어야 고고학 발굴 작업을 할 수 있는 제도가 도입되는 등 절차가 까다로워졌음에도 불구하고 연구 활동은 여전히 활기를 띠었다. 무엇보다도 개인의 후원과 함께 대학과 박물관 같은 학술 기구의 재정적 지원이 계속되면서 체계적인 발굴 작업이 본격적으로 이뤄졌기 때문이다.

20세기로의 전환기에 이루어진 일련의 눈부신 발견들로 인해 테베는 세계의 이목을 집중시키면서 이집트학 연구에 대한 대중의 관심을 증폭시켰다. 마리에트의 후계자 가스통 마스페로Gaston Maspero는 1881년 전부 40여 구에 달하는 왕의 미라들이 묻힌 장소를 발견했다. 이 미라들은 고대에 무덤을 약탈한 다음 한데 모아 다시 묻은 것으로

* 사이드 파샤: '사이드'의 이름 뒤에 붙은 파샤(Pasha)는 오스만제국에서 신분이 높은 사람을 부르던 존칭이다.

아래 룩소르 신전의 입구. 스코틀랜드 출신의 화가 데이비드 로버츠(David Roberts: 1796~1864)가 만든 석판화. 이 그림은 1838~1839년에 이집트와 근동을 여행한 로버츠가 자신의 체험을 눈이 휘둥그레질 정도로 멋지게 그려 기록한 『이집트와 누비아 (Egypt and Nubia)』라는 화집에 수록된 것이다. 그림은 지금은 폐허가 된 신전이 불과 한 세기 전만 해도 멀쩡했음을 보여 준다. 그러나 두 개 있던 오벨리스크 중의 하나가 런던으로 옮겨지기 전에 그림이 그려졌음도 확인할 수 있다.

위 하워드 카터가 석관과 세 개의 목관이 들어 있는 성골함의 문을 열고 있다. 이 안에 바로 투탕카멘의 미라가 들어 있었다. 카터의 동료인 아서 캘린더(Arthur Callender)와 무명의 이집트 일꾼이 지켜보고 있다.

43쪽 카터가 투탕카멘의 두 번째 관에서 아마포 수의를 떼어내기 전에 조심스럽게 붓질을 하고 있다. 카터는 무덤을 발견한 지 10년 뒤인 1932년에야 비로소 KV62에서 출토된 유물들을 깨끗하게 복원하고 보존하는 고된 작업을 끝낼 수 있었다.

보인다. 1898년 빅토르 로레Victor Loret는 아멘호텝 2세의 무덤에서 또 다른 왕들의 미라를 발견했다. 1903년에 이루어진 카르나크의 발굴 작업에서는 8000여 점이 넘는 유물들이 쏟아져 나왔다. 그 중에는 고대에 신전을 보수하고 개축하면서 묻은 것으로 보이는 1000여 개의 돌 조각상들이 포함되어 있다.

테베에서 이루어진 가장 유명한 발굴은 하워드 카터Howard Carter가 1922년 투탕카멘의 무덤 위치를 찾아낸 것이다. 여기에서는 상상하기조차 힘든 엄청난 보물들도 나왔다(98~119쪽 참조). 이 발견이 몰고 온 충격은 대단한 것이어서, 그 못지않은 다른 중요한 발굴들은 자연스레 빛이 바랠 정도였다. 이를테면 에르네스토 스키아파렐리Ernesto Schiaparelli가 1905~1909년까지, 그리고 베르나르 브뤼에르Bernard Bruyère가 1917~1947년 사이에 데이르 엘메디나에서 벌인 발굴 작업은 역사적 의미에서 카터의 그것과 견줄 만한 것이었지만, 규모나 부장물의 화려함에서 압도당했다. 또한 뉴욕의 메트로폴리탄박물관이 1907~1938년까지 개인의 묘들을 일일이 추적해 가며 고생스레 만든 자료도 그늘에 묻히기는 마찬가지였다. 그뿐인가? 문화재 관리국이 유적을 보호 관리하려 한 노력도 별반 대중의 관심을 끌지 못했다. 그런 가운데서도 1900년대 초기에 테베에서 유적 감사관을 지낸 아서 웨이걸Arthur Weigall은 꾸준히 유적 관리 사업을 주도해 가면서, 일련의 번호를 매긴 현대식 무덤 분류 체계를 도입하였다.

테베의 유적에 대한 탐사는 꾸준히 이루어지고 있으며, 분기마다 새로운 발견을 내놓고 있다. 가장 주목할 만한 최근의 발견으로는 람세스 2세의 여러 아들들이 묻힌 무덤(KV5)을 꼽을 수 있다. 그러나 현재 무엇보다 시급한 문제는 유적을 어떻게 효율적으로 관리할 것인가 하는 것이다. 해마다 몰려드는 많은 관광객들, 대기 공해, 아스완댐의 축조에 따른 지하수면의 부상 등은 테베 유적의 기본 골조에 심각한 타격을 입히고 있다. 유적을 관리 보존하는 작업이 그 어느 때보다도 심한 압박을 받고 있는 것이다. 고고학의 연구 방법과 유적의 보존 기술이 끊임없이 개발되어야, 테베의 유산은 앞으로도 계속 연구 보존되면서 미래의 세대에게 넘겨 줄 수 있을 것이다.

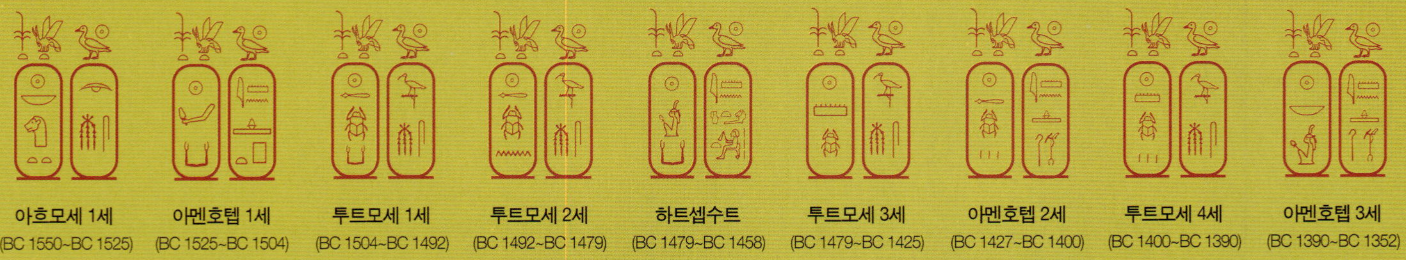

아흐모세 1세
(BC 1550~BC 1525)

아멘호텝 1세
(BC 1525~BC 1504)

투트모세 1세
(BC 1504~BC 1492)

투트모세 2세
(BC 1492~BC 1479)

하트셉수트
(BC 1479~BC 1458)

투트모세 3세
(BC 1479~BC 1425)

아멘호텝 2세
(BC 1427~BC 1400)

투트모세 4세
(BC 1400~BC 1390)

아멘호텝 3세
(BC 1390~BC 1352)

MOST FAVORED OF PLACES

영광으로 빛나는 테베

제18왕조

BC 1550년 ~ BC 1295년경

아멘호텝 4세

(BC 1352~BC 1336)

투탕카멘

(BC 1336~BC 1327)

아이

(BC 1327~BC 1323)

호렘헵

(BC 1323~BC 1295)

왼쪽 삼나무를 깎아 만든 아름다운 목관. 그 주인은 왕비 아흐모세 메리타문(Ahmose Meritamun)이다. 이 여인은 아흐모세 1세와 왕비 아흐모세 네페르타리 사이에서 난 딸로, 아멘호텝 1세의 누이동생이자 아내다. 이 목관은 테베 서쪽의 데이르 엘바하리에 있는 그녀의 묘(DB358)에서 나왔다. 무덤 근처에는 장제 사당이 하나 서 있었다. 이 사당은 죽은 메리타문의 어머니와 남편을 섬기던 곳이었으나, 나중에 하트셉수트의 장제 사당으로 이르는 길을 내기 위해 허문 것으로 보인다.

47쪽 아흐모세 1세의 이름이 새겨진 의식용 도끼. 왕은 아시아 포로를 독수리의 형상으로 굽어보고 있다. 새겨진 글귀는 "몬투(Montu : 전쟁의 신)***의 총애를 받다"라고 되어 있다. 나일강 삼각주를 차지하고 있던 아시아 왕조 힉소스를 물리치고 이집트 재통일의 기반을 닦은 아흐모세는 이집트 민족의 눈에 왕조 창설자의 지위를 누려 마땅했던 것이다.

* 문이나 창 위로 가로지르는 나무를 상인방이라고 한다.

** 아랍어 'Saff'는 줄을 뜻하는 말이다. 즉 줄처럼 길게 시신을 모시는 묘실이 늘어서 있음을 의미한다.

*** 몬투 : 매의 머리로 그려지는 전쟁의 신. Menthu, Mentu, Mont라고도 쓴다.

복구된 통일

아흐모세 1세와 아멘호텝 1세

BC 1550 ~ BC 1504년경

힉소스를 몰아내면서 이집트는 다시 한 번 통일 왕국을 이룬다. 왕가의 혈통이 바뀐 것은 아니었지만, 아흐모세 1세(BC 1550~BC 1525년경)는 제18왕조의 첫 파라오로 꼽힌다. 제18왕조의 이집트는 국제적인 강대국으로 부상하면서 절정기를 구가한다. 이 시기는 곧 테베의 '황금기' 이기도 하다.

아흐모세 1세는 재임기의 대부분을 누비아 및 시리아 · 팔레스타인과의 전쟁터에서 보냈다. 이 지역에서 이집트의 패권을 거듭 확보하고 미래의 제국을 위한 초석을 놓기 위해서였다. 한편 국내에서 국가의 행정조직을 재편하고, 오랫동안 버려졌던 종교적 성지들을 재건하는 등 국가의 재건 정책을 감독한 사람은 남편의 뜻을 충실하게 받든 아흐모세 네페르타리Ahmose Nefertari 왕비였다. 아흐모세가 죽자 그녀는 아들 아멘호텝 1세(BC 1525~BC 1504년경)가 성인이 될 때까지 섭정을 맡았다.

카르나크에 석주를 세움으로써 아문 신께 승리를 헌정한 카모세처럼, 아흐모세와 아멘호텝 1세는 테베 신전들의 장엄한 위용을 가꾸는 데 전력을 다했다. 당시의 화려함을 확인할 수 있는 유물로 현재 대영박물관에 소장되어 있는 아주 섬세한 새김을 자랑하는 아흐모세의 상인방*과 카르나크에 있는 아멘호텝 1세의 성골함을 꼽을 수 있다. 이 성골함은 설화석고를 깎아 배 모양으로 만든 아주 아름다운 것이다.

제18왕조 초기에 들어서면서 왕조의 매장 풍습에도 변화가 일어났다. 원래 왕의 묘는 소위 '사프' Saff** 형으로 만들어졌었다. 사프 무덤이란 하나 또는 그 이상의 묘실들이 죽은 왕께 제사를 드리는 사당 한 채와 함께 들어서는 것을 말한다. 그러나 아멘호텝 1세 때부터 왕은 테베 서쪽 강둑 너머의 골짜기, 즉 '왕들의 계곡' 에 있는 단단한 암벽을 뚫어 만든 묘에 묻혔다. 이전 묘와는 달리 이 암석 묘는 입구를 감추고 있으며, 묘 안에 제사를 드리는 곳을 따로 두지 않았다. 죽은 왕에 대한 제사는 테베의 네크로폴리스에 별도로 마련된 장제 신전에서 드렸다. 아멘호텝 1세의 묘는 아직 확인되지 않았다. 다만 현재 KV39('왕들의 계곡' 에 있는 39번 묘)가 아닐까 추정하고 있는 정도다.

아멘호텝 1세와 아흐모세 네페르타리는 데이르 엘메디나에 위치한, 묘역 건설 노동자들의 촌락을 만든 것으로도 알려져 있다. 살아서 이미 신격화된 왕과 그의 모후는 죽은 뒤에는 촌락의 수호신으로 섬겨졌다. 이 두 신을 모시는 사당은 공공의 것도, 개인이 세운 사적인 것도 있었으며, 매년 정기적으로 제례를 올릴 정도였다.

왕들의 계곡

투트모세 1세와 투트모세 2세

BC 1504~BC 1479년경

투트모세 1세(BC 1504~BC 1492년경)가 아멘호텝 1세의 뒤를 이었으며, 다시 투트모세 2세(BC 1492~BC 1479년경)가 적통을 물려받았다. 이 두 왕은 선왕의 위업을 계승해 이집트제국을 확장하고 공고히 하는 데 진력했다. 두 왕의 치세기를 거치면서 이집트는 멀리 나일강 세 번째 폭포에 있는 누비아와, 위로는 레반트Levant*라는 광대한 지역에까지 세력을 미쳤다. 광산업과 그 산물의 무역이 다시 활기를 띠면서 형성된 아프리카와 근동의 상권은 다시 한 번 이집트에게 화려한 번영을 몰아다 주었다.

이 시기의 정치적 수도는 다시 멤피스로 돌아가기 시작한 것으로 보이나, 테베는 국가의 새로운 번영이 가져온 과실을 톡톡히 맛보았다. 투트모세 1세의 치세 동안 카르나크의 아문 신전은 아주 인상적인 파일론을 갖는 거대한 담장을 얻었다. 신전 내부의 성소에 이르는 두 번째 파일론도 이때 새로 세워진 것이다. 새 입구의 전면에는 한 쌍의 거대한 화강암 오벨리스크가 왕의 권세를 뽐냈다. 사당 가까이에는 신전의 금궤로 흘러드는 각종 귀중한 공물을 저장하기 위한 새 보물 창고가 건설되었다. 여기에 다시 투트모세 2세는 제례를 올릴 수 있는 널찍한 터를 닦았으며, 신전 입구 정면에 두 번째 오벨리스크 한 쌍을 세웠다.

서쪽 둑 너머로 세워진 많은 새 왕묘와 사당들은 새로운 시대가 구가한 번영을 잘 보여 준다. 투트모세 1세는 왕들의 계곡에 묻힌 것이 확실한 첫 번째 왕이다. 왕에게 봉사한 건축가 이네니Ineni는 묘를 만들고 난 뒤에 "아무도 보지도, 듣지도" 못하리만큼 비밀리에 묘를 지었노라고 떠벌리고 다녔다고 한다. 실제 왕의 묘는 두 개였던 것으로 보인다. 그 첫 번째 묘 KV20(이곳이 아마도 이네니가 말한 비밀의 묘인 듯하다)은 투트모세의 딸 하트셉수트가 확장한 것이다. 그녀는 아마도 아버지 곁에 묻히고 싶었던 모양이다. 그러나 그녀의 뒤를 이은 투트모세 3세는 할아버지를 다른 묘, 즉 KV38로 이장한 것 같다. 투트모세 1세의 원래 묘는 일련의 행랑과 계단들로 이루어져 있으며, 묘실로 이르는 벽에는 여러 가지 그림과 비문이 가득히 새겨져 있다.

투트모세 2세의 묘는 아직도 확인되지 않고 있으나 비슷하게 설계되었을 것으로 추정하고 있다. 그는 아버지의 장제 사당 바로 옆에 자신의 것을 지었다. 그의 미라는 데이르 엘바하리에 있는 지하 묘에 이장된 채로 발견되었다. 왕가의 다른 식구들은 왕들의 계곡 가까이에 있는 계곡에 묘를 마련했다.

49쪽 카르나크의 오벨리스크들. 오른쪽의 화강암 오벨리스크는 투트모세 1세가 세운 것으로, 신전의 새 입구로 세운 네 번째 파일론 앞에 만든 네 개의 오벨리스크 중 하나다. 오벨리스크는 대중의 사랑을 크게 받은 건축물로, 태양을 섬기는 이 훌쩍 큰 구조물은 대부분 신왕국 때 축조되었다. 이곳의 오벨리스크는 140톤에 달하는 암석을 깎아 세운 것으로 높이가 22m에 달한다. 기둥의 각 면에는 각각 세 줄의 비문이 새겨져 있다. 그 중 가운데 새겨진 비문은 왕이 직접 헌정한 것이다. 탑의 첨단은 떠오르는 태양의 빛살을 잡기 위해 도금을 했다. 왼쪽의 오벨리스크는 몇십 년 뒤 투트모세 1세의 딸 하트셉수트가 세운 것이다(50~53쪽 참조).

* 레반트 : 동부 지중해 및 그 섬과 연안 제국.

아문의 딸
하트셉수트

BC 1479~BC 1458년경

테베의 강렬한 빛으로 떠오른 제18왕조 왕들 중에서 특히 뛰어난 통치자는 하트셉수트다. 하트셉수트는 투트모세 1세의 딸이자, 투트모세 2세의 으뜸 왕비였다. 투트모세 2세는 왕위에 오른 지 얼마 되지 않아 죽음을 맞았다. 하트셉수트는 그때까지 왕자를 생산하지 못한 탓에, 왕위는 첩이 낳은 아들의 차지가 되고 만다. 그러나 새 왕, 즉 미래의 투트모세 3세는 아직 어린 나이였기에 이전의 많은 왕비들이 그랬던 것처럼 하트셉수트는 정실로서 어린 파라오의 섭정을 떠맡았다. 섭정 초기에 하트셉수트는 모후로서의 역할에 만족하는 듯했으나, 뒤에 직접 파라오의 왕관까지 장악한 것으로 보인다.

하트셉수트는 왕의 권좌에는 남자가 앉아야 한다는 당시 왕실의 전통을 과감하게 혁파했다. 물론 쉬운 일은 아니었다. 왕은 태양신 호루스가 현세에 현현한 것이라고 이집트인들은 굳게 믿고 있었고, 호루스는 남성이다. 따라서 이집트를 탈 없이 다스리자면, 하트셉수트는 자신의 왕정에 강한 남성의 힘을 연출해 보여야 했다. 왕위를 차지한 하트셉수트는 최소한 대중 앞에서는 남성 복장을 했으며, 이집트의 파라오가 전통적으로 달던 가짜 수염도 턱에 붙였다. 자신의 파격적인 위상을 정당화하기 위해, 하트셉수트는 신화를 꾸며댈 정도였다. 말인즉, 그녀는 죽음의 운명에서 벗어나 있다는 것이었다. 아문 신의 딸이기에! 아문 앞에 부복한 그녀는 항상 "아버지, 나의 신이시여!"를 외쳤다. 물론 여기에는 점점 더 강대해져 가는, 테베의 아문 신 사제들의 지원이 결정적이었다. 그래서였을까? 하트셉수트는 재임기의 대부분을 신전들을 세우는 데 헌신했다. 특히 카르나크와 데이르 엘바하리 등지에 세워진 신전이 그 좋은 예다.

초기 테베 왕들을 연상했음에 분명한, 이런 중요한 입지의 선택은 하트셉수트의 주요 참모 가운데 한 사람인 건축가 세넨무트Senenmut의 영향을 받은 것이 틀림없다. 고대 이집트에서 활약한 건축가의 이름이 전해져 내려오는 경우는 드물다. 더구나 세넨무트처럼 왕실과의 밀접한 관계를 자랑한 인물은 그야말로 예외에 속한다. 세넨무트의 형은 어린 하트셉수트의 가정교사였으며, 세넨무트 자신은 하트셉수트의 딸 네페루라Neferura의 가정교사였다. 세넨무트의 이름은 많은 유적들에서 하트셉수트의 이름과 나란히 등장할 정도이며, 데이르 엘바하리에 있는 하트셉수트 장제 사원의 내부에 그의 묘가 마련될 정도로 각별한 특권을 누렸다.

카르나크에 있는 하트셉수트의 유적에는 붉은 규암을 써서 만든 한 채의 훌륭한 사

51쪽 하트셉수트의 조각상 머리. 데이르 엘바하리의 장제 사원에 서 있던 채색 조각상의 일부다. 그녀는 여기서 죽음의 신 우시르의 모습을 하고 있다. 우시르는 모든 왕이 죽고 나서 그와 하나가 된다고 여겨지는 남성 신이다. 그래서일까? 남성 신을 상징하는 가짜 수염을 달고 있는 모습이 이채롭다.

원과 함께 금박을 입힌 한 쌍의 화강암 오벨리스크가 있다. 오벨리스크는 왕이 자신의 권세를 뽐내기 위해 애용하던 수단이었다. 비교적 세우기도 쉽고, 차지하는 공간도 얼마 안 되지 않는가. 무엇보다도 높게 우뚝 선 오벨리스크는 어디서나 잘 보였다. 하트셉수트 오벨리스크의 첨단은 금박을 씌워, 떠오르는 태양의 환한 햇살을 받아 눈부셨다. 이렇듯 주변을 압도하는 오벨리스크는 그 모습 그대로 영광과 권세의 상징이었다. 오벨리스크 벽면에 새겨진 부조와 비문은 하트셉수트의 정통성과 함께, 그녀가 자랑하는 신과의 특별한 관계를 낱낱이 적고 그리고 있다(49쪽 참조). 이를테면 북쪽 오벨리스크의 하단에는 다음과 같은 기록이 등장한다. "아버지 아문 신을 위해 신전을 짓다. 두 땅의 권좌를 합치신 주인을 위해 카르나크의 정면에 두 개의 화강암 오벨리스크를 세우다. 오벨리스크의 남쪽 면은 이 땅에서 나는 가장 좋은 금을 입혀 강의 양쪽 둑 어디서 보아도 그 위용이 드러나게 하다. 두 땅을 이어 주며 흐르는 강과 함께 저 멀리 하늘의 지평선 위로 아텐 Aten(태양 원반)이 떠오르면 온 누리에 환한 빛이 가득하리라."

카르나크에서 약간 남쪽으로 떨어진 곳에 하트셉수트는 매년 풍요의 축제 '오페트 Opet제'*를 올릴 사당을 지었다. 바로 이 사당 자리가 나중에 아멘호텝 3세가 세운 거대한 룩소르 신전의 터가 된다. 카르나크 신전과 마찬가지로 오랜 기간에 걸쳐 건립된 룩소르 신전은 전대 왕들의 기념물들이 워낙 많이 운집한 탓에 건축의 묘미를 한껏 살릴 수는 없었다. 기존의 구축물은 다음 왕이 자신의 것을 세우느라 가차 없이 허물기 일쑤였다. 바로 그래서 카르나크에 있는 하트셉수트의 붉은 규암 사당도 나중에 해체되어 다시 새 파일론의 골조를 채우는 데 그 돌이 들어간 것이다.

반대로 테베의 서쪽 강둑 너머 세워진 장제 신전들은 언제나 새 건축물이었다. 정권의 강력한 선전을 위해 왕과 그 휘하의 건축가는 새 건물을 짓는 노력을 마다하지 않은 것이다. 하트셉수트가 사후를 대비해 신격화한 자신을 섬기도록 지은 신전의 이름은 "최고 중의 최고"였다. 이 신전은 그녀 자신만이 아닌, 아버지 투트모세 1세를 위해서도 헌정된 것이다. 데이르 엘바하리의 깎아지른 듯한 암벽에 면해, 멘투호텝 2세의 옛 무덤과 사원을 따라 나란히 들어선 신전의 입지는 그 자체만으로도 일종의 정치적 선언이나 다름없다. 그 규모는 또한 얼마나 장대한가. 전대 왕의 유적에 비해 그 크기는 두 배를 훌쩍 넘기는 것이다.

52쪽 위 테베 서쪽 데이르 엘바하리에 있는 하트셉수트 장제 신전의 중간 테라스 기둥들. 하토르 여신의 두상이 기둥 하나를 장식하고 있다. '서쪽의 여신' 하토르는 태양신이 저물 때마다 그를 맞아 품어 준다. 새벽이 오면 더 밝은 빛으로 빛나도록! 테베에 세워진 이런 신전들은 왕의 것이든 귀족의 것이든 모두 여신에게 사후의 보살핌을 기원하기 위한 것이다.

52쪽 아래 거친 암벽을 깎아지른 듯한 장엄한 배경, 웅대한 규모의 진입로 및 기둥이 늘어선 테라스 등, 하트셉수트의 신전은 어느 모로 보나 제11왕조의 걸출한 선조 멘투호텝 2세의 묘역과 닮아 있다. 멀리 뒤편에 멘투호텝 묘역의 폐허가 하트셉수트의 신전을 따라 고단하게 누워 있다.

* 오페트 축제 : 풍요와 다산을 기원하며 열리는 테베의 커다란 종교 행사. 아문, 무트, 콘수 등의 신들 조각상을 나일강가로 나르고, 온갖 악대와 가수들이 강둑에서 노래로 환희한다. 이렇게 해서 신은 왕모의 몸과 하나가 되어 왕을 생산한다. 다시 말해서 왕은 이렇게 신의 아들이 되는 것이다. 축제는 보통 11일이 걸렸는데, 제20왕조 때부터 27일로 연장되었다. 룩소르 신전의 벽화에 축제가 자세히 묘사되어 있다.

55쪽 하트셉수트가 다스리는 동안 푼트(아프리카)라는 신비의 땅을 찾아 나섰던 탐험대의 활동을 그린 장제 신전 부조의 일부. 여기서 이집트 병사들은 무기와 각종 장구를 종려나무 줄기와 함께 들고 성공적인 임무 완수를 자축하고 있다.

* 푼트 : 홍해 남쪽 해안과 이웃한 아덴만 연안을 가리키는 고대 이집트어 이름. 지금의 에티오피아 해안과 지부티 해안에 해당한다. 그리스의 역사가 헤로도토스는 이곳이 고대인들에게 전설과 신화의 장소였다고 설명하고 있다.

비탈진 진입로로 연결되는 장대한 테라스를 갖는 신전의 설계는 선대로부터 받은 영향을 뚜렷하게 보여 준다. 멘투호텝의 유적과 마찬가지로 하트셉수트의 신전은 원래 스핑크스가 지키는 커다란 둑길로 주 신전과 연결되는 '계곡 신전'을 포함하는 것이었다. 그리고 계곡 신전에는 나무들이 행렬을 이루고 작은 연못이 파진 정원이 마련되어 있었다. 부조로 새긴 장면들이 가득한 테라스 기둥들은 전투나 정복을 그린 다른 왕들의 것과 달리 평화로운 모습을 애써 강조하고 있다. 이런 설계나 꾸밈은 하트셉수트가 후손에게 평화를 사랑한 왕으로 기억받기 원했던 증표가 아닐까.

가장 잘 보존되어 있는 부조는 중앙 테라스의 남쪽 주랑에서 볼 수 있다. 이 부조가 그리고 있는 장면은 푼트Punt*라는 아프리카의 전설적 '향료의 땅'을 찾아 나선 2년여에 걸친 탐험이다(현재 소말리아에 해당하는 곳 어디쯤이 아닐까 추정된다). 이 부조를 보고 있노라면 마치 만화 풍으로 그려진 이야기를 보고 있는 것만 같다. 테라스의 북쪽에 그려진 부조는 매우 크게 손상되었다. 이 장면들은 하트셉수트가 자신이 아문 신의 자손으로 적통을 이어 왕좌에 올랐음을 구구하게 설명하고 있는 것으로 보인다.

15년에 걸쳐 이집트를 성공적으로 다스린 하트셉수트의 시대는 어느 모로 보나 평화와 번영을 구가한 태평성대였다. 그러나 그녀의 말년에는 신비의 너울이 드리워져 있다. 투트모세 3세가 유일한 권력자로 왕권을 승계한 이래, 그녀의 이름은 아예 기록에서 자취를 감추고 말았다. 어떻게 권력 이양이 이루어졌는가에 대해서도 전혀 알려진 바가 없다. 오히려 투트모세 3세의 명령에 따라 하트셉수트라는 이름은 모든 유적과 기록에서 지워지고 말았다. 그러나 재임 말년까지 지속적으로 그런 명령을 내리지는 않았던 것을 보면, 이런 행위는 앙갚음이나 보복 차원이라기보다는 풍습에 굴복한 것으로 보인다. 즉 당시 사회의 이데올로기로서는 여왕을 용인할 수 없었던 것이다. 실권을 놓아 버린 여왕은 여자일 따름이다?! 그녀의 시신이 어디에 묻혔는지도 알 길이 없다. 원래 그녀의 무덤으로 마련한, '여왕의 계곡' 북동쪽의 저 먼 테베 계곡의 암벽을 깎아 만든 암굴 묘에서도, 아버지를 위해 '왕들의 계곡'에 준비해 둔 묘실(KV20)에서도 그녀의 유해는 발견되지 않았다. 아마도 투트모세 3세가 전혀 다른 곳에 묻지 않았을까? 왕들의 계곡에 있는 다른 묘(KV60)에서 발견된 여자 미라가 하트셉수트일 수 있다는 추정은 그래서 설득력을 얻는다.

정복의 세월
투트모세 3세
BC 1479~BC 1425년경

투트모세 2세와 그의 둘째 왕비 아세트Aset 혹은 이시스 Isis 사이에서 난 아들 투트모세 3세는 그 어떤 파라오보다도 긴 통치기를 자랑한다(54년). 그러나 재임 첫 20년은 의붓어머니 하트셉수트의 그늘에 가려 지냈다. 그가 왕으로서 전권을 행사하기 시작한 것은 BC 1458년경부터다. 투트모세 3세는 이집트가 낳은 위대한 전사로 명성을 날린 왕들 중 하나다. 전권을 행사한 첫 해 그는 카데시Qadeshi* 전투와 미타니Mittani** 전투에서 적들을 물리치면서 시리아 · 팔레스타인 지역에서 이집트 패권의 틀을 공고하게 다졌다. 이후 투트모세 3세는 강력한 군사력을 앞세운 철권 외교를 펼치면서 그가 차지한 전 지역에서 튼튼한 통치 질서를 다졌다. 그의 재임 말기에 이르렀을 때 이집트제국은 남쪽으로는 나일강 제4폭포에서부터 북쪽으로는 터키까지 뻗은 광활한 영토를 자랑했다.

내정에 임하는 투트모세 3세는 더욱 치밀했다. 그는 속속 새 신전들을 세우고, 전쟁의 노획물로 신전을 화려하게 장식하면서 테베의 아문 신을 섬기는 사제들에 대한 지원을 아끼지 않았다. 나일강 동쪽 유역에 하트셉수트가 벌려 놓은 카르나크나 룩소르 신전 등의 건축과, 서쪽 유역의 메디네트 하부Medinet Habu 신전 건축을 완성한 것도 그였다. 그는 자신의 정치적 야망을 이중으로 실현해 갔다. 즉 전대의 영광을 찬탈하라, 그것이 곧 너의 영광이다! 그리고 너 자신의 신전을 구축하라.

카르나크에서 투트모세 3세는 하트셉수트가 착공한 파일론을 완공했으며, 카르나크와 룩소르를 잇는 새로운 행진 도로의 건설에 착수했다. 그는 또 하트셉수트의 파일론과 신전의 주축 사이에 자신의 파일론(일곱 번째 파일론, 이런 분류 순서는 연대순을 따른 것이 아니다)을 세웠다. 투트모세 3세가 착수한 카르나크 신전 재개발 사업은 특히 제사를 지내는 사당에 전력을 집중했다. 물론 그 재개발 계획은 하트셉수트가 포괄적으로 세워 착수하는 데 그치고 만 것이었다. 투트모세 3세는 하트셉수트가 지어 놓은 한 쌍의 사당을 완전히 새롭게 뜯어고쳤다. 그리고 하트셉수트의 오벨리스크에 담장을 쌓았고, 몇 개의 사당들을 더 추가해서 지으면서, 다시 외국 전투 업적을 기록한 담으로 성역을 둘러싸게 했다. 할아버지 투트모세 1세가 세운 다섯 번째 파일론과 성역 사이에 그는 다시 또 다른 문을 세웠다(여섯 번째 파일론).

성역 뒤편에는 투트모세의 재임 기념 축전이 열리는 특별 공간이 따로 마련되었다. 헤브세드Heb-Sed라고 불리는 이 고대 왕실의 풍습은 왕의 즉위 25주년을 기념하는 축제

56쪽 카르나크에서 나온 투트모세 3세의 반신상. 녹색 빛이 나는 경사암을 곱게 가공해 만든 작품이다. 왕은 그의 오랜 재임 기간 내내 신전을 화려하게 꾸몄다. 왕은 네메스(Nemes)*** 라는 머리 장신구를 쓴 모습으로 묘사되어 있다. 네메스는 긴 천을 접어 양쪽 끝단을 어깨까지 늘어뜨리고, 뒤로 넘기면서 변발을 감싸는 모자와도 같은 것이다. 눈썹 위의 이마 한가운데에는 우라에우스라는 이름의 코브라 신이 고개를 빳빳하게 치켜들고 있다. 이는 적으로부터 왕을 지키는 상징이다(33쪽의 그림도 참조할 것).

* 카데시 : 지금의 시리아 근처.

** 미타니 : 유프라테스 강 유역에 있었다는 나라.

*** 네메스 : 고대 이집트에서 왕의 권위를 상징하는 데 쓴 표장. 정사각형 모양의 긴 천으로 만든다. 보통 접어서 머리에 쓰기 때문에 귀를 가리지 않는다. 늘어뜨린 뒤쪽 끝은 어깨에 닿을 정도의 길이다.

59쪽 샤이크 압드 엘쿠르나의 레크미라 사당에 그려져 있는 벽화. 레크미라는 상이집트의 대신으로 테베의 지방 태수였으며, 투트모세 3세와 아멘호텝 2세의 휘하에서 아문 신전의 관리 책임을 맡기도 했다. 이런 유명세를 십분 활용한 탓에 그의 무덤은 테베 서쪽에서 가장 두드러진다. 벽화의 진기한 장면들은 당시의 생활상을 확인할 수 있는 좋은 자료다. 대장장이(화덕 위에 청동을 녹이고 있는 모습을 보라)나 벽돌공, 목수 등등 많은 장인들이 등장하는 것으로 보아 레크미라는 이들을 감독하는 일을 한 것 같다.

다. 왕의 건재를 과시하기 위한 축제의 주요 행사에는 왕이 직접 나서서 거친 수소를 올가미로 잡는다거나 이집트 국경 모양으로 꾸며진 코스를 달리는 순서 등이 있었다. 말하자면 이 축제를 통해 왕은 두 번째 대관식을 치르며 왕권을 만천하에 과시한 것이다.

투트모세의 축제 홀에 세워진 기둥의 독특한 모습을 보면, 고대 축제의 원형을 그대로 되살리고 있음을 알 수 있다. 마치 천막의 지주처럼 생긴 기둥은 행사를 치르기 위해 임시로 마련한 전통 사당을 떠올리게 만든다. 기둥의 장식은 선왕들의 이름을 일일이 새기면서 투트모세 자신이 이집트 왕권의 적통을 잇는 후계자임을 한눈에 알 수 있도록 과시하고 있다(19쪽 참조).

투트모세의 강력한 군사력에 힘입어 이집트는 일찍이 겪어 보지 못한 풍요를 누렸다. 이런 풍요를 구가하게 된 바탕에는 포로로 잡혀 오거나 이주해 들어온 외국인들로부터 얻은 다양하고도 풍부한 노동력이 있었다. 이들 가운데는 직조공, 자수업자, 대장장이 등의 전문 기능공들이 적지 않았던 것이다. 여기에는 아마도 유리 제조공도 있지 않았나 싶다. 이집트에서 처음으로 만들어진 유리가 이 시기의 것으로 추정되고 있기 때문이다. 이들 장인들은 당시 이집트 사회의 사치스럽고도 세련된 분위기를 연출하는 데 한몫 단단히 했다. 백성이 이러할진대 왕실은 오죽했겠는가. 투트모세 3세는 많은 외국 여성들을 첩으로 거느린 왕으로도 유명하다. 시리아 출신의 세 첩들 무덤에서 나온 부장물을 보면 벌어진 입이 다물어지지 않을 정도다. 그 막대한 양의 화려한 보석, 화장품, 향수 등등에서 당대 이집트가 누린 풍요를 잘 엿볼 수 있다.

투트모세 시대에 지어진 개인의 묘들을 보면 당시의 테베 일상생활을 좀더 자세히 들여다볼 수 있다. 투트모세 3세와 그의 아들 아멘호텝 2세에게 봉사한 장관 레크미라Rekhmira는 그야말로 당대 최고의 고관대작이었다. 그가 누린 권세는 서쪽 둑의 샤이크 압드 엘쿠르나Sheikh Abd el-Qurna에 있는 그의 장대한 무덤(TT100)에 그대로 드러나 있다. 신왕국의 전형적인 암석 묘는 그 외부에 너른 뜰과 한 채의 사당을 가지고 있는데, 그 전체 구도가 마치 'T' 자를 거꾸로 돌려놓은 것 같다. 사당의 벽에는 레크미라의 일생을 그린 다채롭고도 화려한 그림들이 가득하다. 관리의 일상을 그린 것이 있는가 하면, 장례식 장면이 등장하고, 제국의 저 먼 변방에서 상품이 도착하는 장면이 있고, 재판중인 법정을 볼 수 있으며, 공장, 상점 그리고 카르나크의 작업장 등등이 그려져 있다.

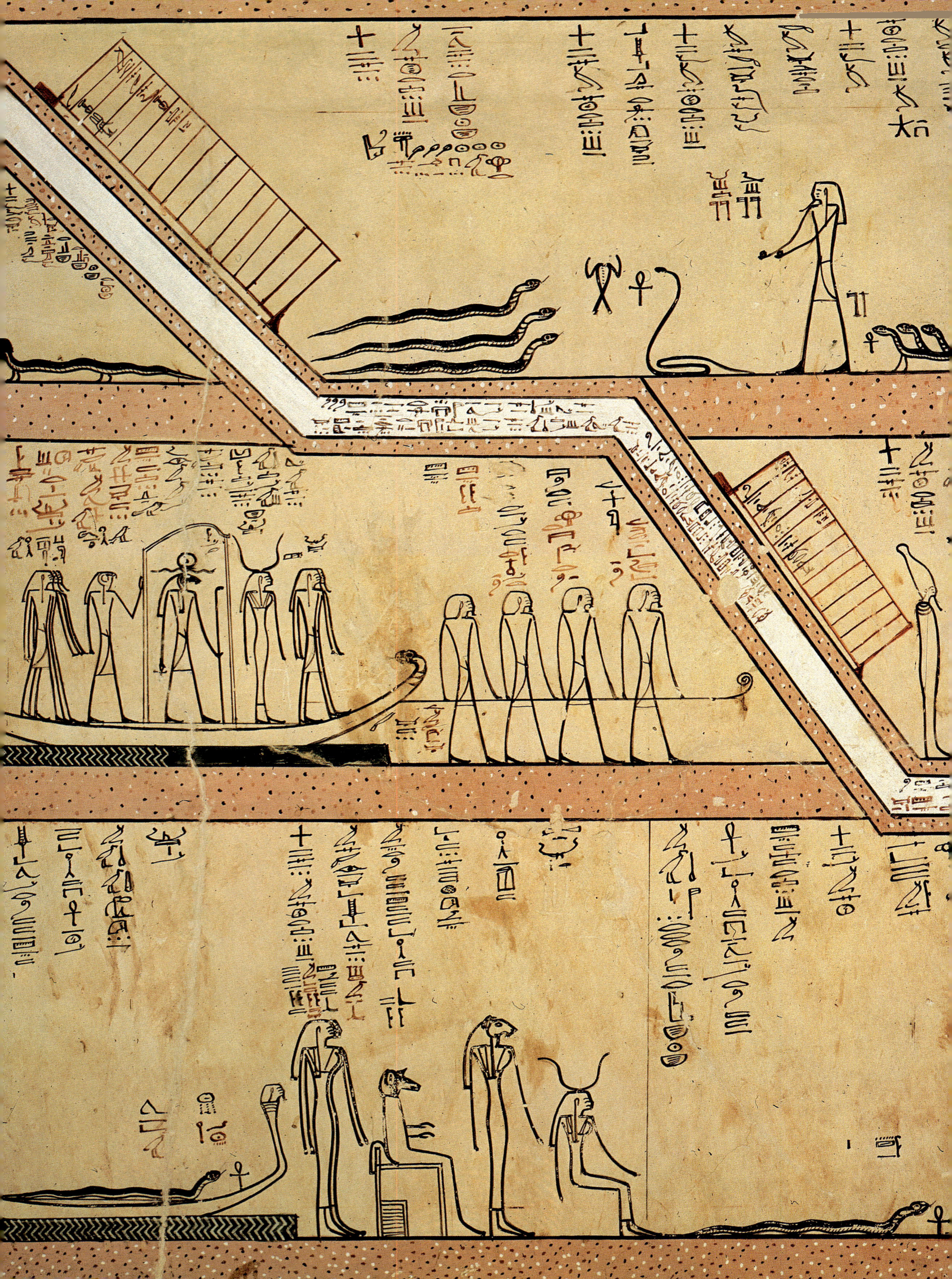

60쪽 투트모세 3세의 무덤에 그려진 암두아트("지하 세계에서 일어나는 일에 관한 책")라는 이름의 장례 문서 내용. 힘 있고 명료하면서도 도표처럼 그려진 비문은 마치 파피루스 두루마기를 펼쳐 놓은 것만 같다. 비문이 묘사하고 있는 것은 태양신이 어둠의 지하 세계를 관통하며 치르는 위험한 여행이다. 여기서 태양신과 그 수행인들은 적의 무리를 조우하고 물리친다. 이 승리의 감격으로 태양신은 다시 새벽 하늘로 떠오른다. 가운데 그림을 자세히 보면 양의 머리를 한 태양신이 수행 무리와 함께 보트를 타고 있음을 알 수 있다.

* 아펩 : 이집트 신화에 등장하는 뱀의 신. Apophis 혹은 Apepi라고도 쓴다.

투트모세 3세 자신의 묘(KV34)는 왕들의 계곡에서도 가장 인상적인 것이다. 장엄한 입지나 파격적인 설계와 장식 등 어느 모로 보나 걸출한 무덤이다. 계곡 남단의 우뚝 솟은 암벽 속에 둥지를 튼 무덤의 입구는 가파른 내리막길이다. 이 길을 따라 내려가다 보면 갑자기 직사각형의 벽이 가로막는다. 여기를 지나면 무덤의 행랑과 만난다.

이 불가사의한 설계의 목적은 무엇일까? 왕들의 계곡에서 처음으로 등장하는 이런 형태의 무덤을 두고 아직도 논란이 계속되고 있다. 혹자는 벽이 도굴꾼을 막기 위한 함정이라고 주장한다. 또 다른 이는 낮은 석실로 빗물이 흘러드는 것을 막기 위한 장치에 지나지 않을 것이라는 의견을 내놓는다. 또 다른 가능한 해석은 제례와 의식을 위한 상징적 효과를 노린 것이 아닐까 하는 것이다. 벽 뒤의 장방형 석실은 일종의 대기실이다. 그 벽에는 지하 세계의 신들을 그린 그림들이 가득하다. 시신을 모신 석실로 들어가는 입구는 무덤의 주축과 직각을 이루게끔 방향을 잡고 있는 것으로, 바닥 한쪽 구석에 감추어진 계단을 통해 들어가게 되어 있다.

커다란 타원형으로 되어 있는 묘실은 네 개의 곁방들을 가지고 있다. 왕을 위한 부장물을 넣어 두는 곳이다. 묘실의 한쪽 끝에는 투트모세의 화강암 석관이 있다. 왕의 카르투슈와 같은 형태로 만들어진 석관에는 수호 여신들의 그림이 새겨져 있다. 벽면에는 장례식 때 읽는 파피루스와 같은 흘림체의 비문들이 새겨져 있다. 크림색 같은 색깔 위로 약간 빛이 바랜 검은색 글씨가 등장하는가 하면, 핑크와 붉은색으로 강조해 놓은 곳도 보인다. 여기에 그려진 장면은 암두아트Amduat("지하 세계에서 일어나는 일에 관한 책")라는 이름으로 알려져 있는 장례용 문서에 나오는 내용을 묘사한 것이다. 골자는, 태양신이 밤이 되면 지하 세계로 내려왔다가 열두 시간의 밤이 지나면 다시 떠오른다는 이야기다. 왕은 여기서 신들을 도와 혼란과 어둠을 낳는 악의 신 아펩Apep*을 물리친다. 매일같이 새롭게 떠오르는 태양을 닮아 자신도 부활하고 싶다는 열망의 표현일까.

무덤 안에 있던 유물은 남아 있는 것이 거의 없다. 도굴꾼의 횡포가 워낙 심했던 것이다. 그러나 훔쳐내진 투트모세 3세의 유골은 다시 천으로 감싸인 채 데이르 엘바하리에 있는 왕의 미라들의 납골당(DB320)에서 발견되었다. 그것도 원래의 목관과 함께! 그러나 관에 박혀 있던 금박 장식이나 여타의 새김은 말끔하게 파내져 사라지고 없었다.

특별 주제

카르나크와 아문 신 숭배

62 · 63쪽 전부 134개의 거대한 기둥들로 이루어진 카르나크의 거대한 '기둥 신전.' 그 골조는 세티 1세가 세웠으며, 기둥의 부조나 벽화 등은 그의 아들 람세스 2세가 완성했다. 신전은 6000m²에 달하는 넓은 부지를 차지하고 있다. 아래의 벽화와 같은 부조는 테베가 섬기는 세 신들, 즉 이집트 최고의 신인 아문-라와 그의 아내 무트 그리고 아문-라의 권좌 뒤에 서 있는 아들 콘수, 이렇게 세 신들 앞에 무릎 꿇고 있는 람세스 2세를 그리고 있다.

* 헬리오폴리스 : 카이로 북동쪽에 위치한 고대 이집트의 옛 도시. 태양 신앙의 중심지로 원래의 이집트 이름은 이우누(Iunu)다. 헬리오폴리스는 그리스 말로 '태양의 도시' 라는 뜻이다.

** 라 : 이집트 태양신이자 창조의 신. 매의 머리를 하고, 우라에우스라는 성스러운 뱀으로 장식된 태양 원반이 달린 왕관을 쓴 사람의 모습으로 그려진다. 'Re' 라고 쓰기도 한다.

테베에 자리 잡고 있던 '아문의 땅' 은 신왕국 시대에 이집트 역사상 가장 중요한 성지로 격상한다. '숨은 자' 라는 뜻의 테베 신 아문은 이집트 북부의 헬리오폴리스Heliopolis*의 태양신 라Ra**와 하나로 녹아들어, 최고의 신 아문-라Amun-Ra가 탄생하게 된다. 바꿔 말해서 테베는 이제 '남쪽의 헬리오폴리스' 로 명성을 떨치게 된 것이다.

왕은 인간과 신을 중개하는 유일한 존재였다. 따라서 왕은 이론상으로는 모든 신전의 최고 사제로, 각 신전에서 치러지는 예식을 집전할 유일한 인물이다. 그러나 실제로 이런 역할을 어찌 다 감당할 수 있으랴. 매일같이 드려야 하는 예배의 몫은 자연스레 각 사원의 사제들 몫이 된다. 물론 사제들 사이의 위계질서도 엄존했다. 왕을 대리할 수 있는 권한을 가진 최고 사제 혹은 제1예언자로부터 청소와 같은 허드렛일을 담당하는 말단 승려에 이르기까지 각각의 역할도 엄격하게 나뉘었다.

이집트 종교의 목표는 국가와 우주를 관통하는 신적 질서를 지켜 내는 것이었다. 그런 점에서 종교와 정치는 서로 떼어 생각할 수 없는 관계를 가졌다. 신전, 다시 말해서 '신이 사는 집' 은 신을 섬기는 일 외에도 각종 행정 관청의 역할을 했으며, 교육을 담당하는 학교인 동시에 재판이 열리는 사법부이기도 했다. 각 사찰에는 사제들이 필요로 하는 물품을 생산하는 작업장이 딸려 있었다. 이 작업장은 신을 묘사한 각종 조각이나 그림을 만드는 일을 주로 했지만, 일반 사람들의 요구에 따라 사적인 무덤 부장물이나 파피루스 제례문 등을 제작하기도 했다. 이렇게 벌어들인 수입은 물론 사찰의 재산으로 관리되면서, 곡물 등의 형태로 각 고용원들의 품삯으로 지불되었다. 사찰 직원의 대부분을 차지하는 민간인들은 따로 자신의 생업을 가지고 있으면서, 사찰의 살림을 위해 봉사했기 때문이다.

말하자면 신전은 대 고용주나 다름없었다. 커다란 농토와 초지를 소유하고, 각종 짐승들을 놓아먹이면서 거의 모든 수요를 자급할 정도였다. 시간이 흐르면서 축적된 경제력은 곧 사제들로 하여금 상당한 정치권력을 행사하게 만들었다. 더욱이 각 신전을 중심으로 그 막대한 재산이 상속됨

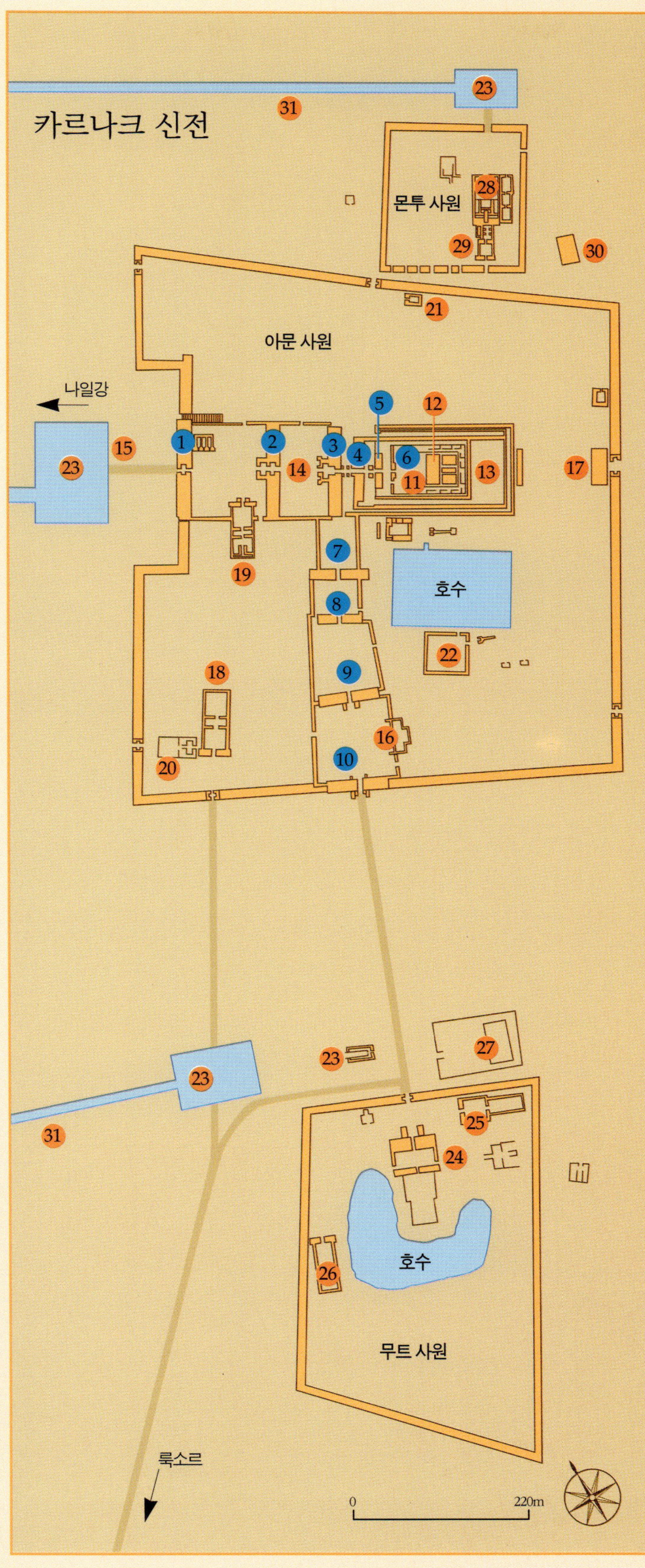

64·65쪽 동쪽에서 바라본 카르나크의 아문 신전. 전면에 보이는 것이 제1파일론이다. 그러나 이 파일론은 이름과는 달리 실제로는 맨 마지막에 지어진 것이며, 완공하지 못했다(BC 4세기에 넥타네보 1세[Nectanebo I]가 만든 것으로 추정된다). 그 뒤의 제2와 제3파일론 사이에 있는 것이 거대한 기둥 신전이며, 다시 그 뒤에 있는 세 개의 파일론을 지나면 카르나크 신전의 가장 오래된 곳인 성역(聖域)에 이르게 된다.

기호 설명

1 제1파일론(넥타네보 1세)
2 제2파일론(제19왕조)
3 제3파일론(아멘호텝 3세)
4 제4파일론(투트모세 1세)
5 제5파일론(투트모세 3세)
6 제6파일론(투트모세 1세)
7 제7파일론(투트모세 3세)
8 제8파일론(하트셉수트)
9 제9파일론(호렘헵)
10 제10파일론(아멘호텝)
11 안쪽 성역(중왕국)
12 중정(중왕국)
13 왕의 재위 기념 홀(투트모세 3세)
14 대(大)기둥 신전(세티 1세와 람세스 2세)
15 아문의 배를 위한 선착장
16 왕의 재위 기념 사찰(아멘호텝 2세)
17 아문-라를 모신 사원(람세스 2세)
18 콘수 사원(제20왕조)
19 람세스 3세의 사원
20 오페트의 사원
21 프타의 사원
22 제물로 바칠 닭을 키우던 곳
23 하안 신전
24 무트 신전
25 어린 생명의 신 콘수를 섬기는 사찰
26 람세스 3세의 사원
27 아문 카무테프(Kamutef)*의 사원(여기서 카무테프란 '어머니의 황소'라는 뜻)
28 몬투의 사원
29 마트(Maat)**의 사원
30 투트모세 1세의 사원
31 운하

*카무테프: 후기 이집트의 아문 명칭.

**마트: 고대 이집트에서 우주의 질서를 상징하는 여신. 마트는 정의뿐만 아니라 진리와 질서를 포괄하는 의미로 쓰인다.

카르나크 신전과 룩소르의 그것을 잇는 행진로를 따라 도열해 있는 스핑크스들. 매년 열리는 오페트 축제 기간 동안 아문과 그의 아내 무트 그리고 아들 콘수를 상징하는 신성한 조각상들이 이 길을 따라 카르나크에서 룩소르로 행진했다. 때에 따라서는 배로 옮겨지는 경우도 있었다.

에 따라, 강력한 영향력을 갖는 소위 '사제 왕권' 출현이 가능해진 것이다.

아문 신을 섬기는 핵심 성소인 카르나크는 고대 테베의 가장 중요한 기관이었으며, 동시에 도시 생활의 구심점을 이루는 곳이었다. 거의 2.5km²에 달하는 카르나크 신전은 모두 세 개의 구역들로 이루어져 있다. 아문 신에게 헌정된 중앙 구역이 가장 크고 또 가장 중요한 곳이다. 이런 아문의 대大신전과 나란히, 다른 주요한 신들을 섬기는 작은 규모의 사당과 사찰들이 들어서 있다. 그 북쪽은 테베의 전쟁신 몬투의 영역이고, 남쪽은 아문의 아내인 여신 무트의 영역이다.

아문 신전을 이루고 있는 각종 유적들은 거의 2000년이 넘는 세월 동안, 즉 중왕국에서 프톨레마이오스 왕조와 로마 시대에 이르는 오랜 역사를 거치면서 만들어진 것들이다. 물론 개중에는 훨씬 더 오래된 구조물도 있다. 이토록 오랜 세월 동안 아문의 대신전은 거듭 확장되고, 헤아리기도 어려울 정도로 숱한 개수 작업을 거치면서 아름답게 가꾸어졌다. 전체 신전의 주축은 동서로 그 정향을 잡으면서 나일강을 마주보고 매일같이 뜨고 지는 태양과 호흡을 같이하고 있다. 신왕국 시대에 들어서는 다시 새로운 남북축이 첨가되면서 남쪽의 무트 영역과 룩소르 신전을 잇는 행진로가 완성되었다. 이렇게 이루어진 두 축을 중심으로 세월의 흐름과 함께 신전은 더욱 몸집을 불려 온 것이다.

전통적으로 신전에서는 성소(가장 신성한 곳, 대개 신상들을 모신다)가 중심이 된다. 성소의 앞에는 하나 또는 두 개의 기둥 홀이 들어서며, 다시 그 앞으로 기둥들이 늘어선 뜰이 있고 전면에 파일론(신전으로 들어가는 커다란 문)이 세워진다. 종종 신전에는 더 많은 파일론들이 들어서곤 했는데, 이는 선왕들의 유적을 가림으로써 자신의 위업을 과시하려는 의도에서였다. 이렇게 아문 신전에 파일론을 세운 왕들은 무척 많다. 파일론 사이의 공간은 자연스레 안마당을 이루거나, 제2와 제3파일론 사이처럼 커다란 기둥 홀이 되기도 했다. 신전의 가장 마지막에 만들어진 부분, 즉 제1파일론은 이전에 신전 밖에 있던 두 개의 구조물을 싸안은 마당을 이루기도 했다. 여기서 말하는 두 개의 구조물이란 람세스 3세의 작은 사찰과 세티 2세의 사당에 해당한다.

신전과 직접 관련이 있는 사제나 신전 고용인이 아니더라도 신전을 방문할 수는 있었다. 특별한 업무가 있는 경우에 국한되기는 했지만 말이다. 그 밖에 테베의 융성한 시절을 자축하기 위해 축제가 열릴 때에도 일반인이 신전에 들어갈 수 있었다. 물론 평상시에 평민은 신전의 성역에 발도 들여놓아서는 안 되었지만, 축제가 열리는 동안만큼은 얼마든지 행사에 참가할 수 있었다. 특히 축제 기간 동안 아문을 위시한 카르나크의 여러 신들은 성소를 떠나 화려한 행렬과 함께 세상을 돌아보아야 했던 것이다. 종종 배로 꾸며진 조형물을 타고 세상을 주유하려니, 사람들의 손길이 얼마나 많이 필요했겠는가.

카르나크의 제6파일론과 성역 사이에 세워져 있는 독특한 문장이 새겨진 두 개의 화강암 기둥. 투트모세 3세가 세운 것이다. 기둥에 새겨진 아름다운 부조는 연꽃이나 수련(앞의 것)을 파피루스 줄기와 함께 그린 것이다. 이는 각각 상이집트와 하이집트를 상징하는 것으로, 함께 서서 이집트의 통일을 과시하고 있다. 그 왼쪽에 있는 조각상은 아문 신으로 묘사된 투탕카멘이다.

테베에서 열리는 주요 축제로는 여름의 오페트 축제와 봄의 '계곡 미美의 축제'가 꼽힌다. 2주에서 4주까지 걸리는 오페트 축제가 열리는 동안에 아문 신과 그의 아내 무트 그리고 아들 콘수의 조각상들은 카르나크를 떠나 아문의 '남쪽 성전'인 룩소르 신전으로 옮겨진다. 그곳에서 왕의 권위를 새롭게 빛내는 행사가 열리기 때문이다. '계곡 미의 축제'에서 신들은 화려하게 치장된 배를 타고 나일강을 건너 왕들의 묘역으로 향한다. 테베의 백성이 신들을 호위함은 물론이다. 이들은 선조의 묘 앞에 부복하고 제사를 드렸다.

영웅 왕
아멘호텝 2세

BC 1427 ~ BC 1400년경

말년에 이른 투트모세 3세는 계모의 섭정을 받아야 했던 자신의 어린 시절을 떠올렸던 것일까? 아예 아들 아멘호텝 2세를 자신과 어깨를 나란히 하는 공동 왕으로 추켜세웠다. 왕권을 조금도 흐트러짐 없게 승계하려는 속셈이었으리라. 멤피스에 우뚝 선 아멘호텝은 강골에 튼튼한 근육질의 몸을 자랑하는, 타고난 전사였다. 기자Giza의 대大스핑크스 옆에 그가 세운 석주에서 왕은 말을 탄 늠름한 위용으로 그 강건함을 과시하고 있다. "그는 (전쟁 신) 몬투의 모든 기예를 터득한 유일한 인물이다. 전장에서 그를 대적할 사람은 아무도 없다. 말을 다룰 줄 아는 왕. 셀 수 없이 많은 대군 가운데 그와 겨룰 사람이 누구인가. 그 누가 감히 기수를 견주어 왕과 시합하리오."

아멘호텝은 걸출한 부왕 못지않은 탁월한 전사였다. 재임 초기 시리아의 연합군이 이집트에 반기를 들자 번개처럼 반군을 격퇴한 왕은 함선의 뱃머리에 반군 수장들의 시신을 매달아 이집트로 개선했다. 그 가운데 여섯 구는 테베의 성벽 위에 진열하였으며, 일곱 번째 시신은 누비아의 나파타Napata로 가져가 그 도시의 성벽에 달아 놓았다. 누구든 감히 이집트에 도전하면 그 말로가 이러하리라는, 말이 필요 없는 웅변이었던 것이다.

아멘호텝 2세는 선왕을 본받아 테베에 많은 신전을 세웠다. 왕의 재위 기념 축제 헤브세드를 위한 카르나크의 신전과 나일강 서쪽의 장제 신전 등이 그것이다. 물론 아멘호텝이 세운 가장 뛰어난 유적은 '왕들의 계곡'에 있는 그의 인상적인 무덤(KV35)이다. 이 무덤은 전체 설계에서 투트모세 3세의 그것과 유사하다. 다만 차이가 있다면, 묘실이 2층으로 꾸며져 있으며, 타원형이라기보다는 장방형에 가깝다는 점이다. 아버지의 묘와 마찬가지로 묘실의 벽면에는 장례용 파피루스에 적힌 내용들이 흘림체로 새겨져 있다. 묘실의 천장을 떠받들고 있는 기둥들에는 처음으로 왕의 전모가 죽음을 관장하는 신들과 함께 묘사되어 있다. 벽면에 새겨진 비문은 아주 중요한 자료다. 바로 암두아트의 내용을 완전하게 재현하고 있기 때문이다.

1898년 빅토르 로레가 묘를 발굴했을 당시, 왕의 미라는 규암 석관 안에 들어 있었다. 화려한 화관으로 장식한 목관에 모셔져 다시 석관에 넣어진 왕의 미라는 수천 년의 세월을 알고 있을까. 묘실 외에 따로 마련된 두 개의 공간에서는 다른 왕들의 미라도 발견되었다. 첫 번째 공간에서는 투트모세 4세, 아멘호텝 3세, 람세스 3세 및 신왕국의 다른 다섯 파라오들의 미라가, 두 번째 공간에서는 두 여인과 한 소년의 미라가 나왔다.

69쪽 아멘호텝 2세의 묘실은 '왕들의 계곡'에 있는 왕묘 중에는 처음으로 등장인물을 완전하게 그리고 있다. 여기서 죽은 왕(오른쪽)은 명계의 신 우시르 앞에 서 있다. 왕의 면전에 그려진 안크(생명)*가 상징하듯, 우시르는 왕에게 부활의 기운을 불어넣어 주고 있다. 관습에 따라 우시르는 왕의 미라로 묘사되어 있다. 즉 상이집트의 하얀 왕관을 쓰고 있으며, 갈고리와 도리깨 등 왕권의 표상들을 들고 있다. 긴 것은 바로 왕홀이다.

70쪽 아멘호텝 2세의 규암 석관. 1898년 로레가 묘실에서 이 석관을 발견했을 때, 왕의 미라는 여전히 그 안에서 잠자고 있었다. 죽음의 신들을 새기고 색을 입힌 부조를 보면, 여신 이시스가 무릎을 꿇고 있다(카메라와 가까운 쪽의 석관 전면). 옆면에 등장하는 것은 호루스의 아들들이다. 부조는 놀랍게도 원색이 대부분 그대로 유지되어 있다. 기둥에 그려진 그림은 여신 하토르 앞에 서 있는 왕을 그린 것이다.

* 안크: 고리 모양으로 된 것을 말한다.

미라들이 원래의 것과는 다른 목관으로 옮겨져 있고, 보석들이 자취를 감춘 것으로 미루어, 도굴꾼이 암약했음을 알 수 있다. 여인들 중의 한 명이 티예 왕비로 추정된 것은 1970년대의 일이다. 최근의 조사 결과, 소년은 아멘호텝 3세의 장남인 투트모세 왕자일 것이라고 추정된다. 다른 한 여인은 아크헨아텐의 정실 네페르티티Nefertiti다.

아멘호텝 2세가 다스릴 당시 테베의 번영상은 그 고위 대신들의 화려한 묘역에서도 잘 드러난다. 그 가운데서도 특히 당대의 세력가들은 신전의 성역 안에 자신들의 조각상을 세울 정도의 특권을 누렸다. 대표적인 인물로는 아멘호텝 2세의 치하에서 테베의 수장을 지낸 센네페르Sennefer와 왕실의 유모 출신인 그의 아내 센나이Sennay를 꼽을 수 있다. 이들은 왕실과의 돈독한 친분을 활용해, 그들의 고양된 신분을 카르나크 아문 신전에 가문을 상징하는 조각상을 세워 만천하에 과시했다. 센네페르의 조각상은 휘장과 왕실에서 하사한 보석을 목에 화환처럼 두르고 있다. 이는 당시 조각의 표현 기법으로, 개인의 인물 묘사에서 그 주인이 살아 누린 부와 건강을 강조한 것이다. 화강암 조각상은 이례적으로 그것을 만든 조각가의 이름, 즉 아멘메스Amenmes와 제드콘수Djedkhonsu를 새기고 있어 이채롭다.

테베에 있는 고위 관리들의 묘는 보통 사제나 제물을 죽음의 정령으로 묘사한 조그만 채색 사당을 가지고 있다. 그리고 그 지하에 만들어진 묘실은 일반적으로 아무런 장식을 하지 않는다. 그러나 샤이크 압드 엘쿠르나에 있는 센네페르의 무덤은 묘실에도 화려하게 색칠이 되어 있다. 천장은 포도 덩굴들이 얽혀 마치 물결을 이룬 것처럼 그려져 있다.

우 아멘호텝 2세의 묘실 벽화에 등장하는 그림. 소위 암두아트의 내용을 그린 것이다. 여기서는 매의 머리를 한 죽음의 신 소카르(Sokar)*가 살고 있다는 지하 세계의 다섯 번째 시계(時界, 시간은 모두 12단계로 나뉘어져 있다)를 보여 준다. 소카르 신은 한쪽 끝에 세 개의 머리가 달리고, 다른 쪽 끝에는 한 사람의 머리가 달린 뱀 위에 돋은 두 날개 사이에 서 있다. 타원형으로 그려진 모래벽과 같은 것은 신의 '숨겨진 땅'을 의미하는 것이다. 다시 두 개의 머리를 가진 아케르(Aker)** 신이 그 숨겨진 땅을 지키고 있다.

* 소카르: Seker 혹은 그리스어 Socharis, Sokaris 등으로도 표기된다. 멤피스 지하 묘지를 다스리는 장례의 신으로, 매의 머리를 한 사람의 모습으로 묘사된다. 매년 열리는 소카르 축제는 우시르 신이 소카르로 부활하는 예식이다. 이는 곧 이집트의 정체(政體)가 지속되는 것을 축하하는 행사다. 이 축제에서 소카르는 'henu' 라는 이름의 장식된 배에 실려 운반된다.

** 아케르: 이집트 대지의 신으로 이집트의 명계에서 동쪽과 서쪽의 지평선이 만나는 선을 지배한다. 파라오가 명계로 가는 입구의 수호신. 어두운 밤에 태양의 쪽배를 타고 명계로 통하는 안전한 길을 안내한다. 아케르는 서로 떨어져 있는 한 쌍의 사자나 인간의 머리로 그려진다.

72·73쪽 네 개의 커다란 기둥들이 떠받들고 있는 센네페르의 묘실(TT96). 센네페르는 아멘호텝 2세 치하에서 테베 수장을 지낸 인물이다. 묘실 벽 도처에 아내와 함께 그려져 있다. 물론 신들도 총출동하고 있다. 사진의 오른쪽 기둥을 보면, 부부가 수호신 웨자트(wedjat)의 눈(호루스의 눈을 상징한다)이 지켜보는 가운데 담소를 나누고 있다. 눈 주위를 뻗어 나간 선들은 제드(djed)라는 것으로, 우시르를 상징한다. 왼쪽 기둥 위에 새겨진 센네페르는 연꽃(수련)의 향기에 취해 있다. 이는 죽은 다음에 다시 환생하며 회춘한다는 것을 의미한다. 천장에 그려진 포도 넝쿨이 얽힌 것만 같은 문양과 벽면의 장식들은 마치 기하학적 무늬가 가득 새겨진 화려한 색의 옷감을 보는 것 같다.

평화의 수호
투트모세 4세

BC 1400~BC 1390년경

아멘호텝 2세의 무덤에서 출토된 유골들 가운데는 그의 후계자 투트모세 4세의 것도 있다. 투트모세는 아멘호텝의 장남이 아니다. 이런 그가 어떻게 왕위를 물려받을 수 있었을까? 정확하게 밝혀진 것은 아무것도 없다. 투트모세 자신은 이런 정황을 이례적으로 전설을 끌어다 설명하고 있다. 말인즉, 태양신 호레마케트Horemakhet*의 도움으로 왕위에 올랐다는 것이다. 여기서 말하는 호레마케트는 기자에 있는 고대 왕 묘역의 하나인 대大스핑크스로 표현된 신이다. 스핑크스의 정면에 서 있는 한 석주의 비문에 따르면, 그 전후 사정은 이렇다. 당시 어린 왕자이던 투트모세는 사막에서 사냥을 하다가 지친 나머지 스핑크스의 그늘에서 곯아떨어지고 말았다. 혼곤한 꿈속에서 투트모세에게 나타난 신은 "아버지가 아들에게 이르듯", 자신을 짓누르고 있는 모래더미가 너무 무겁고 성가시니 치워 달라고 간곡히 부탁하더라는 것이다. 소원을 들어주면 반드시 왕위에 오르게 해주겠다는 약속과 함께! 누구 명이라 거절하겠는가. 스핑크스를 모래로부터 해방시킨 투트모세는 약속대로 형을 제치고 아버지로부터 파라오의 지위를 물려받았다. 그러나 이 권력 승계의 정확한 배경은 알 길이 없다.

호레마케트를 섬기는 투트모세의 충정은 이집트 초대 왕들이 태양신에게 맹세하던 충성의 전통이 되살아난 것을 의미한다. 뿐만 아니라 투트모세는 아문에게 경배하는 테베의 전통을 지키는 데도 소홀함이 없었다. 그는 카르나크에 뜰을 마련한 뒤, 설화석고로 지은 아문신을 위한 배 모양의 사당을 세우기도 했다. 그는 또 할아버지 투트모세 3세가 착공한 오벨리스크를 완성했다. 지금까지 이집트에 세워진 것 가운데 가장 큰 이 오벨리스크는 서기 4세기경 로마인들에 의해 옮겨져, 지금은 로마의 성 요한 라테란 바실리카Basilica of St. John Lateran대성당의 마당에 서 있다.

우측 대스핑크스의 큼직한 앞발 사이에 우뚝 서서 정면을 바라보고 있는 석주. 높이 3.7m의 이 석주는 투트모세 4세가 왕으로 즉위한 첫 해에 자신이 꾼 '꿈'을 기록해 놓은 것이다. 당시 스핑크스는 이미 1000년의 세월을 굽어보고 있었다. 이 스핑크스는 제4왕조의 왕 카프라(Khafra, 재위 BC 2558~BC 2532년경)가 세운 것으로 추정된다. 바로 그의 피라미드 묘역의 일부를 이루고 있기 때문이다. 신왕국 시대에 들어서자 스핑크스는 호레마케트(지평선 위의 호루스), 즉 태양신으로 섬김을 받았다.

75쪽 테베에 있는 재무장관 소벡호텝(Sobekhotep)의 묘(TT36)에 그려진 벽화. 근동의 속국에서 온 사신들이 투트모세 4세에게 황금과 상아를 공물로 바치는 장면을 묘사하였다. 전형적인 '시리아' 풍 복장과 두발 그리고 턱수염 등이 아시아인을 그리는 이집트 화가들의 작법에 따라 그려져 있다.

* 호레마케트 : 다른 자료를 보면 'Harmachet' 라고 표기되어 있다. 그 원뜻은 '지평선 위의 호루스' (그리스어로는 'Harmachis')이다. 이는 스핑크스 앞에서 매년 올리는 큰 제사를 뜻하기도 한다.

투트모세 4세의 유적은 그를 아버지와 할아버지 못지않은 근육질의 전사로 묘사하고 있다. 사실 그의 용맹이야 숱하게 치러진 누비아와 시리아·팔레스타인 정벌을 통해 입증된 마당이 아닌가. 투트모세 휘하의 한 장군 차누니Tjanuny의 묘 벽화에는 누비아 병사들의 계급이 그려져 있고, 왕의 재물 관리인으로 봉사한 소벡호텝의 묘에는 시리아 속국의 사신들이 이집트 궁정에 공물을 드리는 장면이 등장한다(75쪽 참조).

재임 후반기에 이르러 투트모세 4세는 인접국에 대해 좀더 유화적인 태도를 취한다. 누비아 출신의 장교이면서 왕의 오른손 역할을 한 충복 마이헤르프리는 '왕들의 계곡'에 자신의 무덤을 마련할 정도로 대단한 특권을 누렸다. 온전한 형태를 거의 그대로 유지하고 있는 이 큰 무덤은 1899년 빅토르 로레가 발견했다. 또 투트모세 4세는 점점 세를 불려가고 있던 히타이트족Hittite을 의식한 나머지, 시리아의 미타니 왕국과 함께 평화 협정을 맺었다. 협정만으로는 불안했던지 그는 미타니의 왕 아르타타마 1세Artatama I의 딸과 정략결혼을 하면서까지 조약에 봉인을 찍었다.

투트모세 4세의 묘 설계는 선왕들의 그것과 비슷하다. 그러나 묘 장식에서만큼은 전혀 새롭게 출발하고 있다. 투트모세 3세와 아멘호텝 2세의 무덤들에서 볼 수 있었던 것과 같은 옅은 색조의 흘림체 대신에, 입구 통로와 전실, 즉 묘실로 들어가기 전의 대기실과 같은 곳은 형태를 제대로 갖춘, 밝고 다채로운 색조의 형상들이, 죽음의 신들과 함께하고 있는 왕의 모습을 그리고 있다. 이런 도식을 묘실에도 적용하려 했는지는 알 길이 없다. 투트모세가 생각보다 일찍 죽는 바람에 묘실에는 전혀 치장이 되어 있지 않기 때문이다.

투트모세가 마지막으로 가는 길에는 그의 두 자녀가 동행을 했다. 아들과 딸이 각각 하나씩 아버지와 거의 동시에 죽은 것이다. 왕족의 미라는 물론 왕실이 갖추어야 할 부장품들을 완비하는 법이다. 거기에는 음식, 음료, 옷가지, 화장품, 보석, 가구, 심지어는 왕의 2륜 전차까지 포함되었다. 그러나 이런 물건들이 오랫동안 무덤 속에서 평안할 수 있겠는가? 아니나 다를까 투트모세가 죽고 정확히 80년째 되던 해, 무덤은 도굴꾼의 손에 의해 쑥대밭이 되고 말았다. 그 폐해를 간신히 복구할 즈음 다시 두 번째 도굴이 자행되면서 투트모세 4세의 미라는 아멘호텝 2세의 무덤(KV35)으로 옮겨지고 말았다.

76쪽 위 투트모세 4세의 석관에 새겨진 상형문자 비문과 형상들. 여기서 상형문자가 설명하고 있는 신들은 왼쪽부터 하피(Hapi)*, 아누비스(Anubis)**, 두아무테프(Duamutef)***이다. 하피와 두아무테프는 "호루스의 네 아들들" 가운데 둘이다. 이들은 죽은 자의 내부 장기를 지키는 신들이다. 호루스의 다른 두 아들들, 즉 켑세누에프(Qebsenuef)와 임세티(Imsety)는 석관의 반대쪽 면에 새겨져 있다.

76쪽 아래 투트모세 4세의 무덤(KV43)에 밝고 온전하게 그려진 형상들. 입구 통로와 전실에 그려진 이 형상들은 부분적으로만 완성되었을 따름이다. 여기서 죽은 왕은 한 번은 미라의 신인 아누비스로부터, 다른 한 번은 '서쪽의 여신' 하토르로부터 각각 생명의 숨결을 받아들이고 있다. 이는 죽은 이가 지하 세계로 온 것을 환영하는 행사다. 그 맨 왼쪽에 죽음의 땅을 다스리는 우시르 신이 서 있는 것이 보인다.

* 하피: 미라로 만들어진 시체의 허파를 지키는 수호신. 비비 원숭이의 모습, 혹은 비비의 머리를 가진 인간의 형태로 묘사된다.

** 아누비스: 이집트 사자의 신. 보통 검은 자칼이나 개의 모습, 혹은 그런 머리를 한 사람으로 묘사된다. 여기서 검은색은 미라를 만드는 과정에서의 시체 색깔을 나타낸다.

*** 두아무테프: 장례를 주관하는 이집트의 신. 호루스의 아들이다. 나머지 두 아들, 즉 켑세누에프는 내장을 지키는 신이며, 임세티의 역할에 관해서는 특별한 내용을 찾을 길이 없다.

찬란한 태양
아멘호텝 3세
BC 1390~BC 1352년경

아멘호텝 3세가 왕위에 오른 것은 열두 살 때다. 그는 풍요를 자랑하는 평화로운 제국을 물려받았다. 아버지 투트모세 4세나 할아버지 아멘호텝 2세와는 달리, 그는 군사적 행동을 해야 할 특별한 필요가 없었다. 재임 5년째 되던 해에 누비아에서 일어난 봉기를 제압한 것을 제외하고, 그는 주로 외교를 통해 제국을 다스렸다. 속국이나 주변국 왕조들을 다룬 그의 행적은 아마르나Amarna에 있는 소위 '왕실 기록보관소' 의 서판에 놀라우리만치 상세하게 기록되어 있다. 기록을 보면, 선왕과 마찬가지로 아멘호텝 3세는 동맹국과의 관계를 공고히 하기 위해 정략결혼을 했으며, 그 아들들이 이집트에서 유학을 하도록 회유했다. 하긴 자식을 볼모로 잡는 것보다 확실한 방책이 또 있으랴. 기록을 보면 대단히 흥미로운 사실들이 드러나는데, 특히 그의 외교술이 언제나 매끄럽지만은 않았던 모양이다. 예를 들어 바빌로니아 왕과의 서신 교환에서는 다음과 같은 갈등이 숨김없이 노출되어 있다. 먼저 바빌로니아의 왕은 자기 딸과 결혼한 다른 왕들은 모두 좋은 선물들을 보냈는데, 아멘호텝은 어째 아무런 기별이 없느냐며 투덜거렸다. 아멘호텝은 바빌로니아 왕의 여동생과 결혼했던 것이다. 그러자 아멘호텝은 자신도 기꺼이 선물을 보내고 싶었다면서, "이웃나라에서 한 무더기 금이나 얻자고 딸을 내어 주는 것은 과연 온당한 처사일까!" 라며 일침을 놓았다.

아멘호텝 3세가 다스리는 동안 이집트는 일찍이 그 유례를 찾아볼 수 없을 정도로 풍요를 누렸다. 태평성대를 구가하면서 아멘호텝은 국사에 충실했고 각종 재건과 개혁 사업에 몰두했다. 테베의 동쪽 둑에 카르나크 신전을 확장했으며, 먼저 세워져 있던 신전 입구 앞에 제3파일론을 세웠고, 남쪽에 새 정문, 즉 제10파일론을 짓는 공사를 시작했다. 무트와 콘수 그리고 몬투를 섬기는 새 사찰들을 축조한 것도 그였다. 또 카르나크와 룩소르를 잇는 스핑크스 거리를 만들었다. 서쪽 둑에서는 말카타라는 곳에 길게 뻗은 새로운 왕궁을 세웠고, 왕의 계곡에 인접한 서쪽 계곡에 무덤 터를 닦았으며, 콤 엘헤탄Kom el-Hetan에 커다란 장제 신전을 지었다.

그 가운데서 가장 보존이 잘 되어 있는 아멘호텝의 유적은 동쪽 둑의 룩소르에 있는 것이다. 이것은 기존의 신전을 철거해 버리고 오페트 축제를 위해 새롭게 축조한 신전이다. 이페트-수트Ipet-Swt, 즉 아문의 '남쪽 하렘('하렘' 이란 사생활을 즐기는 별궁이라는 의미다)' 으로 알려져 있는 룩소르 신전은, 하트셉수트 시대 이후 매년 열리는 오페

78쪽 규암으로 만든 아멘호텝 3세의 거상 머리 부분. 테베 서쪽의 콤 엘헤탄에 있는 왕의 장제 신전에 마련되어 있는 커다란 태양의 마당에 세워져 있는 조각상이다. 여기서 왕은 하이집트를 상징하는 붉은 왕관을 쓰고 있다.

트 축제의 구심점이었다. 이 오페트 축제에서 왕은 아문-라와의 신비로운 결합을 통해 신의 아들로 거듭나는 축복을 받는다. 신전에 마련된 '탄생의 방'에 새겨진 부조는, 아멘호텝 3세가 어떻게 신의 거룩한 은총을 입어 태어나게 되었는지를 자세히 들려주고 있다.

위 룩소르의 아문 신전. 아멘호텝 3세가 지은 행렬을 위한 주랑(오른쪽)에서 남서쪽으로 야외 태양신 숭배 마당(왼쪽)을 바라본 사진. 아멘호텝 3세는 이 신전을 매년 열리는 오페트 축제의 마당으로 활용했다.

81쪽 아멘호텝 3세의 장제 신전에 새겨진 부조. 전차를 타고 있는 왕을 그리고 있다. 왕의 앞에는 묶여 있는 누비아 포로들의 모습이 보인다. 독수리로 상징되는 수호 여신 네크베트(Nekhbet)*가 허공을 맴돌고 있는 가운데, 생명력과 안정 그리고 힘을 나타내는 각종 상징들이 어지럽다.

*네크베트: Nechbet라고도 쓴다. 커다란 독수리인 콘도르의 여신으로 상이집트의 수호 여신이다. 어린 군주를 수호한다는 의미에서 "Nekheb의 거대한 흰 암소"로도 알려져 있다. 여기서의 Nekheb이란 현재의 El-Kab를 가리키는 지명이다.

전통에 따라 아멘호텝 3세는 자신을 아문의 아들로 추켜세웠다. 또한 동시에 아버지와 할아버지처럼 왕을 곧 태양신과 동일시하는 고대의 신앙을 되살려 내기도 했다. 그는 아텐-체헨Aten-Tjehen, 즉 '찬란한 태양 원반'이라는 칭호를 취했으며, 북부의 도시 헬리오폴리스에 신격화한 태양 원반, 아텐을 섬기는 신전을 지었다. 이 헬리오폴리스야말로 고대 이집트 태양 신앙의 중심지가 아닌가. 아페르엘Aper-el이라는 하이집트의 태수가 아멘호텝 3세가 지은 새 신전의 최고 제사장으로 임명된 반면, 상이집트의 태수인 라모세Ramose는 "아텐 신전의 살림을 맡은 집사"가 되었다. 이는 아텐 숭배가 아멘호텝 아들 아크헨아텐의 시대에 이르러 국가의 주요 행사가 되었음을 명백하게 보여 주는 첫 사건이다. 아멘호텝 3세에게 봉사한 두 건축가, 즉 수티Suti와 호르Hor라는 쌍둥이 형제는 아텐을 찬송하는 비문이 적힌 석주를 세웠다. "한낮의 아텐이시여, 살아 있는 모든 생명의 창조주시여!"

아멘호텝 3세는 또한 룩소르 신전에 있는 소위 '태양의 마당'을 넓혔다. 하늘을 향해 툭 트인 공간은 파피루스 다발 무늬를 새긴 기둥들이 늘어선 주랑으로 삼면이 둘러싸여 있다. 이렇게 열린 공간에서 치러진 태양 숭배는 아문 신에 대한 전통 예식과 날카로운 대조를 이룬다. '숨겨진 자' 아문에 대한 예배는 신전의 깊숙한 암실에서 비밀리에 은밀했기 치러졌기 때문이다. 따라서 이런 실외 마당을 만들었다는 것은 아멘호텝의 개혁 의도가 잘 드러난 것이라고 볼 수 있다. 아멘호텝 3세는 새 신전을 아름답게 가꾸는 일에 조금도 아낌이 없었다. 이는 그의 장제 신전에 세워진 석주의 비문을 보면 알 수 있다. "사암을 써서 널찍하고 웅장하게, 믿기 어려울 정도로 아름답게 짓다. 벽에는 순금을 발랐으며, 포장 석에는 은을 입혔다. 모든 문에도 도금을 했다." 신전의 정면에는 정원이 딸린 호수를 파게 했다. 정원에는, "온갖 종류의 꽃을 심었다."

82 · 83쪽 테베 서쪽 샤이크 압드 엘쿠르나에 있는 이 라모세의 무덤은 이 시기의 가장 아름다운 것 가운데 하나다. 여기에 새겨진 우아하고 섬세한 벽화와 깊지 않은 부조는 가족의 장례식 장면을 묘사한 것이다. 반대편(82쪽), 공을 들여 땋아 내린 가발(여자의 것은 화관으로 장식되어 있다)을 쓴 한 쌍의 남녀는 온갖 보석으로 치장하고 고급 아마포 옷을 입고 있다.

아멘호텝 3세 시절 각종 관직을 차지한 사람들은 군의 장교들이었다. 왕의 야심에 찬 건축 사업도 주로 이들이 감당했다. 각기 다른 시기에 상이집트의 태수를 지내면서 왕실을 대신해 이 지역을 다스린 라모세와 후이Huy뿐만 아니라 왕의 전권을 위임받아 누비아를 다스린 쿠시Kush* 의 총독 메리모세Merymose도 군 출신이다. 그리고 하푸Hapu의 아들 아멘호텝은 왕과 이름이 같았던 덕을 톡톡히 누려서 '왕실 사업부' 의 수장을 맡았다. 이 부서는 바로 왕의 건축 사업을 계획하고 추진하던 곳이다. 거꾸로 왕족이 군대의 요직을 차지하기도 했다. 아멘호텝 3세의 장인 유야는 전차 부대의 사령관을 지냈으며, 처남 아넨Anen은 카르나크 아문 신전의 부사제(대제사장 다음으로 높은 사제)였다. 또 장모 투야 역시 신전의 여사제로 집무했다.

고위 장교들에게 보장된 특권은 향수와 보석 같은 재물과 직함 등이었다. 그리고 테베의 묘역 안에 자신의 무덤을 커다랗게 지을 수도 있었다. 특히 이들은 신전에 자신의 조각상을 세우는 것을 가장 선호했다. 그래야 영원히 신께 드리는 제사에 동참하며, 영혼이 위안을 구할 것이 아닌가. 아멘호텝 3세의 장교들 무덤에 그려져 있는 벽화는 그 화려함으로 당대가 구가한 번영을 보여 주면서, 왕의 은덕을 칭송하고 있다. 사후 세계에서 왕이 맡게 될 신성한 역할을 벽화의 소재로 채택하고 있는 왕의 묘와는 달리, 부유

* 쿠시 : 현재의 에티오피아를 말한다.

84·85쪽 라모세의 무덤에 그려진 채색 벽화. 하인의 형상으로 그려진 인물이 온갖 장의 용품, 즉 걸상과도 같은 물건 안에 담긴 향료 단지와 샌들을 들고 무덤으로 향하고 있다. 이런 물품들은 새 생명의 탄생을 상징한다. 오른쪽 그림에는 여자 조객들이 서서 죽은 이를 애도하고 있다. 이런 풍부한 장식들을 갖추었지만 라모세의 무덤은 완공되지 않았다. 또 라모세가 여기에 묻히지도 않았다. 그림의 계속 이어지는 부분까지 함께 놓고 보면, 아크헨아텐 풍으로 그려져 있음을 알 수 있다. 라모세는 아크헨아텐에게도 태수로 봉사했다. 그런 탓에 라모세는 아크헨아텐의 새 수도인 아마르나에 묻혀 있는 것이 아닐까 하는 추측이 무성하다.

위쪽 테베 서쪽 압드 엘쿠르나에 있는 나크트(Nakht)의 무덤(TT52)에 그려져 있는 원색 벽화. 카르나크의 아문 신전에서 종사하던 학자이자 점성술사('시간의 사제')였던 나크트의 장례식에 참석한 여성 조객들을 그리고 있다. 여자의 복식과 보석이 라모세의 무덤에 그려진 모습과 비슷함을 알 수 있다. 투트모세 4세와 아멘호텝 3세, 두 왕들을 섬겼던 나크트는 별의 위치를 관측하고 국가의 주요 행사들이 마땅히 열려야 할 날을 결정하는 역할을 했다.

87쪽 나일강 늪지대에서 새들을 잡는 모습으로 죽은 자를 그린 장면은 이집트 개인 묘들에서 흔히 볼 수 있다. 이 그림은 아멘호텝 3세 아래서 궁정 학자를 지낸 네바문(Nebamun)이 아내와 어린 딸과 함께 파피루스를 엮어 만든 쪽배를 타고 있는 모습을 그려 놓았다. 어찌 보면 배는 뗏목 같기도 하다. 네바문은 마치 뱀처럼 생긴 막대기를 휘두르며 새들을 잡고 있다. 그의 고양이도 새 사냥에 열심이다. 물새들이 활개를 치며 날아오르는 어지러운 모습은 무질서의 힘을 상징한다. 여기에 죽은 자가 나타나 그 혼란을 평정하는 것이다.

왕비 티예의 부모 투야와 유야의 무덤(KV46)에서 출토된 정교한 보석 상자. 금박을 입힌 나무에 상아를 박아 넣은 이 상자에는 아멘호텝 3세와 티예의 이름이 새겨져 있다. 상자의 바닥에는 '모든 생명과 강인함' 을 뜻하는 워스(was)와 안크 그리고 네브(neb)라는 말이 반복해서 적혀 있다. 거의 완전한 상태로 1905년 시어도어 데이비스(Theodore Davis)가 발견한 아멘호텝 3세의 장인과 장모의 무덤 안에서는 이런 가구와 보석들이 쏟아져 나왔다(100쪽 참조). 부부의 미라도 금박을 입힌 목관과 장의 마스크와 함께 출토되었다(92, 93쪽 자료 사진 참고).

층의 무덤은 사자가 죽어서도 부족함이 없도록 온갖 재화를 가득 그려 넣음으로써 살아 누린 특권이 그대로 유지될 수 있게 배려하고 있다. 그 전형적인 장면으로는 공무에 몰입하고 있는 무덤 주인의 모습이라든지, 가족과 함께 나일강 주변에서 낚시를 하거나 사냥을 하는 등 여가 활동을 즐기는 모습 등을 꼽을 수 있다.

38년이라는 오랜 통치 기간 동안 아멘호텝 3세는 세 번이나 재위 10주년 기념 행사(헤브세드)를 열었다. 이 축제는 말카타에 있는 그의 새 왕궁에서 치러졌다. 나일강의 서쪽 둑에 세워진 이 왕궁은 왕이 말년을 보낸 주궁이다. 도시의 반대편에, 그것도 카르나크에서 먼 강둑을 궁의 입지로 고른 파격적인 선택은 갈수록 세를 늘려 가던 아문의 사제들과 거리를 두려는 의도였다.

티예 왕비의 아름다운 두상. 키프로스산 주목(朱木)을 깎아 흑요석과 흑단 그리고 설화석을 박아 만들었다. 설화석은 눈동자의 흰자위를 표현하는 데 쓰였으며, 귀에는 황금과 청금석으로 만든 귀걸이가 달려 있다. 왕비는 원래 금과 은으로 만든 머리 장식을 쓰고 있었다(그 잔재가 이마 주위에 남아 있는 것이 보인다). 이런 머리 장식을 한 것으로 미루어, 이 왕비 조각상은 죽은 남편 아멘호텝 3세의 수호 여신으로 만들어진 것 같다.

말카타 궁전은 주로 진흙 벽돌을 써서 지었는데, 지금은 거대한 폐허만 남아 있다. 그러나 그 채색 포장석이나 왕실의 바닥 타일 등의 화려함 그리고 장대한 규모 등으로 미루어 당시 궁정이 누린 호사를 희미하게나마 엿볼 수 있다. "찬란한 아텐"이라는 별명으로 유명한 궁전은 광대하게 죽 뻗은 주거 건물과 신전 그리고 각종 행정 기관 및 따로 마련된 종사자들의 휴식 공간 등을 구비하고 있다. 그 한쪽에 자리 잡은 작업장에서는 호화로운 가구, 조각상 그리고 각종 생활 용품들이 만들어졌다. 또 궁전에는 커다란 선착장도 있다. 운하를 통해 나일강과 연결된 선착장은 아멘호텝 3세의 장엄한 황금배, '찬란한 아텐' 호가 정박하던 곳이다.

궁전은 또 아멘호텝 3세의 대가족을 위한 별궁들을 숱하게 품고 있다. 여기서 말하는 대가족이란 왕의 모후 무템위아Mutemwia와 왕의 정실 티예 그리고 왕비의 처가만을 지칭하지는 않는다. 왕은 600여 명이 넘는 첩과 그만큼 많은 자녀들을 거느렸다. 이집트 역사에서 가장 두드러지는 여인 가운데 한 명인 티예는 아멘호텝 3세가 왕권을 계승한 직후 그와 결혼했다. 당시 두 사람의 나이는 똑같이 열두 살! 티예는 왕의 신성한 권위를 지켜 주는 수호 여신으로 섬겨졌다. 국가와 우주를 관통하는 신의 질서를 수호하며 왕실의 적통을 이어 갈 사명을 가진 살아 있는 여신이었던 것이다. 티예와 아멘호텝 3세는 두 아들, 즉 투트모세와 아멘호텝(나중에 아멘호텝 4세가 된다) 외에도 다섯 명의 딸을 두었다. 왕비는 정치에도 적극적이어서 독자적으로 외국의 고관들을 상대하기도 했다.

나일강 서쪽 둑의 콤 엘헤탄에 있는 아멘호텝 3세의 장제 신전은 테베에 만들어진 것 가운데 가장 크다. 심지어 카르나크의 아문 대신전보다 크다는 주장이 있을 정도다. 룩소르 신전과 마찬가지로, 아멘호텝의 건축가들은 태양신 경배 마당을 포함한 많은 혁신적인 시도들을 했다. 특히 낮은 지반을 입지로 고른 다음 기다란 둑길을 쌓아 말카타 궁전과 잇기도 했다. 이는 나일강이 범람할 때 신전의 일부가 물에 잠긴다는 것을 의미한다. 물이 줄어들면, 신전이 다시 그 위용을 드러냈으리라. 이렇게 설계한 배경은 이집트의 창조 신화를 생각해 보면 쉽게 이해가 된다. 강물이 쓸고 온 흙무더기라는 혼돈을 뚫고 솟아오르는 신전은 그 모습 그대로 부활의 상징이었던 것이다. 아멘호텝 3세의 신전은 거기에 설치된 지극히 많은 조각상들로도 주목을 끈다. 그곳에는 아멘호텝 3세 자신의 많은 거상들 외에도 다양한 신상들이 서 있었다. 자칼의 머리를 한 스핑크스 상이

90쪽 '멤논의 거상'은 테베 서쪽 콤 엘헤탄에 있는 아멘호텝 3세의 장엄한 장제 신전에 남아 있는 거의 유일한 유적이다. 이 흉측하게 부서진 조각상은 원래, 지금은 사라지고 없는 신전의 정문 파일론 앞에 서 있던 것이다. 이 거상의 이름 멤논은 신전을 관람한 고대 그리스 관광객들이 붙인 것으로, 트로이에서 아킬레우스에게 살해당했다는 전설의 에티오피아 왕 멤논에게서 따온 것이다.

92·93쪽 금박을 입힌 두터운 종이 같은 것으로 만든 투야의 미라 마스크. 반대쪽(93쪽)의 것은 마찬가지로 금박을 입힌, 남편 유야의 목관이다. 이는 모두 바로 그들의 무덤에서 출토된 것이다. 지금껏 발견된 당시 왕족의 미라들 가운데서 가장 보존 상태가 뛰어나다.

랄지, 멤피스의 수호 여신인 세크메트Sekhmet*의 700여 개가 넘는 조각상 등이 그것이다. 그러나 그 대부분은 후대의 왕들이 자신의 유적을 만드는 데 뽑아다가 썼다.

아멘호텝 3세가 왕위에 머물던 마지막 10년 동안 세워진 장제 신전은 람세스 시대에 들어서자마자 벌써 무너져 내리기 시작했다. 신전의 석재를 뽑아내어 메르네프타의 장제 신전을 짓는 데 썼기 때문이다. 선왕의 신전이 채석장으로 변모한 셈이라고 할까. 나일강이 넘쳤다 하면 물이 차오르는 입지도 신전 파괴의 주범이었다. 여기에 일련의 지진까지 겹치면서, 그 손상은 회복의 여지를 남기지 않았다. 이제 아멘호텝 3세의 광대했던 신전의 자취는 거의 찾아볼 수 없다. 다만 원래 정문 파일론을 마주하고 있던 한 쌍의 아멘호텝 거상, 즉 이른바 멤논 거상만이 남아 있을 따름이다.

아멘호텝 3세는 50회 생일을 맞이하기 직전 말카타 궁전에서 사망한 것으로 추정된다. 그의 시신은 '왕들의 계곡' 의 한 갈래인 서쪽 계곡에 있는 한 무덤에 묻혔다. 왕의 무덤은 선왕들의 그것과 비슷하다. 예외가 있다면, 묘실에 두 개의 커다란 공간이 더 마련되어 있다는 점이다. 이 공간들은 티예 왕비와 장녀 시타문Sitamun을 위해 준비한 것이었다. 그러나 무덤은 이미 고대에 도굴꾼의 손에 유린되어, 시신들은 어딘가로 사라지고 말았다. 아멘호텝 3세와 한 왕족 여성의 미라가 1898년 빅토르 로레에 의해 왕의 할아버지 아멘호텝 2세의 무덤(KV35)에서 발견되었다. 혹자들은 이 여자 미라가 티예의 것이라고 주장한다.

비록 아멘호텝의 부장품들은 자취를 찾을 길이 없으나, 당시 왕실이 누린 호사는 손자 투탕카멘의 묘에서 출토된 보물들에서 잘 확인할 수 있다. 어디 그뿐인가? 티예의 부모, 즉 유야와 투야의 무덤도 못지않은 화려함을 자랑한다. 더구나 이들은 '왕들의 계곡' 에 묻히는 특권까지 누렸다.

* 세크메트 : Sachmet라고도 표기된다. '강력한 자' 라는 뜻. 이집트의 사자 여신의 이름이다. 태양신 라의 딸이며, 태양신의 징벌을 내리는 대리인이기도 하다. 매우 호전적이어서 파라오의 적들에게 불을 내뿜는 모습도 많이 찾아볼 수 있다.

이교도의 시대

아멘호텝 4세/아크헨아텐

BC 1352~BC 1336년경

이집트 역사상 가장 불가사의한 인물 가운데 하나로 꼽히는 아크헨아텐이 왕위에 오를 당시의 이름은 아멘호텝 4세였다. 그러나 그는 곧 아버지가 가졌던 태양신 아텐에 대한 돈독한 신앙을 물려받은 것이 분명하다. 왕위에 오른 지 5년 만에 그는 아멘호텝("아문은 만족하였도다!")에서 아크헨아텐("아텐의 탁월한 정령")으로 이름을 바꾸었다.

아멘호텝 3세가 아문을 섬기는 사제들의 강대해진 세력을 견제하고 달래느라 진땀을 흘려 가며 종교 개혁을 추구한 반면, 그의 아들은 보다 강력하게 아텐 숭배에 무게를 실으면서 아문 신의 사도들과 정면으로 맞섰다. 아멘호텝 4세는 왕위에 오르자마자 아텐 대신전을 건립하였다. 그것도 카르나크의 아문 신전과 딱 붙여서 말이다. 우선 찾아볼 수 있는 두드러진 변화는, 서쪽을 향한 아문 신전과는 달리, 아텐의 그것은 동쪽을 정면으로 마주보았다는 점이다. 뜨는 해를 바라보아야 할 것이 아닌가. 이는 이제껏 섬겨오던 테베의 전통 신 아문에게 왕이 등을 돌려 버린 것이나 다름없었다.

왕실과 아문 사제들 사이의 적대감은 하루가 다르게 커져 갔다. 그러자 아크헨아텐은 아예 천도를 결심한다. 테베에서 북쪽으로 400km 떨어진 텔 엘아마르나Tell el-Amarna 인근에 새 수도 아크헤트아텐Akhetaten("아텐의 지평선")을 건설하여 이주했다. 그리고 아크헨아텐은 아문 숭배를 노골적으로 탄압하기 시작했다. 아문만이 철퇴를 맞은 것은 아니었다. 이제껏 이집트가 섬겨 오던 그 숱한 전통의 신들이 함께 봇을 싸잡고 나가떨어졌다. 아문이라는 이름과 그를 상징하는 일체의 작품들은 모든 공공건물에서 흔적을 감추었다. 이제 국가가 섬기는 유일한 신은 아텐으로 선포된 것이다. 아텐이 지목한 유일한 중개자는 물론 아크헨아텐이다. 공과 사를 막론하고 이제 신을 섬기는 일의 새 초점은 신성한 태양 원반이 왕족에게 은총을 내리고 있음을 강조하는 데 맞춰졌다. 궁정 미술 작품을 보면, 언제나 왕족의 머리 위로 둥근 태양이 떠올라 빛을 발한다. 빛줄기는 왕족에게 그대로 내려와 꽂히는 은총의 화살이다. 빛살 하나하나는 '생명'을 뜻하는 상형문자, 안크를 움켜쥔 작은 손 안에서 끝난다.

전통적인 왕의 역할에 대한 아크헨아텐의 거부는 이집트의 국가적 위상에도 심대한 영향을 미쳤다. 새 수도 안에 스스로 자신을 고립시킨 왕은 외국과의 관계에 거의 신경을 쓰지 않았다. 당시 동맹국들이 보내온 편지들은 외적의 침입을 받아 군사 지원이 절실하다는 호소가 대부분이다. "왕이시여, 당신의 영토를 돌보소서. 제발 군대를 보내

94쪽 카르나크의 아텐 신전에 있는 아멘호텝 4세의 거상 머리 부분. 아텐 숭배는 전통의 이집트 신전 예식과 달리, 열린 마당인 '태양의 뜰'에서 올려진다. 따라서 아텐 신전의 중심은 제단이 마련된 널찍한 뜰이다. 이 뜰을 왕의 거상들이 죽 둘러선다. 아크헨아텐 재위 초기에 세워진 이 조각상은 '아르마나 스타일'이라는 두드러진 특징을 자랑하고 있다. 길게 늘여진 형태와 함께 그 윤곽선을 과장된 흐름으로 처리한 형식은 이집트의 전통적인 표현 기법과 날카롭게 대조를 이루는 것이다.

97쪽 카르나크의 아텐 신전에 새겨진 부조. 왕족이 선 자세로 기도하듯 손을 높이 들어 아텐의 빛살이 내리는 은총을 받고 있다. 여기서 아크헨아텐이 양성동체인 것처럼 그려진 것은 아텐 신의 유일한 중개자임을 강조하기 위한 의도로 보인다. 유일한 중개자가 남성과 여성을 구분할 수는 없지 않은가. 말하자면 아버지와 어머니를 한 몸에 묶어 상징하고 있는 셈이다. 호렘헵은 아텐 신전의 그 특징적인 좁다란 석재(talatat)를 빼내어, 지척의 아문 신전에 새 파일론을 세우는 데 써먹었다(123~124쪽 참조). 지금 이 장면은 아크헨아텐의 뒤를 따르는 네페르티티를 보여주고 있다. 둘 다 털로 만든 멋진 왕관을 쓰고 있다. 이 장면은 카르나크에 있는 제9파일론의 안쪽에 있는 암석에 새겨져 있던 것을 재구성한 것이다.

주소서. 만약 올해에도 지원군이 오지 않는다면, 주군의 전 영토는 쇠락하고 말 것입니다."

아크헨아텐의 말로는 비참했다. 그 말년의 정황을 대략적으로 그려 볼 수 있을 따름이다. 이후 그에 대한 반발이 거세지면서 그의 이름은 공공 유적, 심지어는 왕의 명부에서도 그 자취를 감추고 말았다. 이후의 공식 문건들은 왕을 그저 '대반역자'로 언급하고 있을 뿐이다. 수도는 다시 테베로 환도했으며, 불과 몇 년 만에 아크헨아텐은 철저히 파괴되어 폐허로 버려졌다.

재임 마지막 2년 동안 분명히 아크헨아텐은 정체를 알 수 없는 한 공동 왕과 왕위를 나누었던 것 같다. 그 이름은 네페르네페루아텐Neferneferuaten 혹은 스멘카라Smenkhkara라고 한다. 이 인물이 정확히 누구인지는 오랜 숙제로 남아 있다. 다만 두 개의 이름이 한 인물을 지칭한다는 것에 거의 대부분의 연구가들이 의견을 같이하고 있다. 그런데 이 개인이 남자인지, 아니면 여자인지조차 분명하지가 않다. 아크헨아텐의 동생이라고 하는가 하면, 그의 아들이라는 주장도 있다. 그러나 가장 근접한 후보는 아크헨아텐의 정실 네페르티티다. 소녀 신부였던 네페르티티는 왕의 재임 초기에 네페르네페루아텐이라는 칭호를 받았기 때문이다. 어쨌거나 네페르티티 왕비는 왕이 추진한 정치와 종교 개혁을 가장 강력하게 지지한 후원자였다. 부부는 아들은 없이 딸만 여섯을 두었다. 투탕카멘은 아크헨아텐의 첩이 낳은 아들임이 거의 분명하다. 마땅한 후계자를 갖지 못했던 왕에게 네페르티티는 가장 믿을 만한 측근이었을 것이다. 더욱이 아크헨아텐의 유적에 재임 초기부터 부부가 항상 함께 등장하는 것으로 미루어, 네페르티티는 보통 전통적으로 왕비가 누리던 것 이상의 지위를 누렸던 것으로 보인다.

아크헨아텐과 네페르티티 그리고 이들의 아이들은 아마르나의 사막 암벽에 마련된 무덤에 묻힐 예정이었다. 그러나 그들의 미라는 아마르나가 포기된 뒤 테베로 옮겨진 것 같다. 아멘호텝 2세의 무덤(KV35)으로 이장된 여자 미라 가운데 하나가 네페르티티의 것으로 보인다. 그러나 아크헨아텐의 시신은 아직도 확실하게 확인되지 않고 있다. 가능한 한 후보는 KV55에서 발굴된 왕족의 미라다. 이 무덤에서 원래 아마르나에 있던 아크헨아텐과 그의 어머니 티에 왕비의 무덤에 들어 있던 많은 물품들이 출토되었기 때문이다.

소년 왕과 보물

투탕카멘

BC 1336~BC 1327년경

아래 황금과 보석으로 꾸며진 날개 달린 풍뎅이. 케프리(Khepri)** 신을 형상화한 것이다. 태양신 라를 상징하는 케프리 신은 떠오르는 태양을 지평선 위로 밀어 올리는 형국을 연출하고 있다. 이는 곧 투탕카멘 왕의 공식 명칭 넵-케페루-라(Neb-kheperu-ra: 태양신 라의 현현)를 글자 그대로 풀어 보여 주는 것이라 할 수 있다.

99쪽 고대 이집트의 가장 유명한 예술품은 뭐니뭐니 해도 황금으로 만들어진 투탕카멘 미라의 마스크이리라. 유리와 보석으로 장식된 이 마스크는 왕을 우시르 신으로 형상화하고 있다. 모든 죽은 파라오는 우시르와 동일시되었다.

* 우리가 알고 있는 'Tutankhamen'은 영어식 표기다. 원래는 'Tutankhamun'이 맞다. 그러나 우리말의 외래어 표기 통례를 따라, 투탕카멘이라고 썼음을 밝혀 둔다.

** 케프리: Kheper, Khepera, Khepra 등으로도 쓴다. 갑충석(甲蟲石)으로 만들어진 라(Ra) 신이다. 풍뎅이로 꾸며진 이것은 주로 부적으로 쓰였던 것 같다.

아크헨아텐의 후임이 언제 등장했는지에 관해서는 의견이 나뉜다. 그가 죽은 직후라는 주장이 있는가 하면, 1년 정도 걸렸을 것이라는 추정도 있다. 어쨌거나 1년을 넘기지는 않은 것으로 보인다. 그리고 새 왕은 이제 갓 아홉 살이었다. 바로 투탕카멘이다. 그는 아크헨아텐의 소실 소생이라는 설이 유력하다. 투탕카멘은 그의 배다른 누나 안크헤센파아텐Ankhesenpaaten과 결혼했다. 이 여자는 아크헨아텐과 그의 정실 네페르티티 사이에서 난 딸이다. 아마도 이 결혼은 투탕카멘의 부실한 정통성을 강화하기 위한 정략적 선택이었던 것 같다. 그리고 왕의 실권을 행사한 인물들은 따로 있었다. 한 사람은 직접 섭정을 맡고 나선 대신 아이이며, 또 다른 한 사람은 호렘헵 장군이었다.

아이와 호렘헵은 번갈아가며 투탕카멘을 대신해 왕권을 행사했다. 아크헨아텐이 남긴 정치적 유산을 신속하게 정리하고 쓸어버린 데는 바로 이 두 사람의 역할이 결정적이었던 것으로 보인다. 궁성이 다시 테베로 돌아오면서, '투탕크아텐Tutankhaten(살아 있는 아텐)'이라는 이름은 '투탕크아문Tutankhamun(살아 있는 아문)'으로 바뀌었다.* 투탕카멘(이후 호렘헵에게 왕권을 빼앗긴다)의 한 석주는 아문 신에 대한 충성을 강조하면서, 아문 신 숭배의 전통을 되살리려는 노력을 분명하게 기록하고 있다. 카르나크에 세워진 투탕카멘의 조각상들은 그를 테베 신들, 즉 아문, 몬투 그리고 콘수 등으로 꾸며 보여 주고 있다.

현재 테베에는 투탕카멘 유적이 거의 남아 있지 않다. 이는 아크헨아텐에 대한 기억과 함께 그 아들의 이름도 철저하게 공식 기록에서 지워 버리려 노력한 결과다. 투탕카멘의 조각상들도 이렇게 해서 후대 왕들의 차지가 되고 말았다. 그러나 카르나크와 룩소르의 많은 신전 부조들이 아마르나 시대의 특성을 그대로 담고 있는 것으로 보아, 투탕카멘은 그의 선조들 못지않게 건축에 열심이었던 것 같다. 이런 부조들 중에서 주목할 만한 것으로는 테베에서 개최된 오페트 대축제의 장면이다. 이는 룩소르 신전의 행렬 주랑 기둥에 새겨져 있다.

투탕카멘의 최후는 그 시작만큼이나 불가사의하다. 그는 권좌에 오른 지 9년 만에 죽었다. 약관 18세의 나이로! 두개골이 깨진 그의 죽음에 대해 사고라느니 암살이라느니 온갖 추측

이 끊이질 않고 있다. 당시의 정치 상황을 고려해 볼 때, 암살을 전적으로 배제할 수는 없다. 투탕카멘은 '왕들의 계곡' 에 있는 한 조그만 묘에 묻혔다. 묘는 어느 모로 보나 급하게 만들어 장식한 흔적이 역력하다.

세상이 놀란 발견

공식 기록에서 투탕카멘의 이름이 철저하게 삭제되고 그의 유적이 파괴된 탓에, 20세기 초까지만 하더라도 고고학자들은 그가 실제로 존재했는지조차 의심했다. 그러다가 1905년, 더 이상 '왕들의 계곡' 에는 발견되지 않은 무덤이 남아 있지 않다고 많은 발굴자들이 결론을 내렸을 즈음, 이제껏 알려지지 않은 한 왕의 이름, 투탕카멘이 새겨진 채색 도자기가 미국의 한 탐사대에 의해 세상의 빛을 보았다. 이 탐사대는 바로 법률가이면서 재력가인 시어도어 데이비스가 이끄는 팀이었다. 이후 수차례에 걸쳐 같은 이름이 적힌 유물들이 속속 발견되자 아직도 발견되지 않은 왕의 무덤이 있으리라는 심증이 굳어져 갔다.

데이비스의 탐사 작업을 기술적으로 책임지고 있던 인물은 영국의 고고학자 하워드 카터(1874~1939)였다. 그는 지금껏 알려져 있지 않던 투탕카멘이라는 왕이 계곡에 묻혀 있을 것으로 확신했다. 카터는 1914년 마침내 무덤을 탐사할 기회를 잡게 된다. 데이비스가 죽기 직전, 자신이 가지고 있던 지역에 대한 탐사 권리를 포기한 것이다. 당시 카터는 영국의 백작 카나본Carnarvon의 후원을 받아 작업을 벌이고 있

100·101쪽 하워드 카터(오른쪽)와 그의 조수 캘린더가 투탕카멘의 묘실 입구를 지키는 두 개의 카(ka)* 등신상 가운데 하나를 천으로 조심스럽게 감고 있다. 1923년 2월의 일이다. 입구를 완전히 막지 못한 상태의 묘실에는 황금을 입힌 커다란 나무 궤짝이 서 있는 것이 보인다. 그 안에는 왕의 석관이 들어 있다. "이중 정령"이라고 불리는 카 등신상은 죽은 왕의 시신을 지켜 줌으로써 다음 생에 이르기까지 구존할 수 있게 하는 것을 사명으로 한다. 정신은 향료로 방부 처리된 시신 안에 기거하면서 무덤 속에 있지만, 제물로 바쳐지는 음식을 먹고 그 생명력을 지탱하는 것이다. 미라가 손상되거나 소실되면, 그 앞을 지키고 있는 카 등신상이 정령이 들어갈 몸을 대신한다. 나무를 깎아 만든 조각상은 그 위에 송진을 바르고 금박을 입혔다. 여기서 투탕카멘의 카 등신상은 곤봉과 창(아니면 작살)을 양손에 각각 쥐고 있다.

* 카: '정신'을 의미하는 말.

었다. 카나본은 몸은 허약했지만, 고고학에 대단한 열정을 가진 재력가였다. 조사에 착수한 첫 해에 카터 팀은 서쪽 계곡에서는 아멘호텝 3세의 묘(WV22)를, 와디 시케트 타카 엘차이데Wadi Kikket Taqa el-Zeide에서는 하트셉수트의 첫 번째 묘(WA D)를 각각 찾아냈다. 그러나 정작 투탕카멘의 묘가 있는 계곡에 대한 발굴 작업은 1917년까지 이루어지지 못했다.

발굴 초기에는 노력이 헛된 것만 같았다. 아무 소득 없는 몇 해가 이어진 1922년 11월, 팀은 마침내 투탕카멘을 찾을 노력을 포기할 지경에 이른다. 그러나 기적과도 같은 일이 11월 4일 일어났다. 람세스 4세와 5세의 무덤(KV9) 맞은편에 있는 오두막의 잔해에서 작업 중이던 카터의 일꾼들이 한 돌 계단을 발견한 것이다. 이 오두막은 람세스 당시 묘를 짓던 노동자들이 묵었던 곳이다. 지하로 내려가는 계단은 계곡의 바닥과 만나게 되어 있었다. 이 대목에서 카터의 생생한 증언을 들어보자. "깊이 내려가면 갈수록, 우리 앞에 기다리고 있는 것이 엄청나게 중요한 발견임이 더욱 분명해졌다." 계단이 끝난 곳에는 봉인된 입구가 기다리고 있었다.

카터는 보안을 위해 계단을 다시 막았다. 급히 연락을 받고 영국에서 출발한 카나본이 도착하기를 기다리기 위해서였다. 11월 26일 이제 카나본이 지켜보는 앞에서 막은 것을 다시 뜯어낸 계단은 봉인된 입구를 드러내 보였다. 봉인은 그 주인을 알아볼 어떤 실마리도 보여 주지 않았다. 입구 뒤에 있는 행랑은 다시 석회암 조각들로 막혀 있었다.

규암으로 만든 투탕카멘의 아름다운 붉은 석관. 각 모서리마다 두드러진 높이로 깎아 놓은 수호 여신들, 즉 이시스, 네프티스(Nephthys, 오른쪽), 네이트(Neith), 셀케트(Selket 혹은 Serket)가 날개를 활짝 펴서 죽은 왕의 시신을 보호하고 있다.* '호루스의 눈' 이라 불리는 웨자트와 같은 부적들이 여신의 오른쪽에 새겨져 있다. 이 거대한 석관은, 그 안에 원래 담겨져 있던 세 개의 황금 목관들과 함께 그대로 왕의 묘실 안에 진열되어 있다. 황금 목관 안에는 3000년이라는 긴 세월을 영면하고 있는 투탕카멘의 미라가 들어 있다.

* 이집트의 수호 여신들. 원래 우시르를 지키는 네 여신들이다. 네프티스는 '가정' 의 여주인이며, 네이트는 창조의 여신이고, 셀케트는 이집트 군주들의 수호 여신이다. 이시스는 이미 앞에서 소개하였다.

103 · 104쪽 묘실의 서쪽 벽에는 죽은 이를 애도하면서 부활을 기원하는 암두아트(위)가 그려져 있다. 풍뎅이의 모양으로 배 위에서 부활하고 있는 태양신의 모습이 보인다. 그 아래에는 열두 칸으로 나뉜 시간이 묘사되어 있다. 이 열두 시간은 밤의 시간을 의미한다. 각 칸마다 비비 원숭이가 그려져 있다. 북벽(다음 쪽)에 그려진 그림에서는 새롭게 부활한 투탕카멘이 태양의 여신 누트(Nut, 오른쪽)와 만나고 있으며, 다시 카(정령)에 의해 우시르 신에게 소개되고 있다(왼쪽).

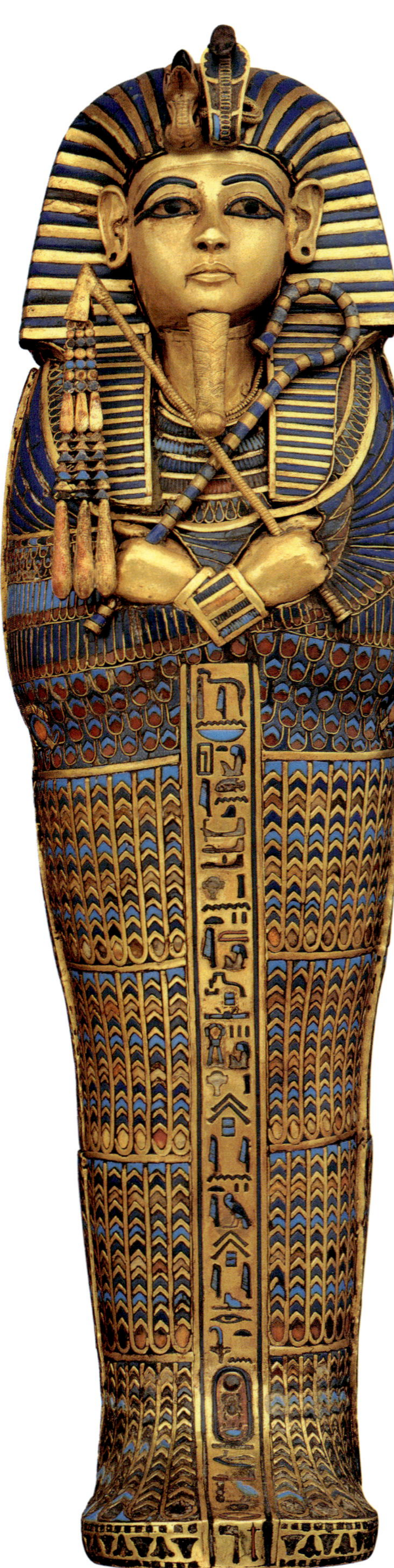

어느 모로 보나 이미 옛날에 침입당했던 흔적이 역력했다. 도굴을 시도한 다음, 다시 행랑을 막아 놓았던 것이다. 다시 6일이 지나고 길을 뚫은 다음, 카터의 팀은 앞으로 더 나아갔다. 그러나 이번에는 다시 두 번째 봉인된 입구가 앞을 가로막았다. 그 입구의 틈새를 통해 카터는 그가 "기적과도 같은 것"이라고 부른 것을 보았다. 그것은 바로 거의 완벽하게 보존된 왕의 묘실이 뿜어내는, 도저히 믿기지 않는 찬란함이었다. 투탕카멘 묘의 발견은 전 세계를 충격과 흥분으로 몰아넣었다. 카터는 수천 개에 달하는 유물들에 일일이 번호를 매기고 사진을 찍으며 세심하게 보존 작업을 했다. 여기에만 10년이 넘는 세월이 걸렸다.

도굴에도 손상되지 않은 묘실

투탕카멘의 묘는 점차 그 윤곽을 드러냈다. 입구 행랑을 들어서면, 행랑의 방향과 가로놓여 있는 전실이 나타난다. 그곳에는 죽은 왕을 위한 각종 가구, 마차, 제례 상, 옷장 등등의 온갖 부장품들이 눈을 어지럽게 만들 정도였다. 고대에 도굴꾼이 잠입해 들어와 흩어 놓은 흔적은 역력하나 도굴은 성공하지 못한 것으로 보인다. 전실 뒤에는 마치 날개처럼 이어진 조그만 부속 공간이 마련되어 있다. 이곳은 왕이 사후 세계에서도 부족함이 없도록 필수품들을 소장한 곳이다. 포도주 항아리가 있는가 하면, 향료를 담아둔 통이 보이고, 몸에 바르는 연고 같은 약품을 넣는 단지가 각종 가구들과 함께 널려 있다. 이런 어지러운 형국은 물론 도굴꾼의 손길이 만들어 낸 것이다.

전실의 북쪽 끝에는 검은색으로 칠을 한 다음 금박을 입힌 두 개의 투탕카멘 형상이 선 채로 봉인된 다른 입구를 지키고 있었다(100 · 101쪽 참고). 그 뒤는 황금의 벽이었다. 왕의 석관을 비롯해 네 개의 금박을 입힌 목관들이 묘실을 가득 채우고 있었는데, 이 목관들을 치우면 다시 다른 문이 드러났다. 봉인은 되어 있지 않지만, 왕의 묘를 지키는 자칼의 신 아누비스가 그 입구를 지키고 있다. 이 방의 뒤에는 발굴 단원들이 "보고"라고 명명한 역시 금박을 한 나무 상자가 놓여 있었다(118쪽 참조). 그 안에는 설화석으로 만든 투탕카멘의 내장 단지가 들어 있다. 그 주변에는 왕의 가장 화려한 보석들과 휘장 등을 담은 보석 상자들이 갖가지 신상들과 함께 널려 있었다. 이것들 역시 도굴꾼이 휘

106쪽 방부 처리를 한, 투탕카멘 내장들을 담아 둔 네 개의 황금 목관 가운데 하나. 관 위에 새겨진 카르투슈의 왕 이름이 바뀌어 있는 것으로 미루어, 31cm 길이의 이 관은 원래 투탕카멘의 선왕을 위해 만들어 놓았던 것 같다.

107쪽 무덤에는 투탕카멘의 샌들, 슬리퍼 그리고 27개가 넘는 장갑과 100여 벌 이상의 간단한 옷가지들이 들어 있었다. 그밖에 나무를 깎고 그 위에 석고를 바른 다음 색을 입힌 왕의 등신상도 있었다. 이것은 아마도 젊은 왕의 의복을 짓기 위해 쓴 마네킹인 것 같다.

108 · 109쪽 무덤의 가장 깊은 곳에 따로 모셔져 있던 황금관의 투탕카멘 마스크. 2.5~3cm 두께의 순금으로 만든 이 황금관은 그 무게만 110kg이 넘는다. 갈고리와 도리깨를 들고 멋들어지게 흰 수염을 달고 있는 왕의 마스크는 우시르 신의 형상을 표현한 것이다.

110 · 111쪽 화려한 장식의 보석함. 군대를 이끌고 외적을 물리치는 투탕카멘을 그리고 있다. 앞에 보이는 그림은 누비아를 물리치는 장면이며, 뒤는 시리아를 격퇴하는 결전이다. 말발굽에 짓밟히고 있는 무리가 적군이다. 그에 비해 이집트 군대는 정연한 전열을 갖춘 전차 부대로 묘사되어 있다(111쪽의 그림). 이 두 장면들은 모두 혼란에 맞서 신성한 질서를 수호하는 왕을 상징하고 있다.

저은 탓에 난장판인 채였다. 묘의 입구 행랑에 보석들이 흩어져 있는 것으로 미루어, 도굴꾼이 황급히 도망을 가면서 떨어뜨렸을 것으로 짐작된다.

의심할 나위 없이 투탕카멘은 갑작스런 죽임을 당한 것으로 보인다. 그의 묘에 있는 대부분의 부장품이 원래 왕족의 다른 사람을 위해 만들어졌던 것인 것만 보아도, 그의 사망은 돌연한 것이었음에 틀림없다. 투탕카멘의 것으로 설계된 무덤은 완공되지 못했으리라. 그 대신 훨씬 더 작은 규모의, 이미 만들어져 있던 다른 묘가 그의 차지가 된 것 같다. 이를테면 대신 아이의 몫으로 만들어진 무덤 말이다. 무덤의 미완성 장식도 그 화급했던 장례식을 증명하고 있다. 유일하게 묘실만이, 전통 양식과 아르마나 풍 기법이 혼합된 흥미로운 형태로 꾸며져 있을 따름이다.

투탕카멘의 무덤은 이집트 왕의 무덤 중에서 거의 손상되지 않은 가장 많은 유물을 배출한 최초의 것이다. 왕의 석관을 포함해 다른 여러 관들을 뜯어 보고 내용을 정리하는 데만 카터의 팀은 거의 석 달이라는 시간을 소비했다. 삼나무를 써서 만든 목관들은 그 표면에 석회 칠을 한 다음에 금박을 입힌 것으로, 그 중 몇몇은 안쪽을 밝은 푸른색이 나는 점토(장식용으로 쓰는 흙)나 검은 송진으로 칠했다. 첫 번째와 두 번째 목관 사이에는 금박을 입힌 틀이 있는데, 그 위에는 청동으로 수놓은 꽃 장식이 달린 고운 아마포 천이 덮여 있다.

아크헨아텐의 목관?

목관들을 정리하면서 드러난 투탕카멘의 화려한 규암 석관에는 수호 여신들의 부조가 새겨져 있다. 이 부조는 곱게 채색해 장식한 것이다(102쪽 참조). 석관의 안쪽에는 고운 아마포 천으로 가리개가 되어 있으며, 그 안에 들어 있는 사람 모양의 목관 세 개 중에 첫 번째 것이 왕의 미라를 담고 있는 것이다. 세 개의 목관은 모두 왕을 우시르 신으로 묘사하고 있다. 가슴 위에서 가로지른 두 팔은 왕권을 상징하는 갈고리와 도리깨를 들고 있다. 바깥쪽에 자리 잡고 있는 두 개의 목관들은 금박을 입힌 나무로 제작되었다. 두 번째

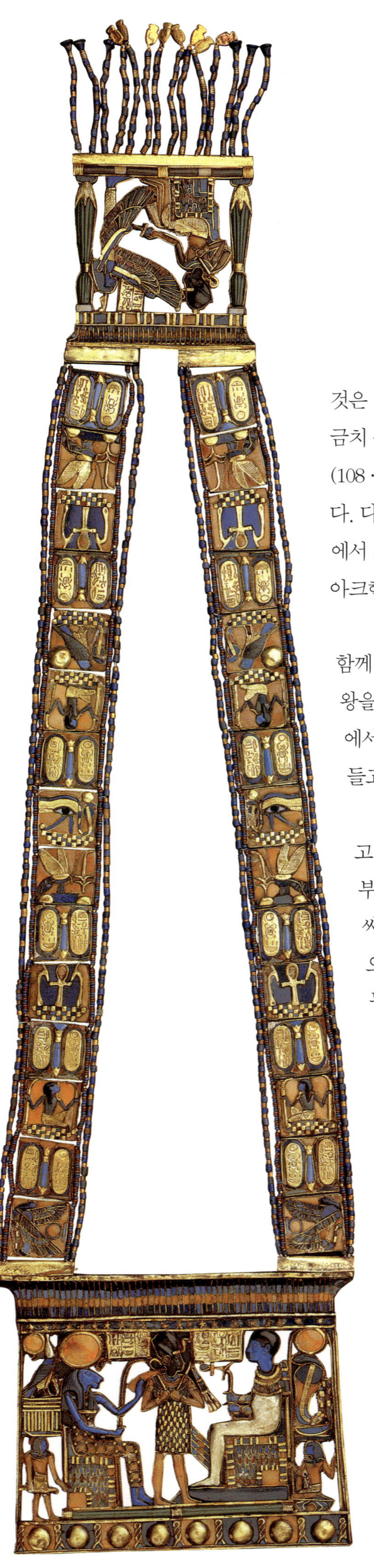

것은 색유리와 점토로 상감을 했다. 가장 안쪽에 있는 관은 발굴자들로 하여금 경탄을 금치 못하게 했는데, 순금으로 만들어진 관의 보석과 색유리 치장이 화려했기 때문이다(108·109쪽 참조). 그런데 두 번째 관의 얼굴 부분은 다른 두 개와 현저한 차이를 보였다. 다른 왕을 위해 만들어진 것이 거의 확실했다. 누구일까? 아마도 아크헨아텐의 배후에서 그 실권을 나누어 가졌던 네페르네페루아텐/스멘카라(96쪽 참조)가 아닐까? 혹은 아크헨아텐 자신일 경우도 배제할 수 없다.

가장 안쪽에 있던 투탕카멘 관의 뚜껑을 열자, 저 엄청난 순금 마스크(99쪽 참조)와 함께 왕의 온전한 미라가 전모를 드러냈다. 청유리와 청금석으로 상감을 한 마스크는 왕을 굽이치는 멋진 가짜 수염을 달고 있는 우시르 신으로 묘사하고 있다. 얼굴이 온몸에서 이런 식으로 보호되고 있는 유일한 것이다. 왕권을 상징하는 갈고리와 도리깨를 들고 있는 투탕카멘의 손 역시 금으로 미라의 팔을 감쌌다.

투탕카멘 미라는 비록 그 형태는 유지하고 있었으나, 진균류가 잔뜩 달라붙어 있고 방부 처리를 위해 송진을 과도하게 쓴 탓에 보관 상태가 아주 열악했다. 어쨌든 해부를 실시한 결과, 18세 남자의 몸이라는 것이 확인되었다. 미라를 방부 처리하고 감싸는 데 커다란 공을 들였음을 한눈에 알아볼 수 있었다. 사지와 손가락을 일일이 천으로 감았으며, 황금 골무로 발톱과 손톱을 하나하나 씌웠다. 투탕카멘의 폐, 간, 위 등 내장은 따로 방부 처리를 한 다음, 다시 천으로 감아 색유리와 홍옥수로 상감이 된 소형 황금 관 안에 넣어졌다. 이 모든 장기들은 설화석으로 만든 항아리에 넣은 다음, 왕의 얼굴이 그려진 마개로 그 주둥이를 막았다. 다시 이 항아리들은 역시 설화석으로 만들고, 수호 여신들을 새긴 궤 안에 모셔졌다. 그런데 이 장기를 보관한 용구들은 투탕카멘을 위해서 만들어진 것이 아니다. 왕족의 다른 인물을 위해 제작된 것이 거의 분명하다. 소형 관에 새겨졌던 이름을 고쳐 쓴 흔적이 역력하기 때문이다.

투탕카멘의 묘는 또 다른 충격적인 면모를 자랑한다. 무덤이 품고 있는 미라는 왕의 것 하나만이 아니었던 것이다. 왕의 장기 단지가 놓여 있던 황금관의 안쪽에는 아무런 장식이 없는 밋밋한 나무 궤짝이 하나 더 있었는데, 거기에는 두

112·113쪽 금과 은으로 장식된 이 화려한 가슴 장식은 투탕카멘이 대관식 때 착용한 것이다. 장식의 한가운데에는 날개를 활짝 펼친 풍뎅이가 보인다. 바로 태양신을 상징하는 것이다. 풍뎅이가 발톱으로 움켜쥐고 있는 것은 연꽃으로, 이는 영원한 보호를 상징한다. 풍뎅이 신은 그 위의 달의 선(船)을 떠받들고 있다. 배 위에는 두 우라에우스 사이에서 호루스의 왼쪽 눈이 황금으로 된 초승달과 은으로 만든 보름달을 떠받치고 있다. 보름달 안에서는 달의 신 토트와 태양신 호루스 사이에 선 왕을 볼 수 있다. 이 세 형상은 모두 금으로 만들어졌다. 반대편(112쪽)에 있는 가슴 장식은 사당 혹은 신전으로 보이는 형태를 취하고 있다. 그 안에는 프타 신과 그의 아내 세크메트 사이에 왕이 서 있다. 각 띠에는 왕의 이름과 칭호 그리고 부적을 새긴 황금 장식들이 보인다. 시계추처럼 달린 부분에서는 날개를 단 마트 여신이 왕에게 '생명'을 선사하고 있다.

개의 작은 관이 더 있었다. 그 안에서 두 구의 미라가 더 나왔는데, 미라는 사산아가 분명했다. 투탕카멘과 안크헤센아문Ankhesenamun 사이에서 태어난 아이들인 것 같다.

무덤 가득한 부장물들

투탕카멘의 무덤은 짧은 통치 기간에도 불구하고 무척 장대하게 지어졌으며, 아낌없는 비용이 투자되었음에 틀림없다. 황금 마스크 외에도 왕의 미라는 전부 150여 가지가 넘는 보석, 부적, 휘장 등으로 꾸며져 있다. 그 중 몇 가지는 순전히 죽은 자의 영혼을 기리기 위해 바쳐진, 제례용이기는 하다. 그러나 대부분은 투탕카멘이나 그의 선왕들이 생시에 실제로 사용했던 것들이다. 투탕카멘의 부장품 가운데는 실제로 왕족의 '가보' 들이 있다. 예를 들어 소형 관 안에서 발견된, 몸을 웅크리고 있는 왕의 작은 황금 상 하나는 투탕카멘의 할아버지 아멘호텝 3세의 형상을 본떠 만든 것이다(같은 곳에서 발견된 한 단의 머리카락은 할머니 티예 왕비의 것이다). 아크헨아텐과 네페르네페루아텐 등 선왕들의 이름이 새겨진 것들도 적지 않다.

위 설화석으로 만든 향료 단지. 나일강의 신들이 연꽃(수련)과 파피루스 줄기 등이 얽혀 이룬 매듭을 받들고 있는 것이 보인다. 이는 상이집트와 하이집트가 하나를 이루고 있음을 상징하는 것이다.

115쪽 암사자로 상징되는 여신 이시스메흐테트(Isismehtet)를 나무로 만든 다음 금박을 입힌 두상. 투탕카멘의 무덤에서 나온 긴 의자의 일부다. 눈동자가 정말 살아 있는 것 같지 않은가? 크리스털을 깎고 색칠을 한 다음 거꾸로 박아 넣음으로써 실제로 살아 있는 것처럼 그윽한 눈빛을 연출하였다.

사후 세계의 보장

투탕카멘의 무덤이 발견되기까지 고고학자들은 이집트 왕묘에 어느 정도 규모의 부장품들이 어떻게 자리 잡는지 그 전모를 알 길이 없었다. 투탕카멘의 묘에서 출토된 부장품 중에 고고학자들이 가장 흥미롭게 여기는 것은 아마도 전실에서 발견된 세 개의 제사용 긴 의자일 것이다. 나무에 금박을 입히고 보석과 유리 그리고 상아 등으로 상감을 한 이 긴 의자는 그 길이가 약 2m 정도다. 그 옆면들에는 동물로 상징되는 수호 여신들의 그림이 그려져 있다. 하마인 암무트Ammut, 암소 메헤트웨레트Mehetweret 그리고 암사자 이시스메흐테트 등이 그들이다.

그밖에도 무덤에서는 35개의 금박을 한 목각 형상들이 나왔다. 이 중 여덟 개는 왕

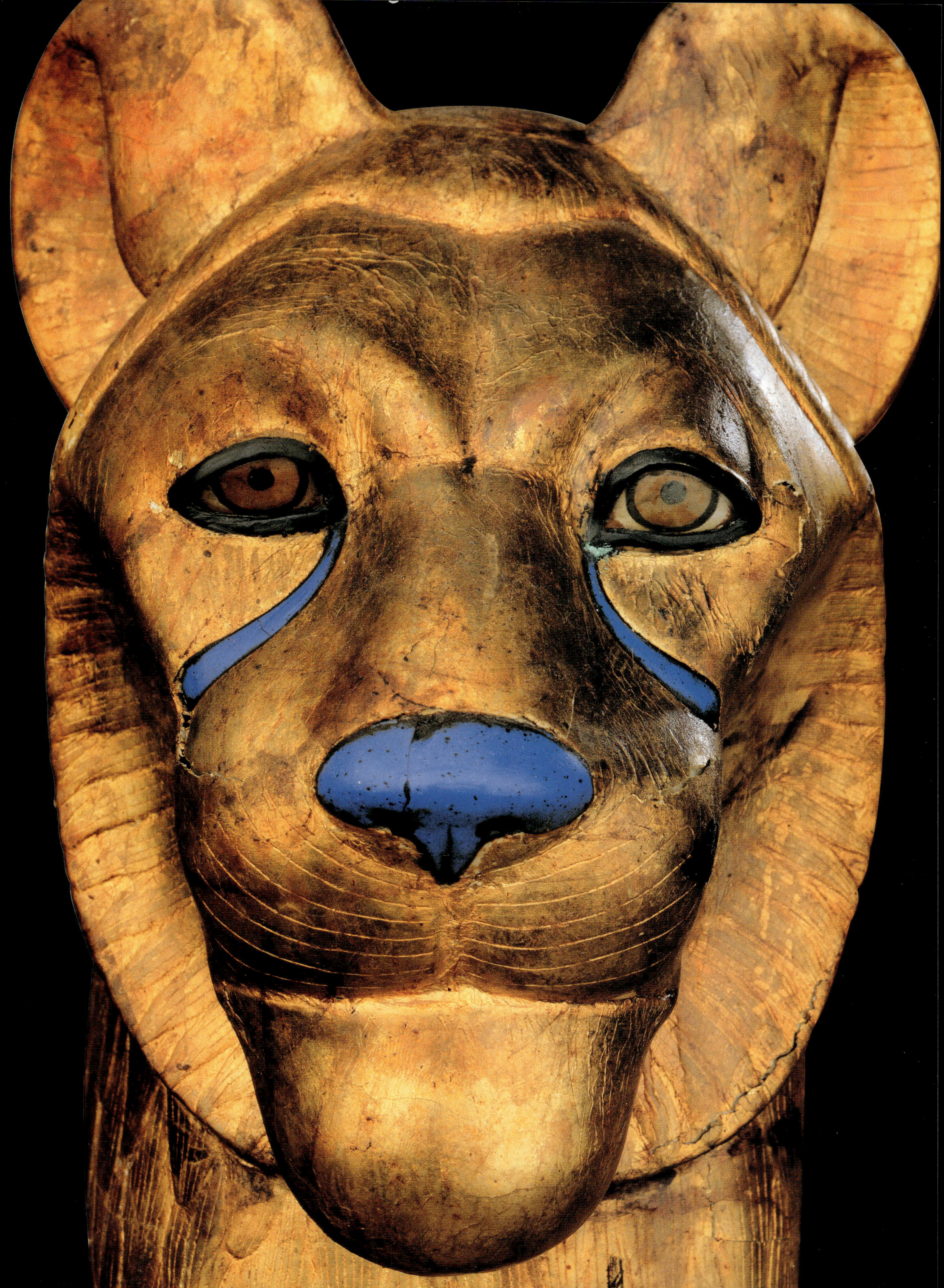

을 묘사한 것으로, 상·하 두 이집트를 상징하는 각종 휘장들과 함께 예식을 드리는 자세를 취하고 있다. 나머지는 수호신상들이다. 여기에 다시 모형선 한 척과 역시 모형의 곡물 창고 등이 마련되어 있다. 왕으로 하여금 배를 타고 사후 세계로 들어가 부족함이 없는 섭생을 누리도록 배려한 것이다.

무덤에 있던 많은 부장품들은 대개 투탕카멘의 샤브티 Shabti*들이다. 죽은 왕을 조각한 이 작은 인형들은 사후 세계에서 왕을 대신해 그 생명을 이어 가면서 왕을 위해 봉사하도록 만들어진 것으로 보인다. 귀족이든 평민이든 개인의 묘에는 하나 이상의 샤브티가 묻히는 법이 없다. 그러나 투탕카멘의 경우에는 적어도 413개 이상의 샤브티들이 있다. 즉 1년의 각 하루를 감당하는 샤브티들과, '주중 감독자' 36개(이집트의 한 주는 10일이다), 여기에 다시 12개의 '월별 감독자'를 합한 숫자다. 어떤 샤브티는 아무리 보아도 여성의 모습을 하고 있다. 이는 원래 네페르네페루아텐을 위해 만든 것이다.

이런 부장물들 외에도 죽은 왕이 살아서 누린 영화를 이어 가기에 조금도 부족함이 없도록 왕궁에서 누린 온갖 사치가 빠짐없이 마련되어 있다. 개인 묘들도 마찬가지지만 왕묘에는 특히 그 부장품들, 즉 가구와 각종 살림살이 등이 쉽게 썩지 않도록 보존에 만전을 기한 흔적이 역력하다. 그렇지 않았다면 이 모든 것은 이미 사라져 버렸으리라. 투탕카멘의 무덤에서 출토된 가구들은 정교한 왕좌(사진을 참조할 것)로부터, 사냥이나 전투 중에 쓴 것으로 보이는 소박한 걸상과 야전 침대에 이르기까지 그야말로 모든 것을 완비하고 있다. 고대 이집트의 왕실이 누린, 그 독특한 영화를 잘 엿볼 수 있는 대목이다.

116·117쪽 나무로 만들고 금박을 입힌 투탕카멘의 권좌. 아마르나 시대 풍으로 만들어졌다. 권좌의 등받이는 왕과 왕비 안크헤센아문의 다정했던 한 때를 보여 주고 있다(116쪽). 그런데 이 장면에는 나중에 뜯어고친 흔적이 보인다. 예를 들어 아텐 원반의 빛살이 내려 꽂히는 양 옆에 만들어진 머리 장식 같은 것은 나중에 첨가된 것이다. 권좌 위에 새겨진 카르투슈의 반쪽에는 투탕카멘과 안크헤센파아텐의 이름들이 그대로 남아 있다. 그러나 나머지 반쪽에는 안크헤센파아텐의 이름에서 아텐을 떼어내고, 아문으로 고쳐 놓았다.

* 샤브티 : 나무를 깎아 만든 조그만 인형.

젊은 용사

애초부터 왕은 용맹스런 전사의 위용을 갖춰야 했다. 그것이 바로 왕권의 핵심이기에! 아크헨아텐은 주지하듯 외국과의 관계에 거의 신경을 쓰지 않았다. 그래서일까? 투탕카멘의 참모들은 새 왕을 전통적 질서의 복구자로 연출하기에 여념이 없었다. 왕의 젊음을

118·119쪽 방부 처리된 왕의 장기들을 넣어 둔 단지. 표면에는 금박을 입혔다. 이 단지는 맞은편 그림, 역시 금박을 한 소형 목관 안에 들어 있었다. 단지의 위쪽에는 두 줄로 늘어선, 코브라 형상의 우라에우스들이 장식되어 있다. 다시 그 각 면마다 수호 여신들이 단지를 충실히 지키고 있다. 아래 그림에 보이는 여신들은 이시스(왼쪽)와 셀케트다.

강조하면서, 이집트 옛 제국이 누린 권위를 회복하는 데 아주 적극적인 노력을 한 것으로 보이게끔 하려 한 것이다.

카르나크에 있는 투탕카멘의 한 사당 폐허를 보면, 누비아 원정을 성공적으로 마치고 개선하는 병사들의 행렬을 그린 화려한 색채의 부조를 볼 수가 있다. 젊은 왕이 몸소 행렬에 참가하고 있는지는 불분명하다. 그러나 그 비문을 보면, 젊은 왕의 힘을 테베의 전쟁 신 몬투와 견주어 칭송하는 대목이 있다. "오 주군이시여, 당신은 몬투이십니다, 당신이 바로 군대의 한가운데 우뚝 선 몬투이십니다. (……) 당신이 저 비천한 땅 쿠시에서 봉기한 적군을 물리치셨습니다."

투탕카멘의 묘에 있는 많은 물건들은 적군, 즉 이집트와 전통적으로 적대 관계에 있던 아시아인들(주로 레반트 족속들)과 누비아족을 처단하는 왕을 묘사하고 있다. 예를 들어 나무로 만든 한 보석 상자에 새겨진 그림(110~111쪽)에는 파라오의 정연한 군대의 발길 아래서 무너지는 적들이 그려져 있다. 심지어 투탕카멘의 발판을 보면, 부상당한 포로를 짓밟고 있는 왕이 등장한다. 왕이 쓰던 지팡이에도 비슷한 장면이 있다. 그밖에도 무덤에는 여섯 개의 전차들, 여덟 개의 방패 그리고 가죽 갑옷 등이 장검, 단검, 활, 화살, 투석기, 곤봉, 투창 등과 같은 많은 무기들과 함께 출토되었다.

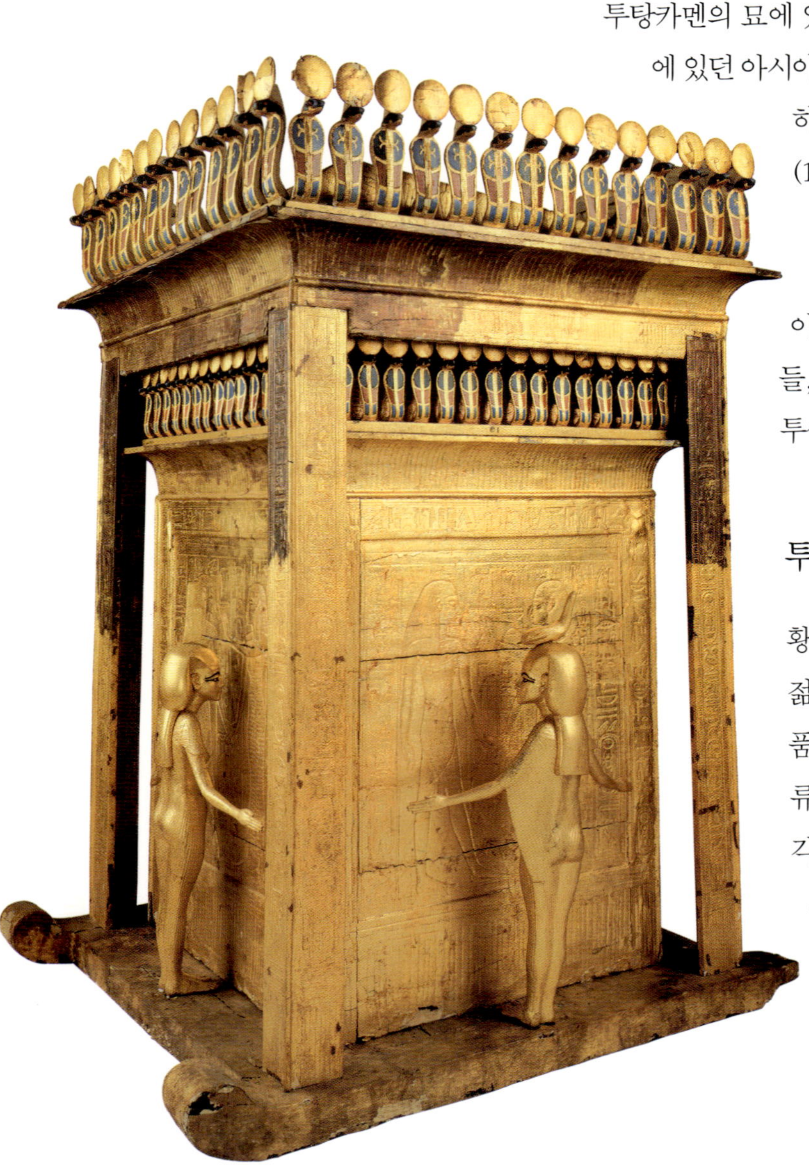

투탕카멘의 사생활

황금 보물들 못지않게 인상적이고 중요한 투탕카멘의 유물은 젊은 왕이 그의 짧은 생애 동안 사용한 것으로 보이는 개인 용품들이다. 어린 시절 가지고 놀던 장난감들, 필기구, 의복, 신발류, 화장품, 거울 상자, 면도 상자, 사냥 기구들 그리고 가족의 각종 유품 등 없는 것이 없을 정도다. 어찌 보면 소박한 것들이지만 그 어느 것보다도 당시 투탕카멘의 실생활을 확인할 수 있게 해 주는 대단한 유물들이 아닐 수 없다.

부활한 아문

아이

BC 1327 ~ BC 1323년경

투탕카멘이 죽고 나서 마침내 권좌를 차지한 인물은 한때 투탕카멘의 섭정을 맡기도 했던 나이 많은 권세가 아이였다. 투탕카멘 부부가 후사를 남기지 못했기 때문이다. 태아의 유골 두 구가 같은 무덤 안에 있기는 하지만, 모두 조산한 것임에 틀림없다. 이로 미루어 볼 때, 안크헤센아문은 태아를 만삭에 이르기까지 품지 못한 것 같다. 아이의 별칭은 '신의 아버지' 라는 거창한 것이다. 이런 칭호는 그가 왕족의 어른으로 누린 지위를 잘 확인시켜 준다. 짐작컨대 아이는 네페르티티의 아버지이거나, 티예 왕비의 동생이었을 것이다. 아멘호텝 3세의 아내이자 아크헨아텐의 어머니인 바로 그 티예 말이다. 아이는 이런 자신의 위치를 십분 활용해 왕위 계승을 정당화했으리라. 그 배경이 어찌 되었든, 아이가 통치권을 행사한 것만큼은 분명한 사실이다. 투탕카멘의 묘실 안에 왕으로 그려진 아이의 모습이 등장하는 것만 보아도 확실하다.

아이는 짧은 통치 기간 동안 아문 신 숭배의 전통을 되살려 내는 데 전력을 다했다. 아이는 이로써 후대의 칭송을 기대했겠지만, 이는 오산이었다. 그가 죽자 왕가의 계보와 함께 그에 대한 기억도 지워지고 말았기 때문이다. 현재 테베에 남아 있는 아이의 유적은 거의 없다. 그의 묘 안에 그려진 벽화는 지워진 흔적들로 누더기가 된 채 남아 있을 따름이다. 네크로폴리스에 있는 아이의 장제 사원도 후계자 호렘헵에 의해 쑥밭이 되고 말았다. 투탕카멘에 대한 추모의 염을 기리기 위해 세워진 카르나크의 사당도 후대 왕들에 의해 헐려 버렸다. 아크헨아텐이나 아마르나 시대의 다른 왕들과 마찬가지로 아이의 이름은 결국 제18왕조의 명부에서 삭제당하는 수모를 겪었다. 예컨대 아비도스에 있는 세티 1세의 신전에 새겨진 왕의 계보는 그저 간단하게 아멘호텝 3세에서 호렘헵으로 건너뛰고 있을 뿐이다.

서쪽 계곡에 있는 아이의 무덤(WV23)은 아마도 처음부터 투탕카멘을 위해 지었던 것 같다. 그러나 무덤은 아이가 죽을 때까지도 완성되지 못했다. 제례 공간 뒤의 전실이 묘실 대신 쓰인 것으로 미루어, 묘실이 적당한 때 착공되지도 못했음을 알 수 있다. 비록 임시변통이기는 하지만 이 묘실 안의 벽화는 전통적인 왕실의 장례 비문과 나란히 사냥 장면을 담고 있는 걸작이다. 투탕카멘 묘의 그림과 비슷한 것으로 미루어 같은 작가의 작품인 듯하다. 아이의 무덤 안에서 그나마 품격을 유지하고 있는 것은 이 벽화가 유일하다.

121쪽 아이 무덤의 묘실. 중앙에 복원한 왕의 석관이 보인다. 왕이 여러 신들 앞에 서 있는 장면을 그린 벽화는 투탕카멘 묘의 그것과 아주 흡사하다. 같은 작가의 작품인 듯. 그러나 아이의 그림과 그의 이름은 일부러 지운 듯한 흔적이 역력하다. 아마르나 시대와 그 왕들에 대한 일체의 기억을 말살한 작업의 일환이었으리라.

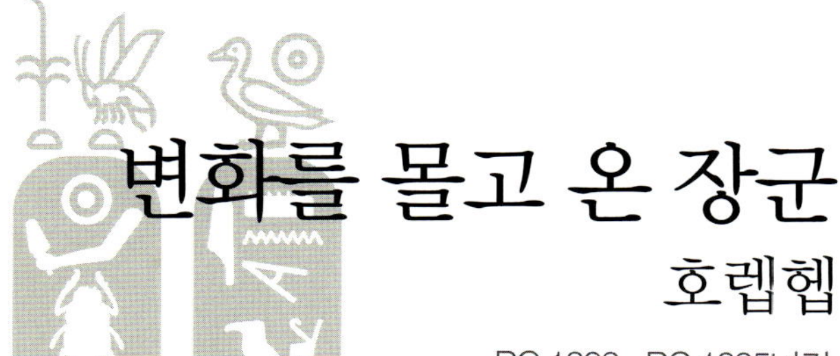

변화를 몰고 온 장군

호렙헵

BC 1323~BC 1295년경

아이의 뒤를 이은 호렙헵의 통치기는 한마디로 테베의 제18왕조에서 소위 람세스 왕조인 제19왕조로 넘어가는 전환기에 해당한다. 호렙헵의 후계자는 그를 제18왕조의 마지막 왕으로 부르고 있다. 호렙헵이 왕권을 잡을 수 있었던 배경은 왕족과의 결혼이었다. 그의 아내 무트네즈메트Mutnedjmet는 왕비 네페르티티의 누이동생이었던 것이다. 그러나 여러 정황을 종합해 볼 때, 호렙헵은 제19왕조를 일군 진정한 첫 왕임이 분명하다.

나일강 북부 계곡의 헤라클레오폴리스 출신인 호렙헵은 아크헨아텐 시절 군대 사령관으로 뛰어난 활약을 보이면서 명성을 얻기 시작했다. 투탕카멘 시절 호렙헵은 이집트 군대의 총사령관이 되었으며, 아이와 함께 국정 전반을 다스리는 주요 인물로 떠올랐다. 왕위에 오르기 전에 호렙헵은 멤피스의 네크로폴리스인 사카라Saqqara에 자신의 화려한 묘를 짓게 했다. 이 무덤 안에 그려진 벽화는 그를 이집트 전통 신들(성별을 막론하고)을 섬기는 젊은 장교로 묘사하고 있다. 또 투탕카멘 왕을 위해 전쟁을 승리로 이끄는 모습을 담은 자세한 그림도 등장한다.

호렙헵의 화려한 군 경력은 주로 누비아와 레반트를 제압하고 이집트제국의 권위를 복구하면서 쌓은 것이다. 그러나 왕위에 오른 다음에는 내정 개혁에 치중하면서 정통 종교를 되살려 내는 데 전력을 경주했다.

그가 왕위를 계승한 정황은 자세하게 알려져 있지 않다. 어쨌거나 적당한 후계자를 찾지 못한 아이가 그를 추대한 것으로 보인다. 이미 혁혁한 정치 · 군사 경력을 가지고 왕위에 오른 호렙헵은 28년(정확한 기간에 관해서는 약간의 이견이 있다)이라는 오랜 세월 동안 권력을 만끽했다. 그가 묻힌 묘도 왕들의 계곡에 있는 아주 화려한 무덤이다. 자식이 없었던 호렙헵은 자신의 권좌를 부왕에게 물려줬다. 군사령관 출신의 이 부왕이 바로 제19왕조의 첫 왕인 람세스 1세다.

호렙헵은 아크헨아텐이 세운 수도 아크헤트아텐을 폐허로 만들면서 아크헨아텐의 유산을 뿌리째 뽑아냈다. 테베에 있는 아크헨아텐의 신전, 즉 카르나크의 아텐 신전도 철퇴를 맞았음은 물론이다. 아텐 신전에서 빼낸 암석은 아문 신전의 호렙헵 파일론을 채우는 데 다시 쓰였다. 이런 식으로 선대의 유적을 부수고 얻어진 자재를 실질적으로 재활용한 사례는 카르나크 이전부터 있었다. 붉은 규암을 써서 지은 하트셉수트의 사당 역시 마찬가지 운명을 맞지 않았던가. 그러나 이 경우 아텐 숭배를 무너뜨리고 테베 전통

122쪽 호렙헵의 무덤 안에 있는 원색 부조. 왕들의 계곡에 있는 벽화들 가운데서도 가장 섬세한 작품이다. 그러나 왕이 죽었을 당시, 이 벽화는 완성되지 못한 상태였다. 벽화는 여러 죽음의 신들과 함께 있는 호렙헵을 그리고 있다. 이 그림은 그가 하토르 여신에게 포도주를 바치는 장면이다.

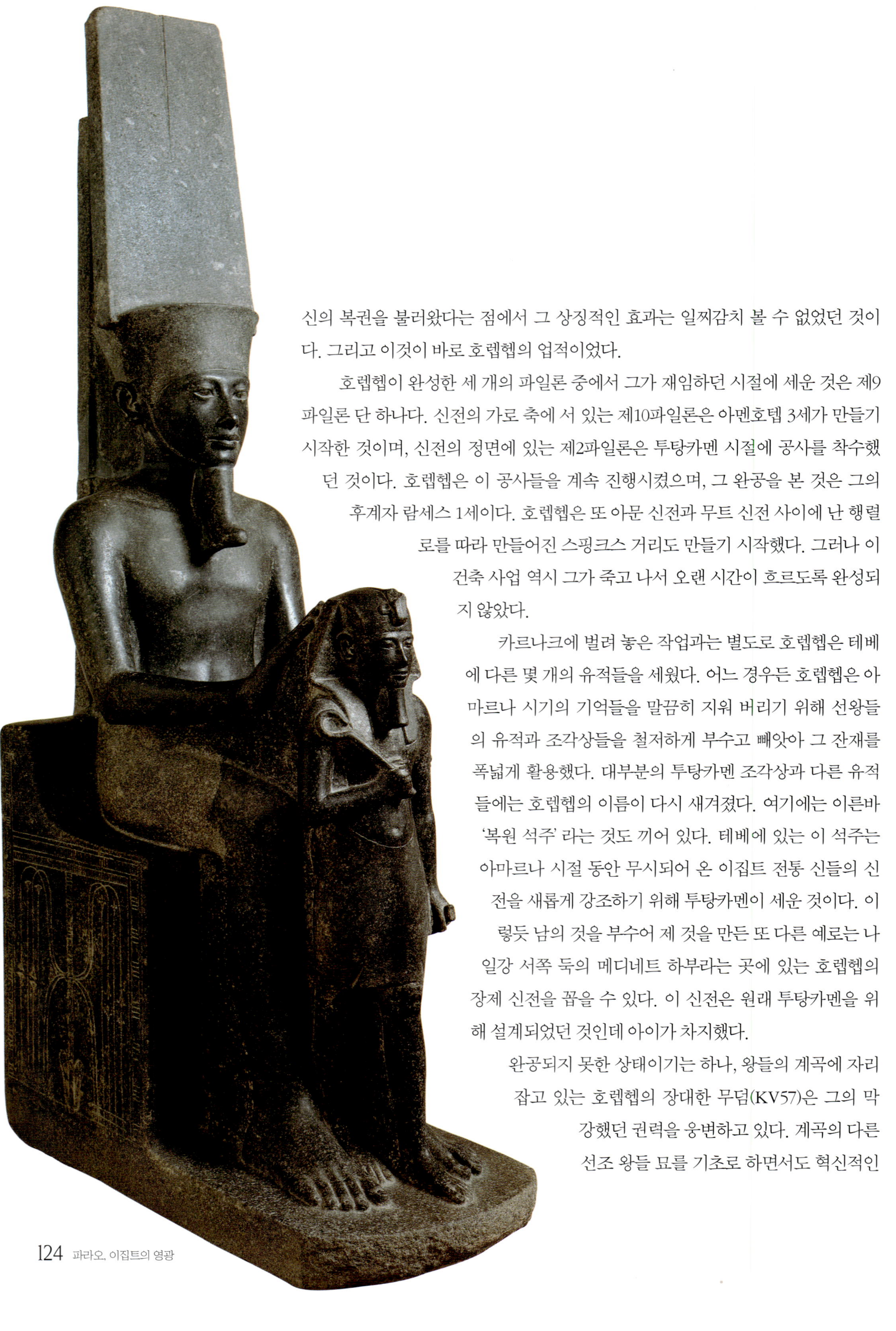

신의 복권을 불러왔다는 점에서 그 상징적인 효과는 일찌감치 볼 수 없었던 것이다. 그리고 이것이 바로 호렘헵의 업적이었다.

호렘헵이 완성한 세 개의 파일론 중에서 그가 재임하던 시절에 세운 것은 제9파일론 단 하나다. 신전의 가로 축에 서 있는 제10파일론은 아멘호텝 3세가 만들기 시작한 것이며, 신전의 정면에 있는 제2파일론은 투탕카멘 시절에 공사를 착수했던 것이다. 호렘헵은 이 공사들을 계속 진행시켰으며, 그 완공을 본 것은 그의 후계자 람세스 1세이다. 호렘헵은 또 아문 신전과 무트 신전 사이에 난 행렬로를 따라 만들어진 스핑크스 거리도 만들기 시작했다. 그러나 이 건축 사업 역시 그가 죽고 나서 오랜 시간이 흐르도록 완성되지 않았다.

카르나크에 벌려 놓은 작업과는 별도로 호렘헵은 테베에 다른 몇 개의 유적들을 세웠다. 어느 경우든 호렘헵은 아마르나 시기의 기억들을 말끔히 지워 버리기 위해 선왕들의 유적과 조각상들을 철저하게 부수고 빼앗아 그 잔재를 폭넓게 활용했다. 대부분의 투탕카멘 조각상과 다른 유적들에는 호렘헵의 이름이 다시 새겨졌다. 여기에는 이른바 '복원 석주'라는 것도 끼어 있다. 테베에 있는 이 석주는 아마르나 시절 동안 무시되어 온 이집트 전통 신들의 신전을 새롭게 강조하기 위해 투탕카멘이 세운 것이다. 이렇듯 남의 것을 부수어 제 것을 만든 또 다른 예로는 나일강 서쪽 둑의 메디네트 하부라는 곳에 있는 호렘헵의 장제 신전을 꼽을 수 있다. 이 신전은 원래 투탕카멘을 위해 설계되었던 것인데 아이가 차지했다.

완공되지 못한 상태이기는 하나, 왕들의 계곡에 자리 잡고 있는 호렘헵의 장대한 무덤(KV57)은 그의 막강했던 권력을 웅변하고 있다. 계곡의 다른 선조 왕들 묘를 기초로 하면서도 혁신적인

124쪽 아문 신 숭배의 부활을 완성한 호렘헵. 이 화강암 석상에서 아문은 작게 묘사된 왕을 보호하고 있다. 룩소르에서 출토된 이 석상에는 왕의 완전한 이름, 즉 호렘헵 메리아문(Horemheb Meryamun: "호루스[왕]가 아문의 사랑을 받고 기뻐하도다")이 새겨져 있다. 아문은 두 깃이 곧추선 것만 같은 그의 전형적인 왕관을 쓰고 있다.

125쪽 이 조각상은 테베의 어머니 신이자 아문의 아내이며 콘수의 어머니인 무트의 것이다. 호렘헵 시절에 만들어졌다. 무트가 쓰고 있는 이중의 왕관은 왕의 신성한 어머니로서의 상징적인 역할(하토르와 이시스도 가지고 있음)을 표현한다. 무트의 이름은 그녀를 상징하는 신성한 새, 독수리의 형상으로 나타내졌다. 독수리의 날개가 머리 장식의 테두리를 감싸고 있는 것이 보인다.

면모를 자랑하는 그의 무덤은 이후 왕묘들의 표준이 되다시피 한 많은 특징들을 갖추고 있다. 우선 옛 무덤들에 비해 훨씬 깊은 호렘헵의 묘는 굴곡이 아닌, 직선 축을 가지고 있다. 3층 구조로 만들어진 묘실의 층들을 연결하고 있는 것은 계단이다. 또 묘실에 딸린 몇 개의 작은 공간들은 무덤의 부장물들을 보관하기 위해 고안된 것으로 보인다.

이 무덤은 1908년 미국의 사업가 시어도어 데이비스가 기금을 댄 발굴대가 발견하였다. 발굴대의 고고학자 에드워드 에어턴Edward Ayrton은 사카라에 있는 호렘헵의 또 다른 무덤에 관해 잘 알고 있었다. 그랬는데 다시 이 무덤에서 호렘헵의 이름이 적힌 카르투슈가 나오자 에어턴은 턱이 떨어질 것처럼 놀랐다. 그러나 계속된 발굴 작업에서 이 무덤이 호렘헵이 묻힌 묘임을 증명하는 증거들이 속속 나왔다. 그것도 다름 아닌 왕의 지위를 자랑하는!

어느 모로 보나 무덤은 호렘헵이 죽었을 당시에는 완공되지 않았던 것이 분명하다. 묘실로 들어가는 통로 벽에 서 있던 석회암 기둥의 조각들을 보면 급조한 흔적이 역력하다. 또 이후 오랜 세월을 거치면서 겪은 적지 않은 지진으로 벽과 기둥은 심하게 손상되었다. 그러나 화려하게 채색된 부조만큼은 보존 상태가 아주 뛰어나다. '왕들의 계곡' 에서 발견된 것 가운데 최고의 걸작으로 꼽힐 정도다.

그러나 무덤의 다른 유적들도 그런 것은 아니다. 우선 이미 옛날에 저질러진 것으로 보이는 도굴꾼의 만행이 그 뚜렷한 흔적을 남기고 있다. 붉은 화강암을 써서 만든 왕의 석관은 몇 개의 뼈 조각들만 남아 있을 뿐 텅 비어 있다. 복도에는 부장 예물의 파편이 어지럽게 널려 있다. 수는 많지만 보존 상태가 아주 열악한 부장물들에는 동물 모양의 긴 의자, 모형 선박 등의 잔해와 함께 투탕카멘의 묘에서 발굴된 것과 같은 목각 수호상 등이 있다. 그밖에도 방부 처리한 왕의 장기들을 담은 단지와 궤가 남아 있다. 그러나 호렘헵의 미라로 확인할 수 있는 것은 지금껏 발견되지 않고 있다.

호렘헵 묘의 또 다른 혁신적인 면모로는 벽면을 깎은 다음 원색으로 화려하게 칠한 부조를 꼽을 수 있다. 테베 지역에는 석회암이 귀했기 때문에 이전의 왕묘들은 주로 부드럽게 회칠한 벽면에 그림을 그렸다. 벽화의 주제도 전혀 다른, 새로운 것이다. 전통적인 암두아트 대신, 새로운 장례 비문 "문의 서Book of Gates"가 등장한다.

비록 많은 장면들이 미완성인 채로 남아 있기는 하지만, 호렘헵 무덤의 그림들은

126쪽 제례를 올리기 위해 마련된 것으로 보이는 공간의 원색 벽화. 왼쪽부터 살펴보면, 호렘헵이 하토르 여신에게 포도주를 바치고 있으며, 호루스 신이 호렘헵을 이끌고 이시스 여신에게 다가가고 있다. 다시 호루스 신은 호렘헵을 하토르 여신에게 소개하고 있다.

129쪽 왕을 지키는 거룩한 어머니 신들 중 하나인 이시스가 황소의 뿔 사이에 태양을 이고 있는 머리 장식을 하고 있다. 호렘헵의 무덤에 등장하는 이시스는 선왕들의 묘에 나오는 하늘의 여신 누트*의 역할을 대신하는 여신이다.

130 · 131쪽 호렘헵의 묘실 안에 미완성인 채로 남아 있는 색채 부조. 위의 그림은 배를 타고 밤의 두 번째 영역을 지나고 있는 태양신을 보여 주고 있다. 아래 그림은 쓰러지거나 묶인 죄인들이 용서를 받기 위해 기다리는 모습이다.

*누트 : Neuth, Nuit라고도 쓴다. 이집트 하늘의 여신이자 천구의 여신. 사자(死者)의 여신이기도 하다. 파라오가 죽은 다음, 그녀의 몸 속으로 들어갔다가 다시 그 생식기를 통해 태어난다고 믿어지는 신이다.

고대 이집트 화가들의 기법을 확인할 수 있는 소중하고도 풍부한 작품들이다. 벽면을 깎고 회칠을 한 다음 색칠을 하면서 기초 도안을 잡아가는 제작 과정 전체를 한눈에 알아볼 수 있다. 주로 단색으로 처리된 이전 왕묘들과는 달리, 호렘헵 무덤의 벽화는 다채롭고도 생생한 색채를 자랑한다.

예를 들어 제례 공간에 그려져 있는 벽화는 왕과 여러 신들의 모습을 밝은 푸른색 바탕 위에 앉히고 있다. 그 위에 새겨진 상형문자들조차 분명한 명암을 자랑한다. 화풍 역시 이전에 볼 수 있던 딱딱한 형식과 가벼운 차이를 드러낸다. 이런 부드러운 처리는 아마도 아마르나 예술의 영향을 받은 것으로 보인다.

겉으로는 이전의 장례 비문과 결별하고 있는 것처럼 보이기는 하지만, "문의 서"는 사실 암두아트에 등장하는 주제들을 더욱 발전시켜 정교하게 만든 것이다. 태양신이 열두 시간의 밤을 거쳐 주유하는 행로를 기술한 암두아트의 기본 골격이 그대로 유지되고 있기 때문이다. "문의 서"라는 제목은 열두 개로 나뉜 지하 명계의 영역이 문으로 연결되어 있어서 붙여진 것으로 보인다. 각 영역은 밤의 한 시간에 해당한다. 비문의 목적은 죽은 왕이 어둠의 세계를 아무 탈 없이 여행할 수 있게 하려는 것이다. 내리막으로 설계된 왕묘의 행랑은 왕의 이 여행을 그대로 반영한다. 행랑을 따라 왕과 태양이 지하 명계의 어둠을 헤쳐 가는 과정이, 새벽 여명과 함께 새로운 부활을 완성하는 것으로 그려져 있다.

지하 세계의 각 영역들 사이를 지나는 문에는 칼을 휘두르며 공포를 자아내는 뱀의 신이 지키고 있다. 두 번째 문은 태양신이 그의 신성한 배를 타고 지하 세계로 내려가는 곳이다. 여러 수호신들에게 둘러싸인 태양신의 뒤를 왕이 따르고 있다. 태양신이 지나가는 곳마다 그 밝은 빛으로 어둠이 물리쳐지면서 명계의 주민들은 기쁨의 은총을 만끽한다. 밤의 다섯 번째 시간에 해당하는 곳에서, 배는 '소카르의 비밀의 굴'을 통과한다. 여기에는 사악한 영혼들을 빠뜨려 다시는 돌아올 수 없게 만드는 불의 호수가 있다고 한다. 여행의 중간 지점인 여섯 번째 시간에 이르면 태양신은 부활을 준비하며 동쪽 지평을 향해 나아간다. 새벽의 새 빛으로 떠오를 채비를 하는 것이다.

람세스 1세	세티 1세	람세스 2세	메르네프타	아멘메세	세티 2세	시프타	타우오스레트	세트나크트	람세스 3세
(BC 1295 ~ BC 1294)	(BC 1294 ~ BC 1279)	(BC 1279 ~ BC 1213)	(BC 1213 ~ BC 1203)	(BC 1203 ~ BC 1200)	(BC 1200 ~ BC 1194)	(BC 1194 ~ BC 1188)	(BC 1188 ~ BC 1186)	(BC 1186 ~ BC 1184)	(BC 1184 ~ BC 1153)

RULERS IN SOUTHERN HELIOPOLIS

남쪽 헬리오폴리스의 지배자들

제19왕조와 제20왕조
BC 1295 ~ BC 1069년경

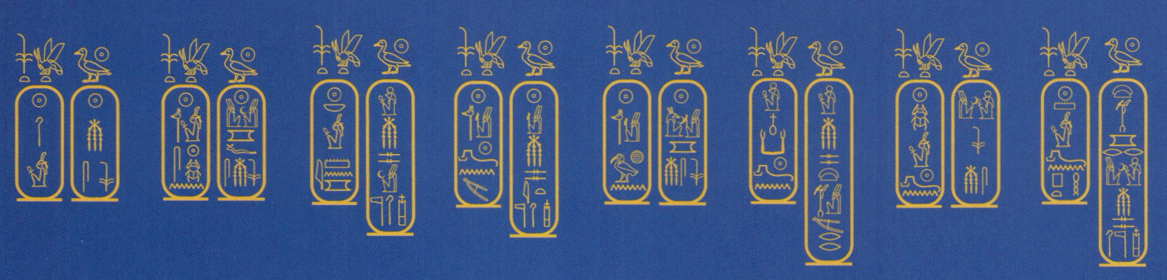

람세스 4세	람세스 5세	람세스 6세	람세스 7세	람세스 8세	람세스 9세	람세스 10세	람세스 11세
(BC 1153 ~ BC 1147)	(BC 1147 ~ BC 1143)	(BC 1143 ~ BC 1136)	(BC 1136 ~ BC 1129)	(BC 1129 ~ BC 1126)	(BC 1126 ~ BC 1108)	(BC 1108 ~ BC 1099)	(BC 1099 ~ BC 1069)

안정과 개혁
람세스 1세

BC 1295~BC 1294년경

제19왕조의 창설자이자 같은 이름을 가진 11명의 왕들 가운데서 선두 주자인 람세스 1세는 나일강 삼각주에 위치한 칸티르Qantir라는 곳에 기반을 둔 한 군인 집안에서 태어났다. 이런 그가 어떤 과정을 거쳐 출세하게 되었는가에 관해서는 거의 알려진 바가 없다. 어쨌거나 그는 호렘헵 아래서 부왕을 지냈다. 이집트의 제2실권자로 우뚝 선 것이다. 자신의 생명이 다했음을 직감한 호렘헵은 람세스 1세를 자신의 후계자로 지목했다. 아마르나 시절이 빚은 분열과 그 여파로 미루어 보건대, 호렘헵과 람세스가 왕권 교체에 따른 혼란을 줄이기 위해 갖은 노력을 다했으리라는 것은 전혀 놀라운 일이 아니다.

람세스는 왕실의 전례와 전통을 꼼꼼하게 챙기면서 정치와 종교가 안정적으로 지속될 수 있도록 배려했다. 그는 북쪽의 전통적 수도인 멤피스를 중심으로 정치를 펼쳤으며, 아비도스(우시르 숭배의 중심지)와 헬리오폴리스(태양신 라의 숭배 중심지) 등을 포함한 고대 종교 중심지에 많은 신전을 건립했다. 동시에 그는 종교 도시이자 왕조의 묘역으로서 테베의 비중에 조금도 손상이 없도록 돌보았다. 카르나크의 아문 신전에 제2 파일론을 세운 왕도 람세스 1세다. 그 파일론에 새겨진 부조는 아문 신과 신전의 다른 주요 신들에게 경배를 드리고 있는 람세스를 묘사하고 있다. 이는 람세스가 전통 왕조를 얼마나 존중하고 섬기는가를 단적으로 보여 주는 강력한 웅변이다. 왕비와 왕손들을 위해 마련한 소위 '왕비들의 계곡'은 나일강 서쪽 둑의 '왕들의 계곡'에서 남서쪽으로 떨어진 곳에 있다. 거기에 마련된 최초의 무덤(QV38)은 바로 람세스의 왕비들 중 한 명인 사트라의 것이다.

왕으로 즉위할 당시 이미 상당히 연로했던 람세스는 2년에도 못 미치는 짧은 기간 동안만 나라를 다스렸다. 결국 테베에 자신의 장제 신전도 세우지 못할 정도로 재임 기간이 짧았던 것이다. 나일강 서쪽 둑의 쿠르나라는 곳에 세워진 람세스 1세의 사당은 그의 아들이자 후계자인 세티 1세가 나중에 건립한 것이다. '왕들의 계곡'에 있는 람세스 1세의 무덤도 그가 죽었을 당시에는 완공을 보지 못한 상태였다. 묘실로 이르는 행랑의 극히 일부만이 공사가 끝나 있었을 따름이다. 묘실은 왕의 석관을 맞이하기 위해 급히 넓혀지고 장식이 된 흔적이 역력하다. 그 장면은 그 화풍이나 내용에 있어 호렘헵의 무덤을 거의 닮아 있다. 그러나 짙은 노란색을 강조한 색채는 이후 왕묘 벽화의 전형으로 자리 잡았다.

135쪽 람세스 1세 무덤(KV16) 묘실 안에 그려져 있는 색채 벽화. 상·하이집트를 상징하는 두 개의 왕관을 쓴 호루스가 죽은 왕을 보호하고 있다. 자칼의 머리를 하고 있는 신은 아누비스로, 죽은 왕을 미라로 만드는 작업을 주관하는 신이다.

선조를 경배하라!

세티 1세

BC 1294~BC 1279년경

왕위에 오른 람세스 1세는 곧 자신의 아들 세티 1세를 후계자로 선포하고 공동 왕으로 임명했다. 자신이 새롭게 세운 왕조를 기초부터 확실하게 다지려 한 것이다. 무사 가문의 혈통을 이어받은 탓일까? 세티는 근동 아시아와 아프리카에서의 이집트 패권을 강화하는 데 전력을 경주했다. 재임 기간의 대부분을 히타이트족* 과 리비아에 맞서 전쟁터에서 보낸 정도였으니 두말해 무엇하랴. 그의 강력한 군사력은 당시 이집트가 초강대국으로 군림할 수 있는 결정적 토대를 제공했다.

세티는 건축에도 대단한 열정을 보였다. 부왕 못지않게 화려한 기념물과 신전 건축의 중요성을 잘 인식하고 있었던 것이다. 대중에게 왕의 권위를 세우는 데 웅대한 건물만한 것이 없지 않은가. 그리고 무엇보다도 신전을 세우고 봉헌함으로써 사제단이라는 종교 세력의 지지를 확보하는 소득을 올릴 수 있었던 것이다. 세티의 가장 유명한 유적은 아비도스에 세워진 그의 장제 신전이다. 여기에는 세티 자신과 그의 아들, 즉 장래의 람세스 2세를 새긴 아주 뛰어난 부조 장식이 역대 이집트 왕들을 기리는 명부와 함께 새겨져 있다. 왕실의 면면한 전통과 적통을 강조하기 위해 하트셉수트랄지 아크헨아텐과 같은 돌연변이의 이름들은 명부에서 과감하게 빼 버렸다.

세티 1세는 테베에 있는 선왕들의 유적을 보수하고 개축했으며, 카르나크의 아문 신전에 많은 기둥을 세운 커다란 홀을 만들기도 했다. 대중에게 과시하기 위해 북쪽 벽의 외벽에는 세티의 승전을 묘사한 부조를 가득 새겼다. 물론 여기서 세티는 자신이 거둔 승리를 신들에게 헌정하고 있다. 홀의 내부 장식에는 늘 그렇듯 아문을 위시한 카르나크의 여러 신들을 경배하고 있는 왕의 모습이 새겨져 있다.

15년이라는 짧지 않은 재임 기간 덕분에 세티 1세는 자신을 위한 장제 신전을 짓는, 아버지가 누리지 못한 기쁨을 맛보았다. 아비도스에 세워진 장제 신전 외에도 세티는 테베의 나일강 서쪽 둑에 있는 쿠르나라는 곳에 더욱 많은 전통적인 신전들을 짓게 했다. 세티의 웅대한 묘는 물론 '왕들의 계곡' 에 마련되어 있다. 그러나 묘하게도 그의 미라는 1881년 데이르 엘바하리에 있는 왕실 납골당(DB320)에서 발견되었다. 왕이 죽은 지 200년이 되던 해에 그의 유골을 아문의 사제들이 이장한 것으로 보인다. 왕족의 것 중에서 가장 보존 상태가 좋은 세티의 미라는 그 원래의 목관 안에서, 노란 수의에 감싸인 채로 발견되었다. 과학자들이 미라를 정밀 연구한 결과, 왕의 사망 원인은 동맥경화였다.

136쪽 설화석으로 만든 세티 1세 조각상의 머리 부분. 카르나크의 아문 신전에 세워진 것이다. 원래 눈과 눈썹은 각종 보석으로 치장되어 있었다. 그러나 후대에 조각상이 신전의 땅 속에 묻히면서 그 보석들은 자취를 감추었다.

* 히타이트 : 소아시아의 고대 민족.

위쪽 카르나크의 아문 신전에 있는 커다란 기둥 홀의 북쪽 벽에 새겨진 부조. 세티 1세가 착공해서 람세스 2세가 완성한 이 건축물은 이집트 건축 역사상 가장 뛰어난 것이다. 여기의 그림은 포로(리비아인들로 추정된다)들을 아문 신이 지켜보는 앞에서 쳐 죽이는 세티 1세를 보여 주고 있다.

139쪽 거대한 기둥들이 늘어서 있는 홀. 아문 신전의 제2파일론과 제3파일론 사이의 공간을 차지하고 있는 이 홀은 전부 134개의, 파피루스 모양으로 만들어진 거대한 기둥들이 떠받들고 있다. 중앙 축을 이루는 열두 개의 기둥들이 특히 큰 것으로, 채광 층이 따로 만들어져 있어 홀 안에 빛이 들도록 설계되었다. 이 열두 개의 기둥들은 만개한 파피루스 줄기를 엮어 만든 것과 같은 모양을 하고 있으며, 양쪽 측면의 나머지 작은 기둥들은 파피루스 꽃봉오리 모양의 기둥 머리를 하고 있다. 여기 보이는 것은 작은 기둥들이다.

* 데칸스 : 밤하늘의 별들을 절기에 맞게 나누어 그린 표. 이집트에서 달력처럼 쓰였다. 각 데칸스는 열흘 단위로 그려져 있다. 따라서 1년을 나타내는 데칸스는 전부 36개이다. 나머지 5일을 어떻게 처리했는지는 알 길이 없다.

세티 1세의 묘(KV17)는 왕들의 계곡에 있는 무덤들 중에서 가장 길고, 가장 깊으며, 가장 완벽한 면모를 자랑한다. 채색 벽화도 물론 가장 뛰어나다. 묘의 기본 설계는 선조 왕들의 그것과 크게 다르지 않지만, 미끄러져 들어가듯 만들어진 입구 행랑은 주랑으로 이루어진 전실을 갖추고 있는 제례당과 만난다. 널찍하면서도 층 구조로 나누어진 묘실의 낮은 공간 천장에는 천체의 모습이 그려져 있고, 묘실 바닥에 적힌 신비한 문구들은 다른 방으로 안내하고 있다. 이는 제사를 드리는 데 중요한 의미를 갖는 주문으로 보인다.

세티의 무덤은 입구에서 묘실에 이르기까지 그 장식이 완벽한 최초의 무덤이다. 그러나 보통 "라의 기도"라고 알려져 있는 긴 기도문은 묘실에만 국한해서 새겨져 있다. 여기에 마련된 부속 공간은 무덤의 어느 곳에서든 접근이 가능하도록 설계된 것이다. 역시 처음으로 묘실의 천장에는 데칸스Decans*를 포함한 천체의 모습이 그려져 있다. 여기에서의 성좌는 물론 신들을 나타내는 것이다.

"죽음의 서"라고 알려져 있는 장례용 비문을 담은 섬세한 파피루스 대부분은 세티 1세 치하에서 만들어진 것이다. 세티가 다시금 일으켜 세운 당대의 번영을 반영하듯, 이 파피루스들은 그저 단순한 글이 아니다. 아름다운 흘림체 상형문자와 따로 정성들여 그린 비네트Vignette(작은 삽화)를 담고 있는 예술 작품인 동시에 서예라고 할 수 있다. 이집트인들이 "한낮에 이루어야 할 나아감의 글"이라고 부르는 이 글들은 사후 세계를 주유하는 죽은 자를 암흑의 온갖 위험으로부터 지켜 주기 위해 쓰여진 일종의 주문과 같은 것이다. 약 200여 가지가 넘는 개인적인 주문들이 알려져 있는데, 그 중에서 내용이 같은 "죽음의 서"는 단 하나도 찾아볼 수 없다. 이는 주문마다 각 개인의 소망을 담고 있기 때문이다. 말하자면 소유자의 요구에 따라 주문이 특별 제작되었다고 할 수 있다.

140 · 141쪽 세티 1세 무덤(KV17)의 묘실은 몇 개의 층이 모인 것과 같은 구조를 하고 있다. 그 벽에는 "암두아트"와 "죽음의 서"에 등장하는 장면들이 그려져 있으며, 최초로 천체를 그린 둥근 천장이 보인다. 천장의 왼쪽에 그려져 있는 것은 데칸스와 그에 해당하는 신들이다. 천장의 오른쪽을 보면, 북쪽 하늘의 별들이 그룹별로 나뉘어 그려져 있다(140쪽의 그림). 그려진 별자리가 정확하게 어느 것을 지칭하는지는 대개의 경우 판별하기가 매우 어렵다. 뿔이 달린 황소가 그려져 있는 것으로 보아, 아마도 우리가 알고 있는 북두칠성이거나 큰곰자리인 것으로 짐작된다.

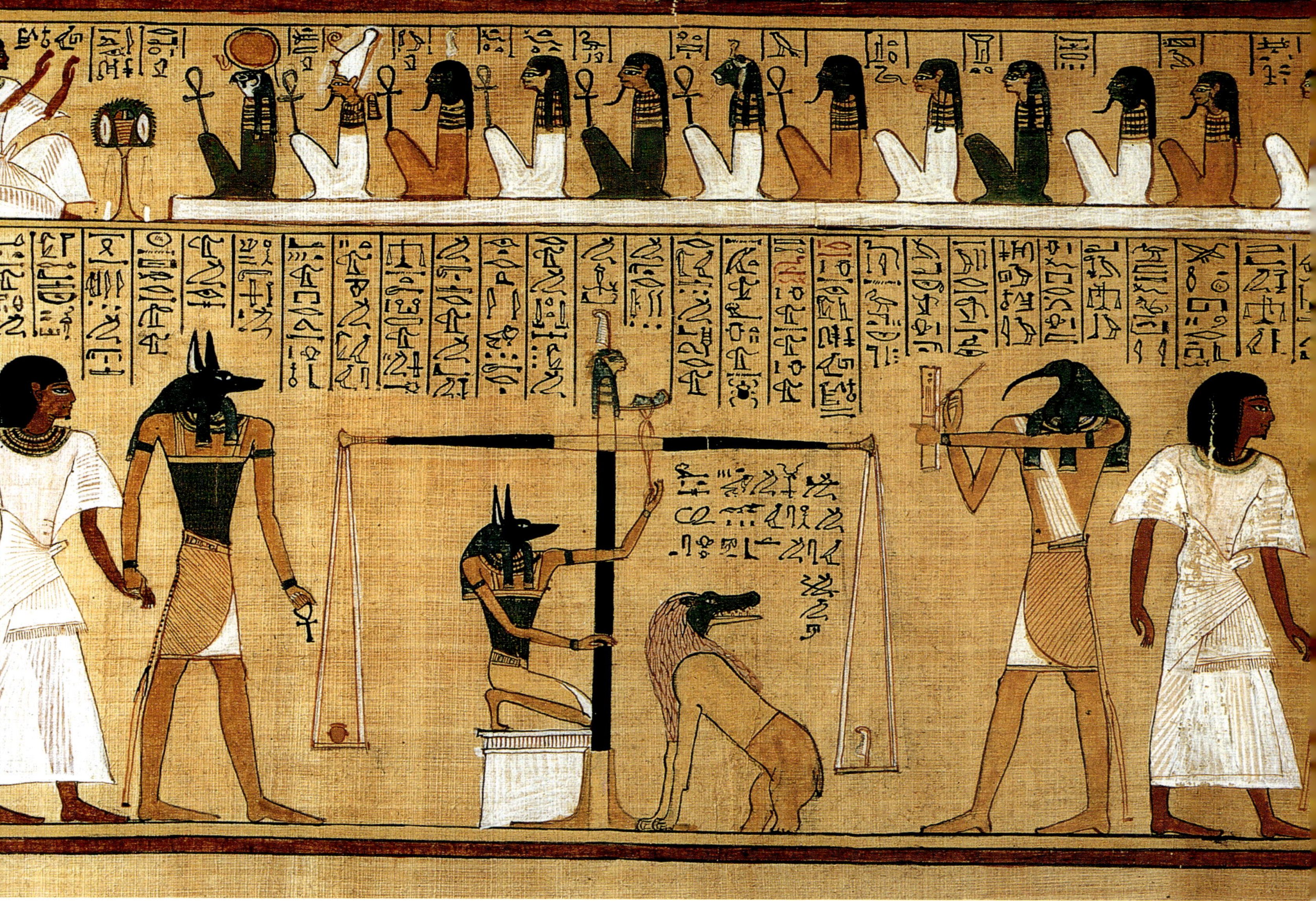

왕의 무덤들에 새겨져 있는 비문은 매일같이 졌다가 뜨는 해를 연모하면서, 한밤의 어둠을 건너가고 있는 태양신의 이야기를 들려준다. 그러나 "죽음의 서"는 원래 이집트가 섬기던 또 다른 중요한 신인 우시르의 신화를 담고 있는 것이었다. 그래서 왕이 아닌 고관대신들의 비문에는 우시르가 주로 등장하면서 다시 땅을 비옥하게 만들어 농사의 풍년을 가능하게 해 준 은덕을 칭송받고 있다.

"죽음의 서"가 담고 있는 주문呪文의 목적은 무엇보다도 죽은 자로 하여금 우시르가 관장하는 심판의 마당을 찾아갈 수 있게 하려는 것이다. 그 심판을 받아야만 이집트인들이 꿈꾸는 낙원인 갈대가 무성한 땅으로 들어갈 자격이 주어지기 때문이다. 갈대가 무성한 땅이란 비옥한 농토의 왕국을 상징하는 것으로, 바로 우시르가 다스리는 전설의 왕국이다. 여기서 우시르는, 산 파라오가 이집트를 통치하듯 죽음의 땅을 지배하고 있다는 것이다. 우시르는 이집트의 남녀 신들이 지켜보는 앞에서 죽은 자의 심장을 진실(Maat)의 깃털과 견주어 무게를 달아본다. 바로 심판의 순간이다. 심장이 담고 있는 진실을 인정받은 인물은 영생을 약속받는다.

142쪽 세티가 태어났을 때 붙여진 완전한 이름은 세티 메렌프타(Sety Merenptah: "세트 신이 지켜 주며, 프타 신의 사랑을 받다")이다. 이 부조는 메렌프타라는 이름의 내용을 그린 것으로, 왕이 창조의 신 프타의 팔에 안겨 있는 것으로 묘사하였다. 프타는 창조의 신답게 장인(匠人)용 모자를 쓰고 있다.

위쪽 테베의 서기관 후네페르(Hunefer: BC 1285년경)의 "죽음의 서"에 등장하는 심판의 장면. 아누비스 신이 죽은 자의 심장을 진리의 깃털과 함께 달아 그 무게를 가늠해 보고 있다. 심장의 주인이 살아서 덕행을 쌓았는지 알아보는 것이다. 시험에서 떨어진 사람들은 '걸신들린 악귀'에게 잡아먹힌다. 악귀는 대개 악어와 사자 그리고 하마가 뒤섞인 형상을 하고 있다. 여기에서 악귀는 천칭 아래에서 기다리며 침을 흘리고 있다. 죽은 자에게서 영생의 기회를 박탈해 버리는 무시무시한 장면이다.

람세스 대왕
람세스 2세
BC 1279~BC 1213년경

풍부한 유적으로 인해 고대 이집트 왕들 가운데 투탕카멘 다음으로 유명한 파라오는 람세스 2세다. 그러나 람세스 2세가 유명한 이유는 유적 때문만은 아니다. 그는 또한 성경에 등장하는 저 출애굽의 대역사와 관련이 있는 바로 그 파라오로 여겨지고 있다. 세티가 죽고 아직 십대이던 람세스 2세가 권좌를 물려받은 것은 BC 1279년경의 일이다. 람세스 2세는 67년이라는 오랜 통치 기간 동안 수많은 후손들을 생산했다. 어찌나 많았던지 아버지보다 먼저 죽은 자식도 적지 않았다. 그 오랜 통치 기간이 끝나고 마침내 왕위를 물려받은 아들은 메르네프타였다(164쪽 참조).

그 오랜 통치 기간 동안 람세스 2세가 주로 관심을 쏟은 일은 근동 지방을 장악한 이집트의 패권을 지켜 내는 것이었다. 가문의 전투적 성향을 물려받은 왕은 나일강 삼각주 동쪽에 위치한 칸티르에 피라메세Piramesse*라는 이름의 새 수도를 건설하면서, 시리아와 팔레스타인 등을 정벌하기 위한 군사 기지를 이중으로 구축했다.

그러나 현재의 터키 남동쪽 지방에 자리 잡고 있던 호전적인 히타이트족은 틈만 나면 시리아 북동부 지역에 대한 영향력을 확보하려고 치고 들어왔다. 이 지역에 대한 이집트의 패권을 심각하게 위협한 것이다. 결국 BC 1274년경 갈등이 절정에 이르러, 젊은 왕 람세스 2세와 히타이트족의 왕 무와탈리스Muwatallis가 시리아의 카데시 전투에서 서로 얼굴을 맞대는 상황이 벌어졌다. 이집트가 싸움을 대승으로 묘사하고 있는 것은 별로 놀랍지 않다. 그러나 실제는 달랐다. 서로 막다른 골목에 몰린 양쪽 진영은 결국 평화 협정을 체결하는 쪽으로 사태를 매듭지었던 것이다. 선대의 본을 받았던 것일까? 람세스 2세는 히타이트족의 공주와 정략결혼을 함으로써 평화 협정에 봉인을 찍었다.

오랜 평화에 힘입어 이집트 국내는 찬란한 번영을 구가했다. 제국으로서 거두어들인 수입으로 국가 재정이 하루가 다르게 불어났음은 물론이다. 세티 1세와 마찬가지로 람세스 2세는 많은 건물들을 지었다. 그는 테베의 나일강 서쪽 강변의 쿠르나라는 곳에 있는 세티 1세의 장제 신전과 카르나크 아문 신전의 대기둥 홀 등 아버지가 시작한 많은 건축 사업을 매듭지었으며 자신의 유적도 숱하게 건설했다. 북쪽의 나일강 삼각주에서 시작해 남쪽의 누비아에 이르기까지 그가 세운 건축물이 없는 곳이 없을 정도다. 테베에서는 아멘호텝 3세의 룩소르 신전을 확장했으며, 자신과 가족을 위한 장대한 묘와 장제 신전들을 지었다. 카르나크의 아문 신전에도 많은 유적을 첨가했다.

144쪽 룩소르 신전에 서 있던 람세스 2세 거상의 얼굴. 지금은 잔해만 남아 있다. 자칭 "왕 중 왕"이라 일컬은 자부심에서 보이듯, 람세스 2세는 그 어떤 파라오보다도 화려한 번영을 일구어 냈다. 그의 유적은 이집트 전역에서 찾아볼 수 있을 정도다. 많은 신전 및 조각상 등을 새로 만들기도 했지만, 선대의 것을 취해 자신의 이름을 새긴 경우도 적지 않다. 지금 보고 있는 이 거상은 그가 직접 세운 것이다.

146·147쪽 람세스 2세는 아멘호텝 3세가 지은 룩소르 신전에 많은 기둥이 들어선 마당(146쪽)과 파일론 혹은 커다란 입구(147쪽)를 첨가했다. 카데시 전투의 장면을 부조로 새긴 파일론은 앉은 자세로 만들어진, 두 개의 왕 조각상이 그 앞을 지키고 있다. 또 람세스 2세는 한 쌍의 오벨리스크를 세워 놓았었는데 그 중 하나는 1819년 파리로 압송되었다. 아멘호텝 3세가 만들어 놓은 큰 기둥들의 주랑이 입구 뒤에 보인다.

* 피라메세 : Per Ramesses라는 뜻. 람세스에 의해 완성되었다는 의미다. '람세스의 집'이라는 뜻도 있다.

테베에 남아 있는 람세스 2세 유적 가운데 몇몇은 보존이 상당히 잘 되어 있다. 단지 그의 무덤은 거의 폐허이다시피 하다. '왕들의 계곡'에서도 지리적으로 아주 불안정한 곳에 자리 잡았던 탓에 불어난 강물에 휩쓸리기 일쑤였던 것이다. 그런데 역설적이게도 람세스 2세의 미라는 가장 잘 보존된 것 중 하나다. 이미 옛날에 이장되어 데이르 엘바하리의 납골당(DB320)으로 거처를 옮긴 덕분이다. 그곳에서 왕의 미라는 일체의 장식이 사라진 보잘것없는 목관에 담겨 있었다. 그러나 이런 불행한 운명에도 불구하고 3000년 묵은 왕의 미라는 여든 살에 죽은 왕의 위엄을 그대로 간직하고 있다.

람세스 2세는 날카로운 정치 감각을 가진 왕이어서 자신의 이미지를 관리하는 일의 중요성을 잘 알고 있었다. 새 수도가 아득히 먼 삼각주 지역에 위치하게 되자, 국민의 환심을 사기 위해 테베를 지속적으로 관리하고 후원하는 일이 절박했다. 따라서 람세스 2세는 테베에 여러 가지 야심찬 건축 사업을 벌였다. 사업의 초점은 주로 기존 유적의 외관을 유지하는 데 모아졌다. 그래야 자신의 노력이 가장 잘 보일 것이 아닌가. 람세스 2세는 또 선왕들의 유적을 차지하고, 거기에 있는 이름을 지운 다음 자기 것을 새겨 넣는 손쉬운 선택도 빼먹지 않았다.

부왕이 시작한 카르나크 신전의 대기둥 홀(63쪽 참조) 장식을 완성한 람세스 2세는 당시 신전의 입구였던 제2파일론의 정면에 자신의 거상 한 쌍을 세웠다. 누가 보아도 자

149쪽 람세스 2세의 장제 신전인 라메세움. 형편없이 망가져 있음에도 불구하고 그 장엄했던 규모를 짐작하기란 어렵지 않다. 원래 "테베와 하나가 되다"라는 이름이 붙어 있던 신전에서 볼 수 있는 가장 강렬한 인상의 조각상은 지금 보고 있는 것과 같은 람세스 2세의 거상들이다. 사진의 거상들은 신전의 두 번째 마당에 있는 것으로, 왕을 미라 형태를 한 우시르 신 모습으로 형상화한 것이다. 그 앞에는 또 다른 거상이 머리만 덜렁 남아 있다. BC 1세기경 고대의 역사가 디오도로스 시켈로스는 라메세움을 "오지만디아스의 무덤"으로 기록했다. 오지만디아스라는 이름의 왕이 따로 있는 줄 알았던 것이다. 그러나 오지만디아스는 우세르마아트라(Usermaatra)라는 이름을 그리스어로 옮겨 놓은 것에 지나지 않는다. 그리고 우세르마아트라는 람세스 2세에게 붙여진 왕명이다. 셸리의 시 "오지만디아스"는 신전에 있던 다른 깨진 석상의 두상(현재 대영박물관에 소장되어 있음)을 보고 영감을 받아 지은 작품이다. 전체 석상 중에서 가장 큰 것은 앉은 모습의 람세스 2세를 묘사한 것으로, 원래 그 높이만 17.3m에 달했다.

신의 업적임이 드러나도록 확실하게 강조한 것이다. 숫양의 머리를 한 스핑크스들이 람세스의 작은 조각상을 보호하면서 죽 늘어선 거리는 신전의 선착장에 마련된 새 부두에서부터 아문이 위치한 구역에 이르기까지 아주 인상적인 광경을 연출하고 있다. 국민의 인기를 의식한 대목은 더 있다. 주 신전의 배면에 작은 사당 한 채를 추가한 것이다. 일반 대중도 입장할 수 있게 만들어진 사당은 아문-라 신에게 바쳐진 것으로, "청원을 들어주소서!"라는 이름이 붙어 있다.

룩소르에서는 아문의 신전에 주랑으로 둘러싸인 마당과 기존 입구 앞에 파일론 하나를 더 만들었다(146, 147쪽을 볼 것). 또다시 아문의 성소로 이르는 행로를 인상적으로 연출하는 일도 잊지 않았다. 람세스의 흔적이 곳곳에 배어 있도록 배려했음은 물론이다. 성소 안에 마련된 뜰에는 람세스 2세의 입상으로 변화를 준, 파피루스 꽃봉오리 모양으로 머리 부분을 장식한 기둥들이 늘어서 있다. 새 입구가 카르나크 신전에 이르는 행로와 일직선을 이루도록, 성소의 축에도 변화를 주었다. 그 결과 뜰은 전체 설계와 뒤틀린 독특한 형태가 되었다.

람세스 2세는 재임 초기부터 자신의 무덤을 짓기 시작했다. '왕들의 계곡'에 자리 잡은 그의 무덤과 장제 신전, 이들을 통틀어 라메세움이라고 부른다. 라메세움은 그 장대한 규모로 유명하다. 그의 무덤(KV7)도 예외가 아니어서 묘실만 81m²를 차지하고 있을 정도다. 이전의 다른 왕묘와는 달리 람세스 2세의 그것은 입구를 숨겨 놓지 않았다. 그 대신 태양을 떠받들고 있는 이시스와 네프티스 수호 여신들을 새긴 화려한 색채의 부조로 가득한 입구 행랑이 발길을 잡아 끈다. 원래는 내부도 눈부시게 장식되어 있었을 것으로 보이나, 상습적인 침수 피해로 인해 겨우 그 흔적만을 남기고 있을 따름이다.

라메세움은 지진이나 암석 탈취 등을 비롯한 세월의 침식으로 곳곳이 망가져 있다. 그럼에도 불구하고 람세스가 지은 장엄하고도 웅대한 분위기의 유적(10쪽과 17쪽을 볼 것) 중에 하나는 온전하게 남아 있다. 당시 이미 아버지 세티 1세의 사당이 들어서 있던 자리에, 또 하나의 작은 장제 사당 한 채를 지어 놓은 것이 그것이다. 이 사당은 람세스의 어머니 투야를 위한 것이다.

람세스 자신의 사원 남쪽에는 한 작은 왕궁이 있다. 이곳은 람세스가 중요한 종교 행사에 참석하기 위해 테베를 방문할 때 사용하던 궁이다. 왕은 평생에 걸쳐 자신의 장

위 가운데가 청금석으로 장식되어 있는 이 순금 팔찌에는 람세스 2세의 카르투슈가 새겨져 있는데, 이는 당시 람세스 2세의 왕정이 이룩한 번영과 함께 당대 이집트 보석 세공사들의 솜씨를 잘 확인할 수 있는 걸작이다. 오리의 몸통 부분이 청금석으로 이루어져 있으며, 머리와 꼬리는 순금으로 만들어져 있다. 1906년 나일강 삼각주에서 발견된 이 팔찌는 아마도 왕이 자신이 총애한 신하에게 하사한 선물인 듯하다.

151쪽 람세스 2세의 딸 메리타문(Meritamun)의 조각상 상체 부분. 석회암을 깎은 다음 채색한 것이다. 메리타문은 어머니 네페르타리가 죽자 어머니를 대신해 국모의 자리에 올랐다. 손에 들고 있는 물건은 메나트(Menat)라는 이름의 목걸이 장식으로, 하토르 신의 모습을 새긴 것이다. 이는 메리타문이 여신을 섬기는 여사제였다는 것을 암시해 준다.

제 신전을 테베 서쪽의 아문 신 숭배의 중심지로 사용했다. 왕이 죽자, 사원은 물론 죽은 왕을 섬기는 중심 성소가 되었다. 왕이 살아 있을 때 사원은 테베에서 열리는 주요 축제의 중심이기도 했다. 특히 매년 열리는 '계곡 미의 축제' 가 그랬다. 이 축제 때에는 아문과 무트 그리고 콘수를 상징하는 성물들이 백성의 손에 떠받들어져 카르나크에서 장제 사원으로 행진했던 것이다. 이는 국가적 대행사여서 왕이 몸소 참관했다. 장제 신전 가까이에 작은 궁을 짓도록 처음 제안했던 사람은 람세스 2세의 아버지 세티 1세였다. 제18왕조 말엽 이집트 북부로 수도를 옮기면서 취해진 조처였다. 이렇게 만들어진 왕궁은 왕이 살아 있을 때에는 임시 궁으로 쓰였고, 죽어서는 그의 영령이 쉬는 집이 되었던 것이다.

그 많은 유적들에 자신의 이름을 남기는 것만으로는 성이 차지 않았던 것일까? 람세스 2세는 가족에 대한 추모에도 소홀함이 없도록 배려했다. 그것도 일찍이 볼 수 없었던 규모로 말이다. 어머니 투야의 이름을 새긴 조각상과 유적이 곳곳에 세워졌다. 또한 람세스 2세는 수많은 아내와 첩을 거느려 이들을 위한 후궁을 따로 지었을 정도였다. 그러나 그가 가장 아낀 여인은 어린 시절에 그와 결혼한 정실 네페르타리Nefertari였다. 유적들을 보면 그와 함께 나란히 그려진 네페르타리의 모습을 심심찮게 볼 수 있다. 그녀는 '왕비들의 계곡' 에 있는 한 장대한 무덤(QV66)에 묻혔다(152~155쪽 참조). 람세스가 테베에 남긴 유적 가운데서 아마도 가장 아름다운 것일 이 무덤은 그 전체적인 규모는 소박한 편이다. 내리막길 행랑을 따라 내려가 부속 공간이 딸린 홀을 지나면 묘실에 이르게 되어 있다. 그러나 그 안을 들여다보면 깜짝 놀랄 정도로 아름답다. "죽음의 서" 의 변형판이라고 할 수 있는 "문門의 서" 에 등장하는 각종 장면들에는 죽음의 여러 신들과 함께 네페르타리가 풍부한 색조로 그 아름다움을 뽐내고 있다.

네페르타리가 죽자 왕실 최고 왕비의 자리는 두 번째 부인인 이세트노프레트Iset-nofret로 넘어갔다가 다시 람세스의 두 딸들 빈트아나트Bint-Anath와 메리타문에게 넘어갔

152~155쪽 람세스 2세의 정실 왕비였던 네페르타리의 무덤(QV66)에 그려진 장면들. 원래 그려진 그대로의 상태인 이 아름다운 그림들을 에르네스토 스키아파렐리가 무덤 안에서 발견한 때는 1904년이다. 그러나 1980년대에 있었던 본격적인 탐사에서는 그림들에 소금이 엉겨 붙어 심하게 손상되어 있었다. 계속 지하수가 차올라 왔기 때문인 것으로 보인다. 지금 이 그림들은 이집트 정부의 후원을 받은 '게티보존연구소(Getty Conservation Institute)'에 의해 그 화려한 원형을 어느 정도 복원했다. 152쪽 람세스 2세(오른쪽)가 셈(Sem : 장례를 주관하는 사제)이 입는 표범 가죽을 전신에 두르고 우시르 신 앞에 서 있다. 153쪽 희고 우아한 예복을 입고, 머리에는 독수리 장식을 쓰고 그 위에 다시 타조 깃으로 만든 이중의 관을 쓴 왕비의 손을 이시스 여신이 잡아 이끌고 있다. 머리 장식 가운데 보이는 둥근 원은 아문-라 신과 연관이 있다. 154 · 155쪽 네페르타리의 미라를 이시스 여신(오른쪽)과, 두 마리의 솔개 모양으로 그려진 네프티스가 지키고 있다. 그 뒤에서 따오기처럼 그려진 베누(Benu) 새(피닉스)** 가 지켜보고 있다.

다. 람세스 2세의 딸과 아들들은 왕실의 유적이 있는 곳이면 어디서나 왕의 옆자리를 지키고 있다. 전부 52명이나 되는 아들 중에서 가장 유명한 인물은 넷째아들인 카엠와세트 Khaemwaset로, 멤피스에서 프타 신을 섬기는 대제사장이었다. 그는 멤피스 공동묘지에 자리 잡고 있는 고대 왕들의 유적을 복원하고, 성스러운 황소 아피스Apis*가 묻힌 지하 묘지를 관리하는 책임을 맡고 있었다. 람세스 2세의 아들들은 대개 왕들의 계곡에서 가장 큰 무덤(KV5)에 함께 묻혔다. 이 무덤 안으로 들어가는 데 처음 성공한 것은 19세기였으나, 내부에 대한 완전한 탐사는 1980년대 중반에서야 비로소 이루어졌다. 켄트 위크스 Kent Weeks가 이끄는 연구팀은 조사를 계속하면서, 무덤이 특이하게도 여러 층으로 이루어져 있음을 밝혀냈다. 무덤 안에는 자그마치 150여 개가 넘는 묘실들이 있는 것으로 밝혀졌다.

* 아피스 : 멤피스에서 주로 섬겨지던 황소의 신. 원래는 나일강의 신 하피였으나, 나중에 프타 신의 살아 있는 화신으로 여겨졌다. 이시스 여신이 강렬한 불빛을 받고 그를 잉태했으며, 죽은 뒤에 우시르 신이 되었다고 한다. 보통 이마에 하얀 삼각형 문양을 한, 온몸이 검은 황소로 그려진다.

** 베누 : 태양의 신을 상징하는 이집트의 새. 원시의 바다에서 저절로 탄생했다고 한다.

헌사

진리의 터를 위해 봉사한 이들

묘 건축 인부들의 촌락, 데이르 엘메디나

데이르 엘메디나에 있는 촌락 유지의 묘. 묘에는 따로 담장이 없으며, 몇몇은 작은 파일론을 가지고 있다. 무덤 앞마당의 한쪽 끝에 주랑이 세워져서 사당으로 들어가는 입구를 이루고 있다. 사당은 대개 진흙 벽돌을 쌓아 만든 작은 피라미드 형태였다(사진에서 보이는 것은 그 원형을 복원한 것이다). 피라미드는 더 이상 왕만이 점유하는 무덤 형태가 아니라, 부자라면 누구나 누릴 수 있는 호사품이 된 것이다. 앞마당에 원래 감추어져 있던 구멍(사진의 중간 바닥을 보라)은 지하 묘실로 들어가는 입구다. 물론 묘실에는 갖가지 장식이 되어 있다.

이집트의 평민들이 살았던 곳이 잘 보존되어 있는 경우는 거의 찾아보기 어렵다. 이런 점에서 볼 때, 데이르 엘메디나에 있는 고대 무덤 건축 인부들의 촌락은 테베에서 볼 수 있는 가장 중요하고도 매력적인 유적이 아닐 수 없다. '왕들의 계곡'과 '왕비들의 계곡' 중간 저편의 먼 사막에 가려져 있는 촌락은 제18왕조 초기에 형성되었다. 이른바 "진리의 터를 위해 봉사한 이들"이 살았다는 촌락은 왕실의 무덤을 짓기 위해 일하던 숙련공과 예능인의 마을이었다. 거의 400년 동안 사람들이 산 촌락은 제19왕조에 들어서면서 상당히 커졌다가 결국 혼란이 극심했던 제20왕조 후반에 이르러 포기되고 말았다. 그 외딴 입지로 인해 리비아 침입자들의 습격에 그대로 노출되어 있었기 때문이다.

거의 70여 채에 이르는 가옥들 중에 그 주인의 이름이 확인된 것은 열두 채 정도다. 집 주인의 이름은 문설주에 적혀 있었다. 주춧돌 위에 진흙 벽돌을 쌓아 올린 가옥은 그 기초 설계가 마치 불뚝 솟은 작은 사당과 같다. 거실에는 나무 기둥으로 받친 볼록한 천장이 있으며, 부엌에는 찰흙으로 빚은 화덕이 마련되어 있다. 계단을 따라 내려가면 지하실이 있고, 그 안에는 나름대로 소중한 생필품 등을 저장할 수 있게 되어 있다. 지붕 쪽으로 올라가면 침실과 함께 벽장 같은 것이 나타난다. 내벽에는 회칠을 했으며, 그림을 그려 놓은 곳도 있다. 그림은 대개 화려한 옷감을 흉내 낸 기하학적 도형에 색칠을 한 것이다.

이집트 가옥 안에는 가구가 드물었고, 있다고 해도 소박했다. 방은 손바닥만 하다. 목재가 귀하고 비쌌기 때문이리라. 옷과 화장품 등 좀 값나갈 만한 것들은 바구니나 항아리 혹은 나무 궤짝 안에 보관했다. 식기는 주로 나무 접시였으며, 때로는 가지고 다니기 쉬운 선반 등에 보관했다. 형편이 나은 집에는 나무 침대와 걸상 등이 있었으나 데이르 엘메디나에 있는 초라한 집들에서는 진흙을 빚어 만든 길쭉한 물건을 낮에는 의자로, 밤에는 침대로 썼던 것 같다.

많은 개인 용품들 외에도 데이르 엘메디나의 무덤들에서는 일종의 기록 문서와 같

데이르 엘메디나 노동자 촌락의 전경. 마을의 네크로폴리스에서 나일강 평원을 향해 동쪽으로 바라본 모습이다. 사진의 왼쪽 위에 라메세움이 보인다. 촌락은 에르네스토 스키아파렐리에 의해 1905~1909년까지 답사되었으며, 1917~1947년까지는 베르나르 브뤼에르가 야로슬라프 체르니(Jaroslav Černý)의 보조를 받아 가며 본격적으로 발굴하였다.

은 것이 대량으로 쏟아져 나왔다. 대개는 파피루스였지만, 돌판을 깎은 도편이나 도자기 파편 등도 기록을 위해 썼음을 알 수 있다. 이런 기록들 중에는 편지, 공문서, 노래, 이야기, 스케치, 기도문, 시, 심지어는 세탁물 목록까지 있다. 이런 자료들을 취합해서 고고학자들은 당시의 생생한 생활상을 재현할 수 있었다.

데이르 엘메디나의 노동자들은 한 주(이집트의 일주일은 열흘이다)의 8일이나 9일을 일했다. 물론 '왕들의 계곡' 이나 '왕비들의 계곡' 에 있는 현장에서 말이다. 잠은 그곳에 마련된 임시 막사에서 잤으며, 집에는 주말에만 돌아왔다. 주중에 마을은 여인 천하였다. 이들은 국가에서 지원해 주는 가사 보조의 덕을 톡톡히 봤다. 순번이 정해진 청소부나 세탁부들이 정기적으로 교대를 해 가며 가사를 도왔던 것이다.

마을 사람들의 유대는 매우 끈끈했던 것으로 보인다. 마을이 워낙 외진 곳에 있었던 탓이리라. 그 결과 숱하게 겹사돈을 맺는 집안들이 적지 않았다. 공무를 담당하는 관리 외에도 마을에는 의사, 대서인, 율사, 침모, 점쟁이, 세리, 채소 상인 등등이 넘쳐났다.

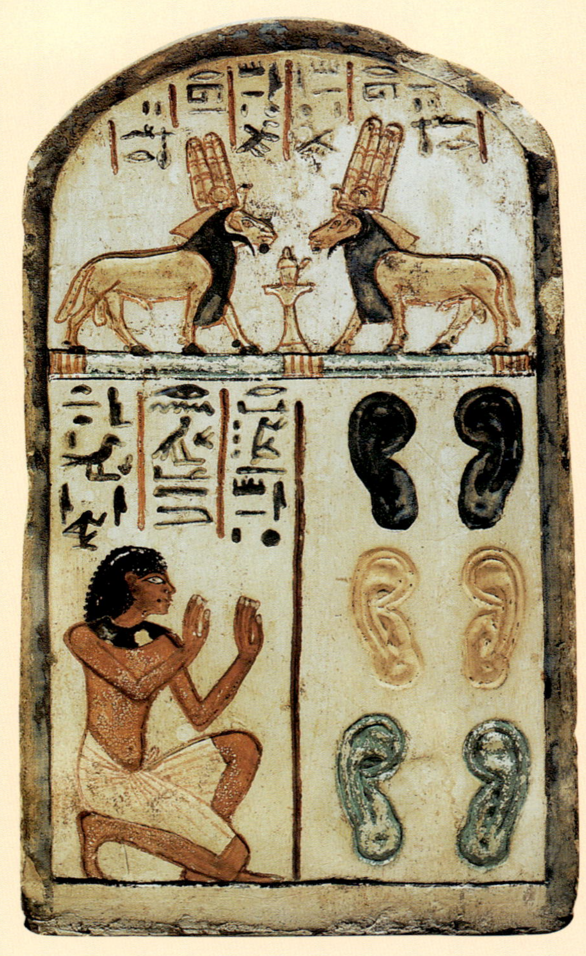

이들은 자신들의 기술이나 장기를 물건이나 기타 서비스 등과 맞바꾸어 먹고 살았다.

접근하기 어려운 외딴 곳에 촌락이 자리를 잡게 된 데는 그만한 이유가 있다. 왕묘가 간직한 비밀이 쉽사리 새어 나가지 않게 하려는 일종의 보안 방침이었던 것이다. 촌락이 필요로 하는 생필품, 즉 식료품, 물, 의복 등은 계곡으로부터 수송되어 왔다. 물론 보급이 언제나 순조롭지는 않았던 모양이다. 제20왕조 때에는 수차례에 걸쳐 보급 중단에 항의하며 적절한 대책을 요구하였다. 주민들은 지역의 신전으로 행진하며 시위를 벌였다. 아마도 역사상 최초의 파업이 아니었을까? 람세스가 왕위에 오른 지 29년이 되던 해에 노동자들이 쓴 탄원서는 다음과 같은 울부짖음을 담고 있다. "배고픔과 목마름을 견딜 수 없어 우리는 여기에 왔습니다. 옷도 약도 생선도 채소도 아무것도 없습니다. 제때 보급이 이루어질 수 있도록, 선량한 주군 파라오와 부왕 그리고 상부에게 우리의 안타까운 처지를 알려 주십시오."

158쪽 위 데이르 엘메디나에 세워져 있는 이 비석은 "아문-라, 훌륭한 숫양"에게 바쳐진 것으로 바이(Bai)라는 일꾼이 만든 것이다. 두 마리의 숫양은 태양이 그려진 깃털 왕관을 쓰고 있다. 그 아래에서 바이가 세 쌍의 귀들을 향해 기도를 올리고 있다. 귀는 신이 기도를 경청하고 있다는 믿음의 표시다.

159쪽 데이르 엘메디나에 있는 장인 페쉐두(Peshedu)의 무덤 안에 그려진 벽화. 매로 그려진 호루스(왼쪽)와 커다란 눈에 사람의 팔을 하고 있는 웨자트(오른쪽)가 우시르 신에게 성화(聖火)를 바치고 있다. 그 아래 페쉐두가 무릎을 꿇고 있는 것이 보인다. 배경에 그려진 주황색 동산은 지하 세계로 들어가는 입구다.

데이르 엘메디나에서는 주기적으로 그 많은 신들을 섬기는 축제가 베풀어졌다. 촌락에서 출토된 신왕국 말기 때의 작업 기록을 보면, 주민들은 축제를 준비하고 본 행사를 벌이고 그 뒷감당을 하기까지 1년의 3분의 1이나 소비했다. 테베의 여느 곳과 마찬가지로 데이르 엘메디나의 주신主神은 아문이었다. 데이르 엘메디나에는 촌락이 형성된 초기부터 아문 신을 섬기는 작은 사당이 세워져 있을 정도였다. 주민들은 그밖에도 많은 신들, 특히 글짓기의 수호신인 토트*와 장인匠人의 수호신 프타를 받들었다. 하토르 여신도 마을에게 아주 특별한 의미를 갖는 신이었다. "서쪽의 여인"이라는 별칭으로 불리는 여신은 사후 세계에서 죽은 자를 맞아 주는, 죽음과 직접 관련이 있는 신이었기 때문이다. 하토르에게 헌정된 한 채의 작은 사당은 마을의 북동쪽, 그러니까 마을의 경계선 노릇을 하던 담장의 외벽에 바로 붙여 세워져 있었다. 데이르 엘메디나에서 치르는 하토르 숭배를 당시 이집트가 얼마나 소중하게 여겼는지는, 마을이 폐허가 된 뒤에도 그 사당은 여전히 남아 있었다는 사실에서 잘 드러난다. 사당은 이후 수차례에 걸쳐 재건되었는데, 현재의 모습은 프톨레마이오스 왕조 때 단장한 것이다.

하토르의 사당에는 거의 붙다시피 한 한 채의 사당이 더 있다. 살아서 신이 된 왕

*토트: 원래는 달의 신이었으나 시간이 흐르면서 지혜의 신으로 변했다가, 더 나아가 마술, 음악, 의약, 천문학, 기하학, 측량, 글쓰기 등을 관장하는 신이 되었다. 보통 따오기의 모습으로 묘사된다.

카(Kha)와 메리트(Merit)라는 사람들의 묘에서 출토된 물건들. 이들의 묘는 놀라우리만치 거의 손상을 입지 않은 채로 발견되었다. 오른쪽에 있는 것은 향료와 연고를 담아 두는 단지이며, 아래는 나무로 짠 화장품 궤이다. 카는 투트모세 3세와 그의 아들 아멘호텝 2세의 치하에서 데이르 엘메디나의 건설 감독을 지낸 인물이다. 아멘호텝 2세는 카의 노고를 치하해 완척(腕尺)자**(마찬가지로 무덤에서 출토되었다)를 하사하였다.

아멘호텝 1세와 그의 모후 아흐모세 네페르타리에게 바쳐진 사당이다. 촌락의 창설자로 여겨지고 있는 아멘호텝 1세와 그의 모후는 데이르 엘메디나의 수호신이다. 이 왕족 모자를 새긴 작은 장식들은 촌락의 집 안이나 그들의 묘에서 쉽게 찾아볼 수 있다. 아멘호텝과 아흐모세 네페르타리를 섬기는 사당은 1년 내내 촌락에서 열리는 각종 축제의 중심지이기도 했다. 겨울마다 열리는 "대축연"은 말할 것도 없고, 사당 앞에서 결혼식이 열릴 때면 일꾼과 그 가족들은 나흘 동안 밤낮을 가리지 않고 흥겹게 술을 마시며 놀았다.

데이르 엘메디나 주민의 대부분은 과외로 지역 사당에서 사제 역할을 맡기도 했다. 그러나 일반적으로 대중은 국가적인 규모의 행사에 참여할 수 없었다. 그래도 이들은 성전에 제물을 드렸으며, 각 가정마다 꾸며진 제단에 신의 형상들을 모셨다. 물론 나름대로 조촐하게 신께 경배 드리는 곳을 마련하기도 했다. 데이르 엘메디나에 있는 사당의 경내에서 신에게 은총을 구하는 많은 예물과 석주들이 발견되었다.

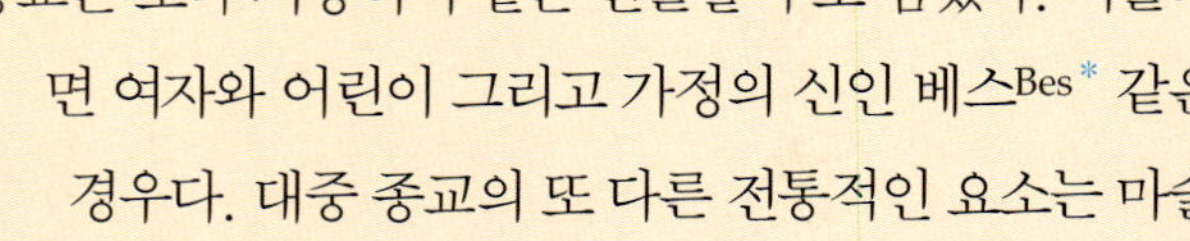

마을의 대중 종교는 보다 지방색이 짙은 신들을 주로 섬겼다. 이를테면 여자와 어린이 그리고 가정의 신인 베스Bes* 같은 경우다. 대중 종교의 또 다른 전통적인 요소는 마술이다. 주문과 부적이 행운을 가져다준다고 해서 큰 인기를 끌었으며, 독성을 가진 동물에게 물리거나 쏘이는 위험을 방지하기 위한 호신책으로도 쓰였다. 생명을 교란하고 위협한다는 죽음의 귀신들도 부적이나 주문으로 막았다. 죽은 원귀들을 달래기 위해 가정에는 가짜 문을 달아 언제든지 가족을 방문할 수 있게 배려했다. 조상을 기리기 위한 위패를 특별히 마련된 추모

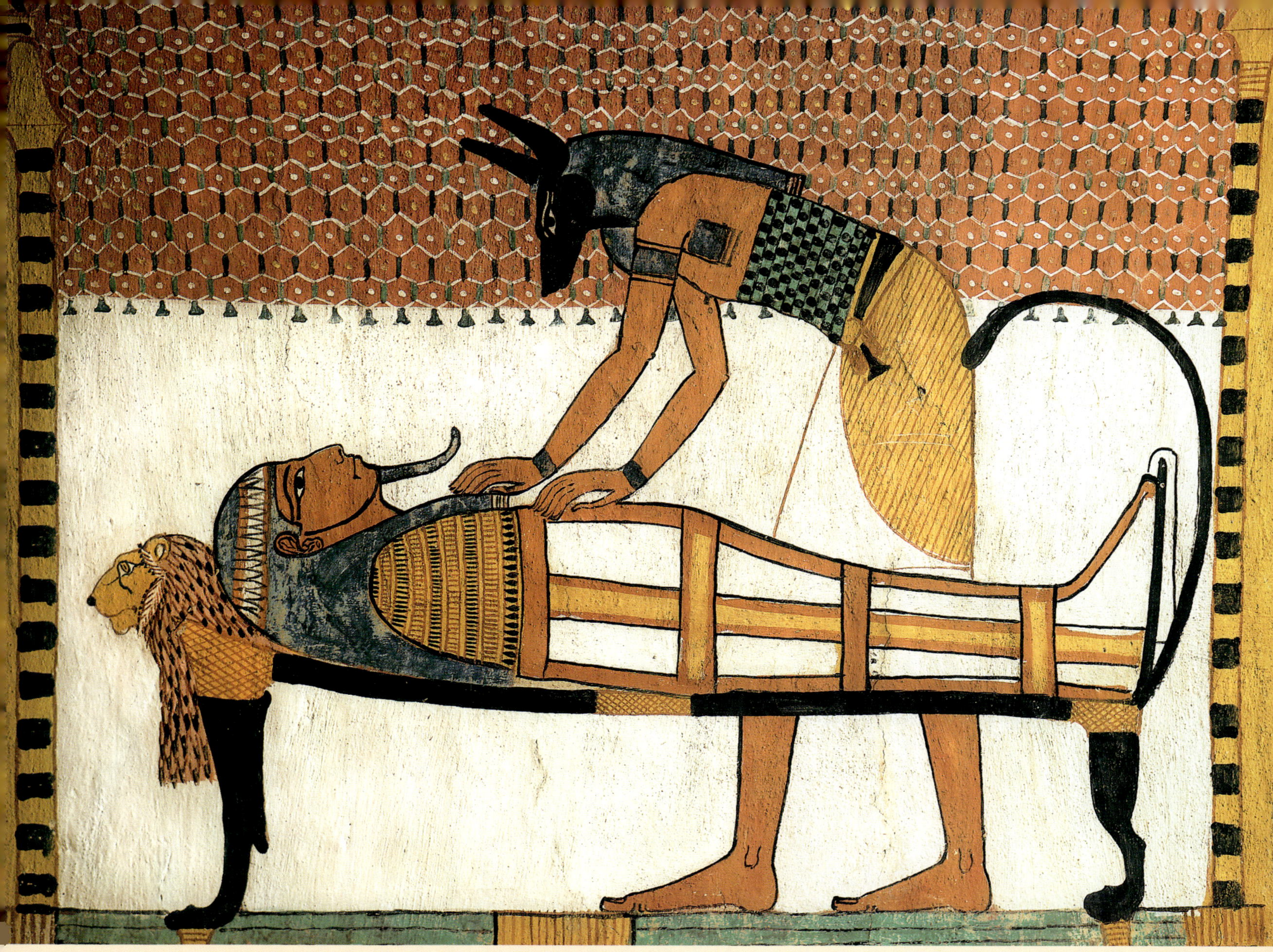

장소에 갖다 놓기도 했다.

데이르 엘메디나의 공동묘지는 마을을 끼고 계곡의 양안을 따라 길게 뻗어 있으며, 묘는 각 가정과 아주 가까운 곳에 위치했다. 무덤의 배열을 보면 당시 촌락에서 누린 사회적 지위에 따라 위치가 정해졌음을 알 수 있다. 계곡의 북서쪽 측면을 따라 단을 이루고 있는 무덤들은, 주로 공사 감독이나 공무원 같은 마을 유지들의 것으로, 단아한 사당까지 갖추고 있다. 반면 신분이 낮은 노동자들은 그 반대편에 땅을 파고 고단한 몸을 뉘었다. 아무 장식도 없음은 물론이다.

직업이 직업인지라, 마을 사람들은 사후 세계를 대비하는 일에 소홀함이 없었다. 무덤에 관한 한 내로라 하는 전문가들인 이들은 서로의 솜씨를 교환해 가며 고품격의 묘를 지었다. 이런 작업은 대개 공무를 마치고 돌아온 '주말'에 이루어졌다. 평민의 무덤이 왕족의 그것과 견주어도 손색이 없을 정도로 가꾸어져 있을 정도다. 더욱 특이한 것은 묘 안에 그려진 신화에 관한 벽화들이다. 왕묘의 그것을 보고 그 주제를 본떴음에 틀림없다.

센네젬(Sennedjem)이라는 사람의 묘에 그려진 벽화. 센네젬은 세티 1세와 람세스 2세의 치하에서 데이르 엘메디나의 관리를 지낸 인물이다. 그림이 보여 주는 장면은 아누비스 신으로 단장한 장의 사제가 사자를 돌보고 있는 모습이다.

* 베스: 난쟁이 신. 악령과 불운으로부터 가정을 지켜 주는 신이다. 커다란 머리, 쑥 내민 혀, 구부러진 다리 등 우스꽝스러운 외모에 사자나 표범 가죽을 뒤집어쓰고 있다.

** 완척자(Cubit-rule): 팔꿈치에서 가운데 손가락 끝까지의 길이에 해당하는 자.

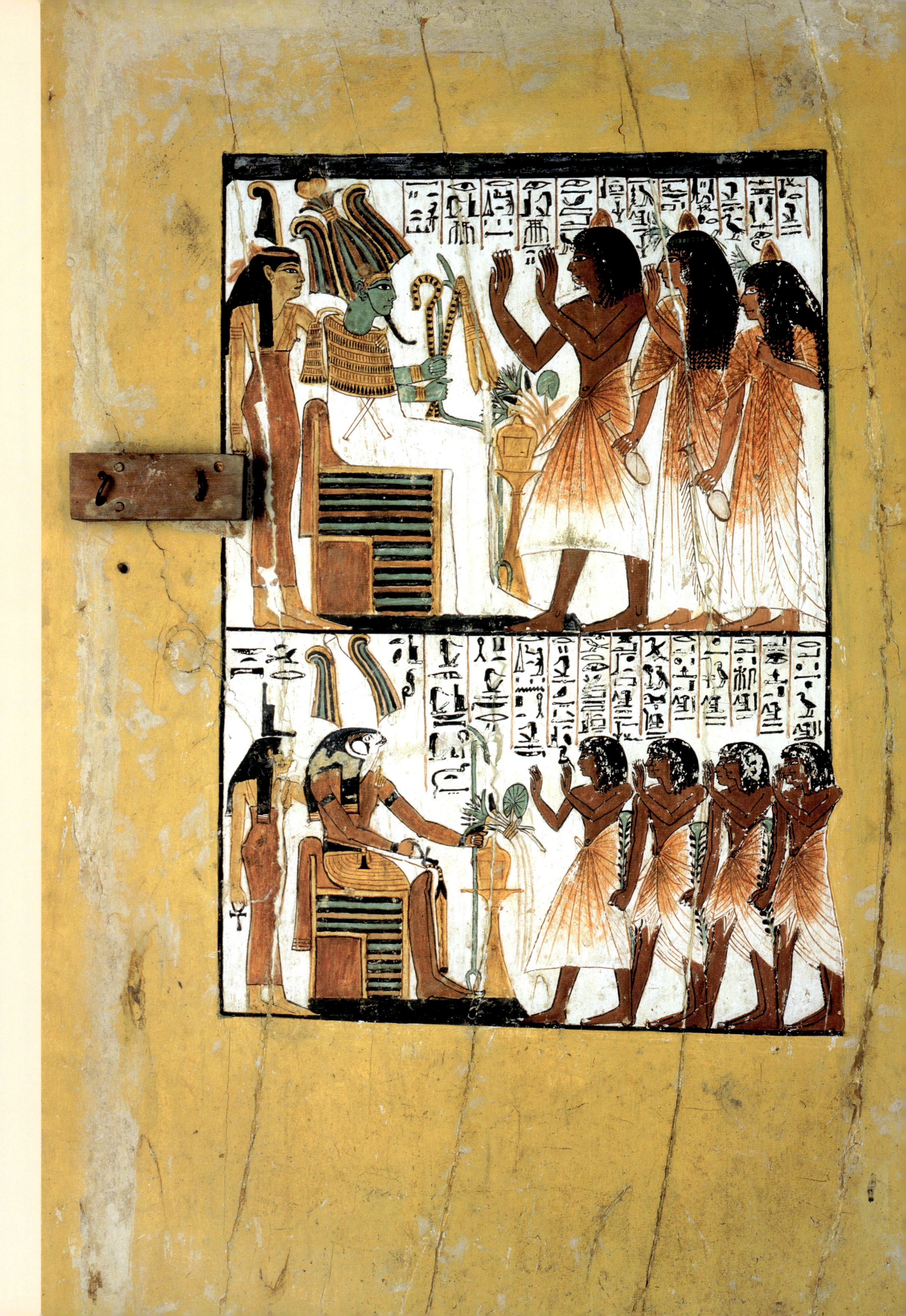

혼란기의 테베
메르네프타
BC 1213~BC 1203년경

람세스 2세는 이집트 전 역사를 통틀어 두 번째로 오랫동안 집권하였다. 그보다 더 오래 왕 노릇을 한 인물은 94년이라는, 믿기 어려울 정도의 긴 세월 동안 왕으로 군림한 제6왕조의 페피 2세뿐이다. 소위 '람세스 대왕' 은 강력한 왕권을 행사하면서, 이집트에 일찍이 볼 수 없었던 번영을 가져다주었다. 대왕은 후계자 문제도 말끔하게 정리해서, 왕권을 안전하게 물려주었다. 그의 왕위를 물려받은 아들은 13번째 아들 메르네프타이다.

메르네프타는 왕좌에 올랐을 무렵, 60세가 넘는 고령이었던 것 같다. 그는 비옥한 땅을 찾아 주기적으로 침입해 들어오는 외적과 맞서 싸우느라 정신이 없었다. 나일강 삼각주의 기름진 땅은 이웃나라들에게 물리칠 수 없는 유혹이었던 것이다. 삼각주의 서쪽 테두리에 있는 사막에 살고 있는 리비아인들이나 소위 '해상 민족들' 에게 이집트는 황금의 땅이나 다름없었다. 여기서 해상 민족들이란 느슨한 동맹 관계를 이루고 있던 소아시아 여러 나라들과 에게 해의 섬들을 일컫는다. 이들은 자신의 텃밭인 근동아시아에서조차 취약한 정치적 기반으로 인해 갖은 고초를 겪고 있었다. 목축업자와 농부가 주요 세력을 이룬 침입자들은 삼각주의 땅을 차지하기 위해 틈만 나면 출몰했다. 이집트인들은 길고 혹독한 싸움을 치르고 나서야 간신히 침입자들을 내몰 수 있었다.

해상 민족들과 벌인 싸움은 테베에 있는 그의 장제 신전에 세워진 거대한 돌기둥에 자세하게 기록되어 있다. 비문은 왕의 위용을 다음과 같은 극적인 장면으로 묘사한다. "그의 승리는 당연한 것이기에, 모든 나라가 그의 정복을 영광으로 받아들였다. 적들을 때려눕힌 힘의 주군, 황소 메르네프타여, 그대는 승리의 벌판에 우뚝 서서 그 위용을 자랑하는구나." 이 석주를 일컬어 '이스라엘 석주' 라 한다. '이스라엘' 이라는 이름이 등장하는 이집트의 첫 비문이기 때문이다. 파라오가 다스리는 민족들 중에 '이스라엘' 을 언급하고 있는 가장 오래된 기록이기도 하다. 물론 성경을 제외한다면 말이다. 비문은 기록하기를, "이스라엘은 황폐한 곳이어서, 곡물(혹은 '자손')이 없는 땅이다" 라고 했다.

메르네프타가 다스리는 동안 이집트 경제는 급속히 몰락의 길을 걸었다. 리비아와 해상 민족들을 상대로 하는 싸움이 길어지면서, 국가의 재정이 바닥을 드러내기 시작한 것이다. 왕은 테베 신전의 기본 재산을 지키느라 여념이 없을 정도였다. 이런 여러 압박에 시달린 왕은 건축 사업에 신경을 쓸 여유가 없었다. 카르나크에 남아 있는 유일한 왕의 흔적은 '이스라엘 석주' 에 새겨진 비문을 뜬 탁본 하나와 제7파일론이 세워져 있는

162 · 163쪽 센네젬의 묘실 문짝에 그려진 원색 그림. 문의 바깥쪽(왼쪽)은 죽음을 관장하는 신 앞에 선 센네젬과 그의 가족을 그린 것이다. 문의 안쪽(오른쪽) 그림은 센네젬과 그의 아내 리네페르티(Lyneferti)가 세네트라는 보드게임을 하는 장면이다. 이 게임은 영생을 찾아가는 여행을 상징적으로 표현한 놀이다.

165쪽 메르네프타가 태양신의 한 형상인 라-호라크티(Ra-Horakhty)* 앞에 서 있다. 그의 무덤(KV8) 첫 번째 행랑에 등장하는 장면. 제례를 드리기 위해 정교한 머리 장식을 쓴 왕이 신으로부터 '생명' 과 '안녕' 을 상징하는 징표를 받고 있다. 이 장면에는 메르네프타 바엔라 메리네트제루(Merneptah Baenra Merynetjeru: 라의 정령이시여, 신의 사랑을 받도다)라는 왕의 완전한 이름이 적혀 있다.

* 호라크티: Harakhte 혹은 Harakhti 라고도 쓴다. '지평선의 호루스' 라는 말. 태양신 라와 결합해서 주로 쓴다.

마당을 둘러싼 담벼락이다. 벽에 새겨진 부조는 적의 성벽을 깨부수고 진격하는 이집트 병사들의 모습을 그리고 있다.

메르네프타가 남긴 테베의 주요 유적으로는 '왕들의 계곡'에 있는 그의 아름다운 묘(KV8)와 나일강 서안에 세워진 그의 장제 신전이다. 가까이 있는 아멘호텝 3세의 장제 신전에서 건자재를 뽑아다가 급히 세운 탓인지, 메르네프타의 신전은 선조들의 것에 비해 규모가 훨씬 작다. 그러나 주랑이 세워진 홀과 두 곳으로 나뉜 공간 구성 등 묘실의 구조는 선왕들의 것과 흡사하다.

메르네프타의 무덤은 입구 행랑에서 묘실까지 직선으로 이은 단일 축으로 이루어져 있다. 벽에는 "라에게 올리는 기도문", "문의 서", 암두아트 그리고 새롭게 만들어진 장례용 비문 "동굴의 서Book of Caverns" 등에 나오는 장면들이 그려져 있다. 마지막에 든 "동굴의 서"는 밤의 세계를 일련의 타원형 동굴로 묘사한 것이다. 동굴 안에는 죽은 자와 여러 신들이 맥을 놓고 누워, 태양이 떠오르기만을 기다리고 있다. 태양신의 은덕을 입고 부활하기 위해서다.

묘실에서 메르네프타의 미라는 원래 네 개로 포개진 석관들 안에서 쉬고 있었다. 현재 온전하게 남아 있는 석관은 하나뿐이며, 나머지 세 개는 잔해만을 남기고 있다(완전한 것조차 나중에 제21왕조의 프수세네스 1세Psusennes I가 자신의 관으로 사용했다). 위쪽 세 개의 석관들은 아스완에서 채취한 붉은 화강암으로 만든 것이며, 네 번째이자 가장 아래쪽의 석관은 엷은 빛깔의 설화석을 다듬은 것이다. 이 석관들은 워낙 커서(맨 위의 것만 길이가 5m가 넘는다), 행랑과 묘실의 문설주들을 떼어낸 다음에야 묘실 안으로 들여놓을 수 있었다. 예부터 잦았던 침수와 도굴꾼의 행패로 인해 메르네프타의 부장물들은 남아 있는 것이 거의 없다. 할아버지와 아버지의 경우처럼, 메르네프타의 미라도 이미 옛날에 다른 곳으로 거처를 옮겼다. 그때 옮겨간 곳은 아멘호텝 2세의 무덤(KV35)이다.

166쪽 메르네프타 무덤(KV8)의 묘실 내부. 중앙에 놓여 있는 것은 메르네프타의 두 번째 화강암 석관이다. 물론 복원한 것이다. 카르투슈의 문양이 새겨져 있는 석관에는 왕권을 상징하는 갈고리와 도리깨를 안고 있는 왕이 새겨져 있다.

위 색칠을 한 메르네프타 화강암 반신상. 이 반신상은 원래 테베에 있는 메르네프타 장제 신전의 두 번째 마당에 세워진 거상에 앉혀졌던 것이다. 왕은 네메스라는 머리 장신구를 하고 가짜 수염을 달고 있다. 이 머리 장식과 수염은 고대 이집트 왕권을 상징하는 전통의 표장들이다.

권력투쟁

아멘메세와 세티 2세

BC 1203~BC 1194년경

람세스 2세 이후 이집트의 왕정은 늘 불안했다. 워낙 많은 자식들을 둔 까닭에 권력투쟁의 불씨가 늘 잠복해 있었던 것이다. 메르네프타가 죽자 본격적으로 갈등이 터져 나오기 시작했다. 왕권은 메르네프타의 아들인 세티 2세Sety II가 아닌, 람세스 2세의 또 다른 손자 아멘메세Amenmesse에게로 넘어갔다. 아멘메세의 짧았던 치세(BC 약 1203~BC 1200년경)에 관해서는 알려진 바가 거의 없다. 그가 죽고 난 뒤 워낙 철저하게 그의 이름이 지워진 탓이다(아마도 세티 2세가 벌인 일인 듯하다). 그의 유적도 남아 있는 것이 거의 없다. '왕들의 계곡' 에 있는 아멘메세의 무덤(KV10)은 완공되지도 않았을 뿐더러, 그가 실제로 그곳에 묻혔는지조차 확인되지 않고 있다. 어쨌거나 무덤은 왕족의 두 여인 바케트웨레트Baketweret와 타크헤트Takhet의 유골을 품고 있다. 두 여인은 아마도 아멘메세의 아내와 어머니인 것 같다. 그밖에도 무덤(KV10) 안에는 세 구의 유골들이 더 있다. 두 여인과 한 남자의 것인데, 이 유골의 주인들이 누구인지는 아직도 확인되지 않고 있다.

아멘메세가 죽자 메르네프타의 아들이 마침내 권좌를 차지했다. 이미 연로했던 세티 2세는 단 6년 동안(BC 1200~BC 1194년경) 나라를 다스렸다. 이 시기는 비교적 평화로웠던 것으로 보인다. 세티 2세는 비록 큰 규모는 아니지만, 테베에서 건축 사업도 벌였다. 카르나크 아문 신전의 정면에 서 있는 삼중의 사당과 신전의 부두에 세워진 두 개의 작은 오벨리스크가 세티가 남긴 건축물이다. 삼중의 사당은 아문과 무트 그리고 콘수를 각각 상징하는 성스러운 배를 모신 곳이다. 세티는 '왕들의 계곡' 에 자신과 아내 타우오스레트를 위한 이중 묘(KV14)를 설계했다. 그러나 결국 이 무덤은 세트나크트의 차지가 되고 말았다(170~173쪽 참조). 세트나크트는 그 대신 아직 공사가 끝나지 않은 무덤(KV15)을 서둘러 장식하게 하고 세티 2세의 붉은 빛이 나는 화강암 석관을 기둥 홀 뒤편의 미완성 행랑에 가져다 놓았다. 세티 2세의 미라는 나중에 아멘호텝 2세의 무덤(KV35)에 마련되어 있는 왕족의 납골당으로 옮겨졌다. KV15는 주로 전통적 관례에 따라 장식을 했다("라에게 올리는 기도문", "암두아트" 그리고 "문의 서" 등). 그러나 무덤 안의 성소에는 투탕카멘의 무덤에서 발굴된 금박 목제 장식 등에 등장하는 것과 같은 장면들이 그려져 있다.

168쪽 카르나크에 있는 세티 2세의 조각상. 왕은 신이 내린 성물을 들고 여러 신상들과 함께 서 있다.

아래 이 황금귀걸이에는 세티 2세의 이름이 적혀 있다. 소위 '황금 무덤'(KV56)에서 나온 것이다. 이 유물은 에드워드 에어턴이 1908년에 발굴했다. 그 주인의 이름을 알 수 없는 이 무덤은 세티 2세와 타우오스레트 사이에서 난 한 자식의 것으로 짐작되고 있다. 이 무덤에서는 황금 반지, 팔찌, 귀걸이, 목걸이, 휘장 그리고 은으로 만든 샌들 등 귀한 보석들이 쏟아져 나왔다. 이 보석들은 '왕들의 계곡' 에서 발견된 것 가운데 가장 화려하다.

변화를 몰고 온 10년

시프타, 타우오스레트, 세트나크트

BC 1194~BC 1184년경

세티 2세는 두 아들을 두었던 것으로 보인다. 그러나 아버지의 이름을 따서 세티 메르네프타라고 불린 장남은 아버지보다 먼저 죽었다. 자연히 왕위는 동생 시프타의 차지가 되었다. 세티 2세가 죽었을 당시, 시프타(BC 1194~BC 1188년경)는 아주 어렸다. 정치의 실권이 계모인 타우오스레트에게 넘어갈 수밖에 없었다. 그녀는 철저하게 권력을 독점했다. 어린 왕이 너무 병약했던 탓이다. 시프타의 미라를 보면 소아마비 때문에 왼쪽 다리가 뒤틀려 있음을 알 수 있다. 시프타는 왕위에 오른 지 불과 6년 만에 세상을 떠났다. 물론 시프타도 '왕들의 계곡' 에 묻혔으나, 그의 무덤(KV47)은 계곡에서도 아주 위치가 좋지 않은 곳에 있다. 무덤을 만드는 데 쓰인 암석은 그 상태가 매우 열악하고, 장식도 별로 남아 있지 않다. 그러나 무덤은 상당히 고품격이었던 것 같다. 시프타의 자그만 장제사당은 나일강 서안에 투트모세 4세와 메르네프타 장제 사당들의 사이에 끼어 있다. 그러나 이 사당 역시 나중에 계모의 차지가 되고 말았다. 시프타의 미라는 1898년 아멘호텝 2세 무덤(KV35) 안에 마련된 왕족의 납골당에서 발견되었다.

시리아 출신의 교활한 대신 바이의 자문을 받아 가며 타우오스레트는 2년을 더 다스렸다(BC 1188~BC 1186년경). 바이에 관해서는 거의 알려진 바가 없으나 무소불위의 권력을 휘둘렀던 것은 분명해 보인다. 대신의 몸으로 '왕들의 계곡' 에 묻힌 것을 보라. 그의 무덤(KV13) 안에 그려진 벽화는 신들에게 영접을 받고 있는 대신을 그리고 있다. 이는 왕만이 누릴 수 있는 특권이 아닌가. 바이의 영향을 받았던 것일까? 타우오스레트는 시나이와 팔레스타인 등지의 정벌에 나섰다. 이는 그녀의 이름이 아비도스, 헤르모폴리스Hermopolis*, 멤피스 등지의 유적에서 나타나고 있는 데서 잘 알 수 있다. 타우오스레트는 65세쯤 죽은 것으로 보인다. 그녀의 무덤(KV14) 역시 '왕들의 계곡' 에 있다. 이 무덤은 남편 세티 2세가 그녀와 함께 쓰도록 설계해 놓은 것이다. 무덤의 벽화에는 "죽음의 서" 에서 뽑은 장면들이, 죽음의 신들과 함께 있는 타우오스레트의 모습과 함께 그려져 있다. 타우오스레트의 유골이 어느 것인지는 아직도 확인되지 않고 있다. 그러나 그녀의 화강암 석관은 제20왕조의 한 왕자를 묻을 때 다시 사용된 것으로 보인다.

제19왕조의 마지막 통치자 타우오스레트에서 제20왕조의 창설자 세트나크트(BC 1186~BC 1184년경)로 어떻게 권력이 이양되었는지, 그 정치적 정황에 관해서는 알려져 있는 것이 거의 없다. 다만 세트나크트가 이전의 왕족과는 아무런 직접적인 연계가 없다

171쪽 지하 세계를 주유하는 죽은 자의 여행은 명계의 신 우시르를 만나는 데서 절정을 이룬다. 타우오스레트 무덤에 그려진 벽화는 바로 그 장면을 묘사한 것이다. 권좌에 앉은 우시르는 갈고리와 도리깨를 양손에 들고 있다. 농경과 목축을 상징하는 이 성물들은 백성에 대한 왕의 권위를 웅변하는 것으로, 왕권을 과시하는 핵심 표장들이다.

* 헤르모폴리스 : 정식 명칭은 Hermopolis Magna, 상이집트에 있던 고대 도시.

위 타우오스레트 무덤(KV14)의 묘실 북쪽 벽에 그려진 벽화. "동굴의 서"에 등장하는 마지막 장면이다. 양의 머리를 한 태양신 위로, 온 백성이 환호하는 가운데 태양이 붉은 자태를 드러내고 있다. 어둠 속에서 솟아오르는 부활을 상징하는 태양을 태양신의 상징인 풍뎅이가 동행하고 있다.

173쪽 타우오스레트 묘실의 기둥에 그려져 있는 대지(大地)의 신 게브(Geb)**. 그 뒤의 벽에 보이는 장면들은 "문의 서"에 나오는 내용을 그린 것이다.

는 점만 빼고는 말이다. 그는 아마도 람세스 2세의 계보를 잇는 먼 친척이었던 것 같다. 그는 세티의 과부 타우오스레트의 치세 아래서 왕권을 빼앗기 위해 착실하게 준비를 해 왔던 것 같다. 세트나크트의 이런 야욕이 정통성을 획득하기 위해 얼마나 공을 들였는지는 이른바 "대大해리스 파피루스"Great Harris Papyrus*에 잘 나타나 있다. 이 파피루스에서 세트나크트의 아들 람세스 3세는 아버지의 정통성이 신이 내린 신성한 것이라며 다음과 같이 힘을 주고 있다. "신들께서는 이 땅의 조화로운 평화를 원하셨네. 신들께서는 그들의 아들(세트나크트)을 택하시고, 권능의 사지四肢를 허락하시어, 위대한 권좌 위에 세우셨네. (……) 세트나크트는 이집트의 위대한 권좌를 평정하셨네."

세트나크트는 경제가 쇠락 일로를 걷는 나라를 물려받았다. 세트나크트는 테베에 이렇다 할 유적을 남기지 않았다. 그러나 그는 이집트 토종 왕조의 마지막 계보를 세운 왕이다. 그는 권좌에 오른 지 불과 2년 만에 죽음을 맞았다. 그의 주검은 '왕들의 계곡'에 있는 타우오스레트의 무덤(KV14)을 확장한 곳에 안치되었다. 여왕의 묘실을 차지하는 대신, 자신의 석관을 두기 위해 기둥 회랑이 마련된 공간을 따로 만들었던 것이다. 그의 미라가 운명의 손에 어떤 휘둘림을 받았는지는 알 길이 없다. 세트나크트의 것으로 보이는 목관 하나가 다른 무덤(KV35)에 마련된 납골당에서 발견되었을 뿐이다. 그의 미라가 어느 시점에선가 이곳으로 옮겨 왔다는 증거가 아닐까.

* 대해리스 파피루스: 람세스 4세가 만들었다는 긴 기록. 왕의 권위를 강조하는 대목이 많다. 이는 제20왕조가 왕권 승계의 정통성에 자신이 없었음을 방증하는 자료로 여겨진다. 발견자의 이름을 따서 '해리스 파피루스'라고 한다.

** 게브: Shu 신과 Tefnut 신 사이에 나왔다는 대지의 신. 하늘의 신 누트와 남매지간이자 남편. 보통 위에 있는 누트 여신을 향해 발기하고 있는 모습으로 그려진다.

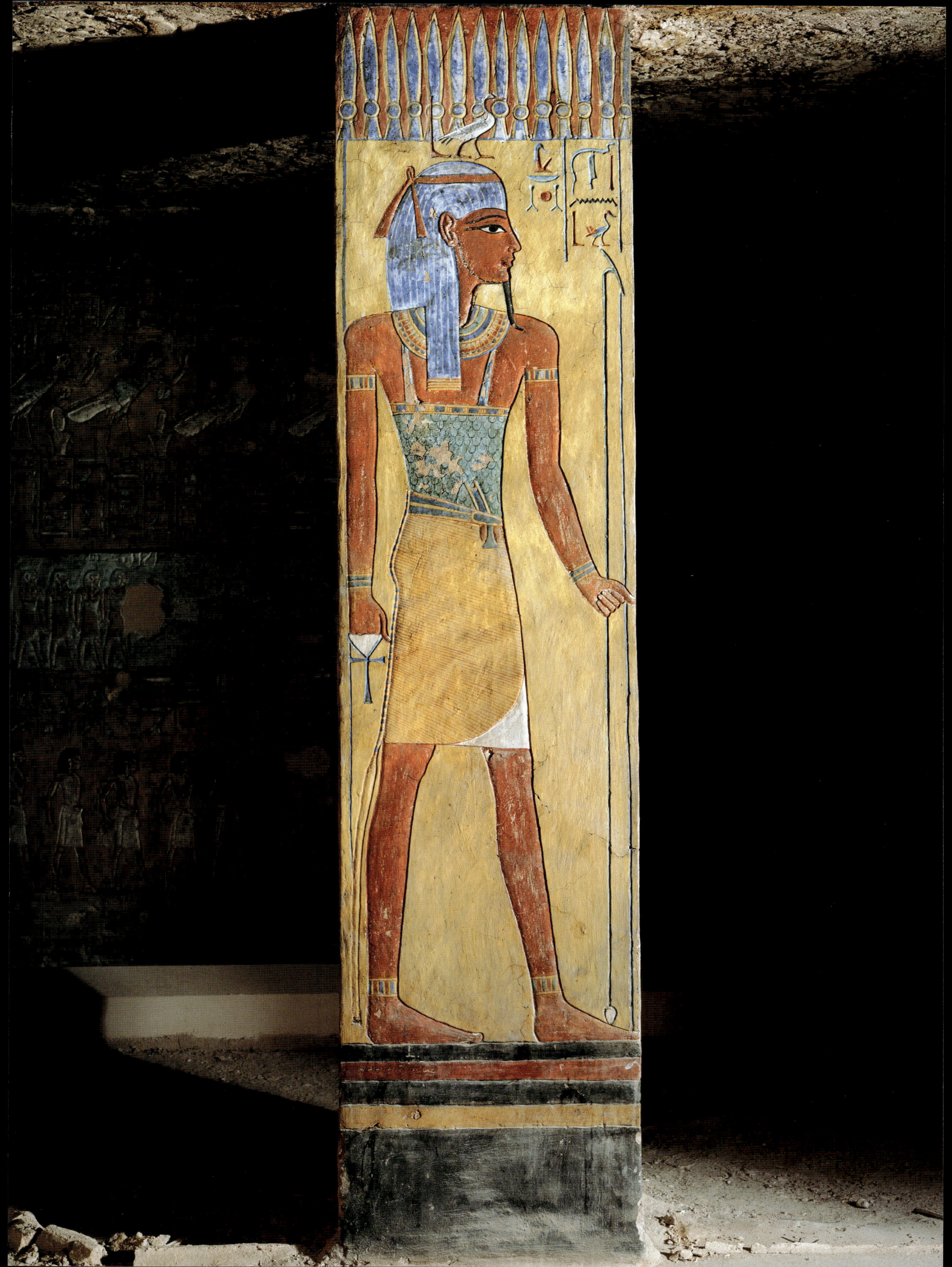

살아서 영원과 하나가 된 왕

람세스 3세

BC 1184~BC 1153년경

세트나크트의 아들이자 후계자인 람세스 3세는 이집트 왕조사의 마지막 위대한 전사다. 그러나 그가 왕위를 계승했을 무렵, 신新왕조와 백성들 사이에는 우주만큼이나 커다란 불신의 골이 패어 있었다. 메디네트 하부에 있는 그의 장제 신전에 서 있는 파일론의 비문은 차라리 호소에 가깝다. "나는 도적질로 왕위를 빼앗지 않았다. 왕관이 자진해서 내 머리에 씌워진 것이다."

람세스 왕조가 왕좌를 차지한 BC 1184년경의 이집트는 적들에게 밀려 수세에 몰린 형국이었다. 지중해 동부의 세계는 극심한 정치적 혼란에 빠져 있었다. 과거에 람세스 2세가 히타이트족과 맺은 평화 협정은 이집트를 외적의 침입으로부터 막아 주었으나, 이제 그 히타이트제국이 허물어져 내리고 있었다. 이집트가 침략의 위험에 그대로 노출되고 만 것이다. 침략자들은 다름 아닌 메르네프타 시절 끊임없이 말썽을 일으키던 바로 그 리비아족과 '해상 민족들' 이었다.

재임 5주년을 맞은 람세스 3세는 군대를 일으켜 리비아 정벌에 나선다. 서쪽 사막의 부족들과 연합한 리비아족이 나일강 삼각주에 대한 대대적인 공세를 계획하고 있었던 것이다. 그로부터 3년 뒤, 이집트는 다시 시리아와 팔레스타인에서 당했던 패배를 설욕하기 위해 육상과 해상, 두 방향에서 치고 들어오는 해상 민족들과 일전을 벌여야 했다. 즉각 반격에 나선 람세스는 군대를 팔레스타인으로 급파해, 적 함대에 대적할 전략적 요충지를 선점하게 했다. 다음은 람세스 3세의 장제 신전에 새겨진 비문이다. "나는 왕자들, 수비대 대장들 그리고 전사들이 지켜보는 앞에서 자하이Djahay(팔레스타인 서부)의 전선을 정비했다. 나는 나일강의 어귀를 기동선과 전함 등으로 강고한 성벽을 쌓듯 방어했다."

람세스가 해상 민족들을 격퇴하는 데 전력을 다하고 있는 동안, 리비아족은 살그머니 나일강 삼각주 서쪽 지역의 대부분을 차지해 버렸다. 이 성공에 고무된 리비아의 지도자 메셰셰르Meshesher가 이번에는 이집트 전국을 상대로 대대적인 침략을 획책했다. 그러나 매복한 람세스 군대의 기습을 받은 리비아는 나일강 삼각주에서 화급히 퇴각한다. 리비아의 완패였다.

이런 활약을 통해 이집트의 안보를 굳건하게 한 람세스 3세는 남은 통치 기간 동안에는 비교적 태평성대를 누렸다. 종교의 대大성지인 멤피스와 북쪽의 헬리오폴리스 그

175쪽 람세스 3세 무덤의 세 번째 행랑에 새겨진 부조. 전시에 쓰는 푸른 왕관(khepresh)을 쓴 왕을 그렸다. 왕의 이마 위에 보이는 한 쌍의 코브라는 각각 상이집트의 흰 왕관과 하이집트의 붉은 왕관을 쓰고 있다. 두 코브라는 나일강 계곡과 삼각주를 지켜 준다는 네크베트 여신과 와제트(Wadjet)* 여신이다. 그런데 묘하게도 왕관의 색깔이 뒤바뀌어 있다. 아마도 착각 때문인 듯하다.

* 와제트 : 이집트 Buto의 수호 여신.

리고 남쪽의 테베 등지에 신전을 건축하였고 많은 보화도 축적했다. 현존하는 가장 긴 기록이면서, 람세스 3세의 치적을 자세하게 담고 있는 소위 "대해리스 파피루스"는 종교적 성지에 대한 왕의 기부에 대해서도 쓰고 있다.

람세스 3세는 재임 31주년을 맞던 해에 죽었다. 그의 아내 티이Tiy가 꾸민 암살 음모가 폭로된 지 얼마 지나지 않아서였다. 티이는 남편을 제거하고 아들을 왕으로 앉히기 위해 일을 꾸민 것이다. 현재 이탈리아 토리노의 이집트박물관에 소장되어 있는, 당시를 기록한 파피루스는, 왕자가 자살을 강요받았다고 쓰고 있다. 그러나 티이와 그 공모자들의 운명에 관해서는 침묵하고 있다. 왕이 실제로 해를 입었는지도 분명하지 않다.

람세스 3세는 원래 아버지를 위해 설계된 무덤(KV11)에 묻혔다. 동맥경화를 앓은 흔적을 보여 주는 그의 미라는 데이르 엘바하리에 있는 왕족의 납골당(DB320)에서 발견되었다.

재임 기간 내내 람세스 3세는 선왕 람세스 2세가 남긴 업적에 필적하기 위해 노력했다. 전쟁터에서는 말할 것도 없거니와, 건축 사업에서도 말이다. 이름이 같은 유명한 선왕을 본받아 그는 카르나크에 많은 신전들을 세웠으며, 룩소르에서는 아문 신전을 새롭게 꾸미는 작업에 착수했다. 카르나크에 그가 세운 주요 유적은 현재 신전의 첫 번째 마당에 자리 잡고 있는 커다란 범선帆船 사당이다. 이곳은 원래 신전의 앞마당에 해당하던 곳이다. 거기에 쓰인 람세스 3세의 비문 일부를 보자. "나는 (이 사당을) 당신을 위해 만들었노라. (……) 당신의 도시 와세트(테베)에, 신께서 굽어보시는 당신이 만든 앞마당에! 이는 하늘이 태양을 품고 있는 한, 오래도록 빛날 아문 신의 땅 안에 람세스(3세)가 지은 신전이니라. 내가 지었노라. 황금빛이 찬란한 문을 달고, 사암砂岩으로 다진 신전을! 나는 신전의 제단에 내 손으로 가져온 제물들을 쌓노라."

실제로는 규모가 그렇게 크지 않은 람세스 3세의 신전은 입구 파일론을 들어가면 주랑 현관을 지나 역시 기둥들이 서 있는 홀에 이르게 된다. 그 뒤쪽에는 다시 아문, 무트, 콘수 등 소위 "테베의 삼위일체"라고 불리는 신들의 거룩한 배를 모신 성소가 마련되어 있다. 장제 신전 뜰의 동쪽과 서쪽에는 커다란 기둥들이 늘어서서, 우시르 신의 모습으로 표현된 람세스를 보여 준다. 벽면 부조에 새겨진 그림은 신전의 축제를 즐기고 있는 람세스의 모습이다.

176쪽 메디네트 하부에 있는 람세스 3세의 장제 신전을 동쪽에서 바라본 전경. 이 터에는 이미 오래 전부터 아문 신전(사진 아래의 오른쪽에 보이는 것)이 세워져 있었다. 아문 신전은 로마 시대까지 그대로 활용되었다. 신왕국 시대 말기에 이르자 람세스 장제 신전의 커다란 담장 아래에는 마땅한 거주지를 갖지 못한 데이르 엘메디나 주민들이 집을 짓고 살았다. 그 흔적이 지금까지 남아 있다(사진 위의 왼쪽에 집터가 보인다). 사진의 아래 왼쪽에 보이는 건물은 제23왕조와 제25왕조 사이에 아문 신의 아내로 알려진 여신들을 섬기기 위해 지은 작은 사당이다(196쪽과 204쪽 참조). 람세스의 장제 신전(중앙)은 시리아 풍의 성채처럼 세워진 입구를 통해 들어가게 되어 있다(맨 아래). 신전의 파일론 벽에는 외적을 물리치고 있는 왕의 활약상이 그려져 있다. 파일론 전면에 수직으로 파진 네 개의 커다란 벽감은 원래 수호 여신의 상징이 그려진 깃발을 매다는 커다란 나무 깃대가 서 있었다. 남쪽 방향으로 장제 신전의 바로 옆은 왕궁이 있었던 터(중앙 왼쪽)로, 왕궁과 사당의 첫 번째 마당은 "출정(出廷)의 창"이라고 불린 다리로 연결되어 있었다.

위 비문이 정확하게 대칭을 유지하도록, 이집트의 상형문자는 언제나 횡서로 씌어졌다(왼쪽에서 오른쪽으로, 아니면 거꾸로). 람세스 3세 장제 신전의 상인방에 등장하는 위의 비문은, 날개 달린 태양이 왕의 이름이 적힌 카르투슈를 보호하고 있다. 중앙에 등장하는 생명의 상징 안크의 좌우에 적힌 상형문자는 람세스를 '라의 아들' 이자 '훌륭한 신' 이라고 추켜세우고 있다.

179쪽 이집트의 신전들은 이 사진이 보여 주듯, 원래 밝은 색으로 꾸며져 있다. 게다가 람세스의 장제 신전은 그 부조의 보존 상태가 좋아 주목을 끈다. 신전의 두 번째 뜰에 버티고 선 이 기둥들은 신전의 내실로 들어가는 입구를 에워싸고 있다. 기둥과 벽면에 장식된 부조는 풍요의 신 아문-민을 비롯한 여러 신들에게 경배를 드리는 왕의 모습을 그린 것이다.

람세스 3세가 남긴 유적 중에서 가장 인상적인 것은 그의 장제 신전이다. 나일강 서안의 메디네트 하부에 위치하고 있는 신전은 장제 신전인 동시에 그를 기리는 기념물의 성격이 강하다. 신전에 붙여진 이름만 해도 "살아서 영원과 하나가 된 왕 우세르마아트라 메리아문Usermaatra Meryamun(람세스 3세)의 100만 년 대저택" 이다.

현대식으로 붙여진 아랍어 명칭은 '하부Habu의 도시' 라고 번역할 수 있다. 여러 모로 가까이 있는 하푸 신전을 떠올리게 하는 대목이 많은 신전이다. 여기서 하푸란 아멘호텝 3세의 아들이면서 건축가이자 최고 자문가로 활약한 인물이다. 제메Djeme라는 이름으로 고대 이집트인들이 부르던 신전의 대지는 이집트 태고의 신들을 섬기는 성지였다. 그곳에 있는 한 채의 작은 신전은 최소한 하트셉수트 시대부터 있던 것이다. 이 신전이 람세스 3세의 대규모 신전과 만나면서, 요새처럼 높다랗게 쌓인 담장 안에 함께 자리 잡게 되었다.

신전의 독특한 벽은 벽돌을 쌓은 다음 암석으로 표면 처리를 한 것으로, 시리아의 요새를 본뜬 것처럼 보인다. 입구 역시 많은 방어 장치를 가지고 있다. 주목할 만한 것으로는 담장의 기초 부분을 경사지도록 설계했다는 점이다. 탑 위에 도열한 궁사들이 적을 물리치기 좋게 만든 장치라 할 수 있다. 그러나 람세스 3세 시절, 탑은 주로 평화적 목적으로 사용되었다. 탑 위에 일종의 별궁을 지어, 그곳에서 왕이 산들바람을 즐기며, 신전 부두를 내려다보면서 오가는 종교 행렬을 지켜보았다. 벽면에 새겨진 부조는 하렘의 궁녀들에 싸여 쉬고 있는 람세스 3세가 보드 게임 세네트에 열중하고 있는 장면을 그리고 있다.

성문의 안쪽에는 람세스 3세의 신전으로 들어가는 길이 나 있다. 길 옆으로는 수영장을 갖춘 아름다운 정원이 울창한 나무와 꽃밭을 자랑하고 있다. 왕은 대단한 정원 애호가였다. "대해리스 파피루스" 에 따르면, 왕은 자신의 통치 기간 동안 전부 541개의 정원과 포도밭을 이집트 전역에 만들었다고 한다.

장제 신전 자체의 설계는 전통 방식을 충실하게 따르고 있다. 특히 한 세기 전에 세워진 라메세움, 그러니까 람세스 2세의 신전을 설계의 기본으로 삼았다. 신전의 구조가 하나의 단일 축에 맞춰진 것은 주로 행렬을 이루어 진행하는 신전 행사의 특성을 반영한 것으로 보인다. 신전에는 두 개의 파일론과 두 개의 주랑 마당, 하나의 주랑 현관, 하나의 대기둥 홀, 그리고 작은 사당과 창고들로 둘러싸인 전실 등이 있다.

신전의 남쪽에는 한 채의 아담한 별궁 터가 남아 있다. 별궁은 인접한 신전의 첫 번째 마당과 소위 '출정의 창' 이라는 다리를 통해 연결된다. 이 다리를 건너 람세스 3세는 신전의 마당에 운집한 군중에게 나타났던 것이다. 매년 열리는 대축제에 참석하기 위해 테베를 찾은 왕이 묵던 별궁은 하나의 커다란 대기실, 왕좌를 두기 위해 턱을 만든 설화석 단이 마련되어 있는 작은 접견실 그리고 뒤쪽으로 침실과 욕실을 포함해 개인 용도로 쓰이는 일련의 작은 방 등을 갖추고 있다. 모든 왕궁과 마찬가지로 별궁은 밝은 색의 벽화와 광택이 나는 타일로 꾸며져 있다. 별궁을 장식한 타일은 걸작이라 불러야 마땅할

180쪽 메디네트 하부의 성곽. 파라오에 맞서 일어난 해상 민족 연합을 물리친 람세스의 승리를 그리고 있다.

위 메디네트 하부의 람세스 3세 별궁에 타일로 장식된 형상들. 람세스 3세가 정복한 다섯 민족을 상징한다. 왼쪽에서부터 누비아족, 시리아족, 베두인족, 샤수족 그리고 히타이트족이다.*

* 원문에서는 베두인족과 샤수족 사이에 쉼표가 없다. 아마도 오기인 듯하다. 샤수족은 요르단 남쪽에 살던 유목민족이며, 베두인족은 이집트 남쪽에 살던 족속이다.

183쪽 파라오의 첫 번째 임무는 신이 만든 질서를 수호하는 것이다. 마트라고 불리는 이 질서는 이집트뿐만 아니라 전 우주를 관장한다. 람세스 3세의 무덤에 등장하는 이 그림에서 왕은 여신의 형상으로 만들어진 마트를 경애하는 우시르 신에게 바치고 있다. 이는 주어진 의무를 다했노라는 선언이다.

작품들을 그려내고 있다. 모두 왕이 선호하던 주제들이다. 이를테면 사로잡힌 외국 포로들은 람세스의 찬란한 승리를 기리는 것이다. 이밖에도 이집트를 수호하고 신이 내린 질서를 지키려 한 람세스 3세의 활약상이 가득하다.

람세스 3세를 이집트의 수호자로 그린 그림은 신전의 외벽에서도 계속된다. 파일론에 그려진 람세스는 한 손으로 적들의 머리채를 휘어잡고, 다른 손으로 그 머리에 철퇴를 날리는 '필살의 기세' 를 뽐내고 있다. 성문의 양쪽 석주는 한편에서는 침략자를 물리친 왕의 승리를 격찬하며, 다른 한편에서는 왕에게 충성을 맹세하는 백성을 그리고 있다. 충성에 대한 은근한 강권이 아닐까?

북쪽 탑의 배면에는 람세스 3세의 첫 리비아 원정을 새겨 놓았다. 전투 장면은 신전의 북쪽과 서쪽 벽에서 계속되는데, 특히 서쪽 벽은 해상 민족과의 싸움을 묘사하고 있다. 리비아에 대한 두 번째 정벌을 그린 대목은 신전의 첫 번째 마당 안쪽에 나타난다. 거기에 적힌 상형문자는 심지어 적의 사상자 수를 일일이 헤아려 놓고 있다. 람세스가 벌인 수차례의 원정은 이집트의 부를 늘리는 데 크게 기여했다. 외적을 상대로 싸움만 한 것이 아니라, 여인들, 아이들, 가축들까지 모두 짓밟고 빼앗았던 것이다. 포로들은 물론 노예로 내몰렸다. 허드렛일을 맡든 군대에서 용병으로 활약하던 이들은 왕실의 보물 창고를 채우는 데 단단히 한몫했다.

나머지 내부 장식은 신전의 종교 행사를 그리고 있다. 두 번째 마당에 있는 장면들은 네크로폴리스의 신 소카르(71쪽 참조)와 풍요의 신 아문-민을 경배하는 데 초점을 맞추고 있다. 신전의 성소는 전통대로 왕이 평생에 걸쳐 섬긴 아문 신에게 헌정된 것이며(148~150쪽까지 볼 것), 장제 신전에 걸맞게 죽음의 신 우시르와 태양신 라-호라크티를 섬기는 작은 사당들이 도열해 있다.

신전의 남쪽 외벽에는 메디네트 하부에서 치러지는 각종 축제의 일정을 상세하게 기록한 엄청나게 큰 달력이, 각 축제마다 바치는 예물의 목록과 함께 그려져 있다. 보통 낮에 드리는 예물은 3220덩이의 빵, 24개의 케이크, 144개의 술독, 거위 32마리 그리고 다량의 포도주 등이었다. 또 달이 새로 뜰 때마다 356덩이의 빵, 14개의 케이크, 34개의 술독, 황소 한 마리와 조류 16마리 그리고 포도주 23단지 등이 바쳐졌다. 일단 신과 여신에게 바쳐진 예물은 나중에 사제들이 나누어 먹었다. 수고의 대가를 받은 셈이다.

람세스 3세는 '왕들의 계곡' 에 있는, 원래 아버지 세트나크트를 위해 만들어진 무덤(KV11)에 묻혔다. 이 무덤은 공사를 시작하고 땅을 파 내려가던 도중, 아멘메세의 무덤(KV10)을 건드리게 되자 화급히 작업을 포기했던 곳이다. 이후 무덤의 축을 오른쪽으로 잡아 문제를 해결하면서 람세스의 무덤 공사는 속개되었다.

옛날부터 그 속내를 드러낸 무덤은 한때 "브루스의 무덤" 이라고 불렸다. 1786년 테베를 방문한 스코틀랜드의 탐험가 제임스 브루스James Bruce가 무덤 벽화의 탁본을 떠 가지고 돌아가는 바람에 붙여진 이름이다. 무덤은 두 번째 전실과 함께 두 번째 행랑의 양쪽 면에 다채로운 색의 그림이 그려진 일련의 작은 공간들이 도열해 있는 등, 이전에는 볼 수 없던 몇 가지 진기한 특색을 갖추고 있다. 항아리, 무기 등 많은 물건들이 그려진 것으로 보아, 이 공간들은 부장물을 보관하던 장소였던 것 같다. 종교와 관련한 장식은 주로 "문의 서" 와 또 한 편의 새로운 장례 비문 "대지大地의 서Book of the Earth" 에 등장하는 장면들로 이루어져 있다. "대지의 서" 는 밤의 어둠을 가로지르는 태양의 여행을 새롭게 해석한 것이다. 여기에서 부활한 태양은 눈Nun 신의 인도를 받아 대지 위로 떠오른다. 이집트인들은 태초에 물水로부터 세상이 창조되었다고 믿었다. 이 물을 의인화한 신이 바로 눈 신이다.

람세스 3세는 자신의 묘역에다가 가족을 위한 화려한 무덤들도 만들었다. 람세스의 아들 가운데 최소한 다섯 명은 '왕비들의 계곡' 에 묻혀 있는 것으로 보인다. 파레헤르웨넴에프Pareherwenemef(QV42), 세트헤르케페세프Sethherkhepeshef(QV43), 카엠와세트(QV44), 람세스(QV53) 그리고 아멘헤르케페세프Amenherkhepeshef(QV55) 등이 그들이다. 다른 아들들은 '왕들의 계곡' 에 있는 무덤, KV3과 KV13에 묻혔다.

왕자들의 무덤은 긴 행랑이 묘실에서 끝나는 단순한 구조로 되어 있다. 벽화의 대부분은 왕자들의 어린 시절을 보여 준다. 왕자들은 젊음을 나타내는 독특한 복장을 하고 아버지의 죽음을 애도하며 신들 앞에 도열해 있다. 무덤의 곳곳에는 "문의 서" 와 "죽음의 서" 에 나오는 장면들이 그려져 있다.

184쪽 람세스 3세 무덤의 행랑 곁방에 있는 벽화. 이집트의 각 지방을 대표하는 신들이 땅과 강에서 난 생산물을 제물로 들고 있다. 왼쪽에 그려진 인물은 나일강 삼각주의 헬리오폴리스를 대표하는 신이다.

황도의 몰락

람세스 4세부터 람세스 11세까지

BC 1153~BC 1069년경

람세스 3세의 죽음 이후 이집트는 몰락의 길을 걷기 시작했다. 람세스라는 이름을 가진 여덟 명의 왕이 권좌를 이어 갔으나, 모두 상대적으로 짧은 임기를 채웠을 뿐이다. 대부분의 왕들이 장기적인 정책을 펴지 못하고 단명하자, 중앙정부 권력의 약화와 함께 확고한 외교정책의 부재를 낳고 말았다.

왕실의 권위가 떨어지자 이 시기의 테베는 그 정치적 영향력을 높여 갔다. 나일강 삼각주와 멀리 떨어진 탓에 통제가 미치지 못하자, 이집트 남부의 정부 조직은 지역 실세와 연합한 아문 신 사제들의 손아귀에 들어간 것이다. 이른바 사제 '왕조'가 출현한 셈이다.

이 왕조는 근친혼을 부추기는 전략을 구사하며 왕조의 기틀을 굳혔다. 여기에는 제20왕조 후반에 몇몇 왕들 아래서 아문의 대제사장을 지낸 아멘호텝의 활약이 컸다. 자부심이 넘쳐 나던 아멘호텝은 왕과 같은 규모로 카르나크의 신전 부조에 자신을 새기기를 서슴지 않았다.

중앙 권력의 약화로 인해 생겨난 또 다른 피할 수 없는 결과는 외국과의 교역 급감이다. 국가 재정이 심각한 타격을 받으면서 이집트 경제는 뿌리째 흔들리기 시작했다. 국가 공무원에 대한 보수 지급이 중단되어 테베에서 파업이 일어났을 정도였다. 제20왕조의 말엽에 들끓었던 도굴꾼의 활약도 같은 맥락에서 일어난 것이다. 신전 창고에 보관된 국가의 보물이 슬금슬금 없어지는 사건도 빈발했다. 이런 식의 부패가 얼마나 만연했던지, 테베에서는 한 번쯤 일을 저지르지 않은 사람을 찾아보기 힘들 정도였다.

이런 환경 속에서 사회의 질서가 온전할 리 만무했다. 온갖 범죄가 횡행하였고 시민의 불안은 극에 달했다. 엎친 데 덮친 격으로 람세스 3세에게조차 골칫거리였던 리비아족은 서부 사막의 오아시스를 무턱대고 쳐들어와 거주지로 삼았다. 또 사막의 언저리를 배회하던 도적떼는 틈만 났다 하면 촌락을 급습하기 일쑤였다.

왕조 말엽에 이르자 테베 서쪽에 있던 데이르 엘메디나의 무덤 건설 공사 인부들은 강도에 시달리다 못해 촌락을 포기하고 메디네트 하부에 있는 람세스 3세의 신전 성채 안으로 들어와 살았다.

테베에서 왕실 건축 사업이 지속되기는 했으나, 그 규모는 형편없이 줄어들었다. 제20왕조 말기의 왕들이 지은 주된 유적이라야, '왕들의 계곡'에 있는 자신들의 무덤이

187쪽 람세스 6세의 무덤 안에 그려진 벽화. 여기에서 왕은 지하 세계에 있는 불의 호수를 지켜준다고 믿어지던 비비원숭이들에게 제사를 올리고 있다. "죽음의 서" 제126장을 보면, 죽은 자는 비비원숭이에게 자신을 정화시켜 달라고 빌어야 한다고 씌어 있다. 그래야 비비원숭이가 사후 세계로 죽은 이를 안전하게 통과시켜 준다는 것이다.

189쪽 람세스 6세의 무덤에 있는 천체가 그려진 천장. 하늘의 여신 누트가 저무는 해를 맞을 준비를 하고 있다.

고작이다. 람세스 3세가 시작한 콘수 신전의 재건 사업은 카르나크에서 계속되었다. 제20왕조의 왕들은 거의 장제 신전을 짓지 않았다. 람세스 4세(BC 1153~BC 1147년경)가 나일강 서안에 두 개의 작은 사당을 세우기는 했지만 말이다. 그러나 이 사당은 그 석재조차 지역에 있는 다른 신전의 것을 빼다가 쓴 것에 지나지 않는다.

람세스 6세(BC 1143~BC 1136년경) 때에는 왕실 내부의 권력투쟁이 치열하게 일어나 격심한 혼란을 겪었다. 아문 사제들의 권력에 재갈을 물리기 위해 람세스 9세(BC 1126~BC 1108년경)는 자신의 아들을 테베의 사제로 임명했으며, 딸들을 지방 호족과 결혼시키는 등 안간힘을 썼다. 그러나 이런 노력에도 불구하고 그의 왕권은 오래 가지 못했다. 그의 후계자 람세스 10세(BC 1108~BC 1099년경)에 이르러 이집트는 결국 누비아를 통제할 힘을 잃고 만다.

일곱 명의 단명한 왕들에 비해 제20왕조의 마지막 왕인 람세스 11세(BC 1099~BC 1069년경)는 비교적 오래 왕위에 머물렀다. 그러나 그도 역시 남쪽 지방에 대한 지배력을 회복하지는 못했다. 경제가 무너지면서 기근이 횡행했고, 내전이 일어났다. 결국 람세스 11세의 말기에 이르자 테베는 아문의 대제사장이라는 칭호를 빼앗은 리비아 족장의 손에 넘어가게 된다.

제20왕조 말기의 왕들은 모두 '왕들의 계곡' 에 묻힌 것이 확실하다. 다만 람세스 8세(BC 1129~BC 1126년경)의 무덤이 정확히 어느 것인지는 아직 확인되지 않고 있다. 이 왕묘들은 모두 길고 곧바른 행랑이 묘실에서 끝나는 등, 그 설계가 비슷하다.

이탈리아 토리노의 이집트 박물관에 소장되어 있는 한 진귀한 파피루스는 람세스 4세의 무덤(KV2) 설계 도면을 담고 있다. 파피루스는 무덤의 각 부분들에 대한 고대 명칭을 적고 명암의 등급을 주어 가며 그 기능과 종교적 의미를 설명하고 있다.

입구와 처음 두 개 행랑을 다룬 부분은 사라지고 없으나, 세 번째 행랑을 '신의 네 번째 여행' 이라고 일컫고 있다. 이는 죽어서 신격화된 왕이 사후 세계로 떠나는 여행을 강조하는 무덤의 역할을 잘 보여 주고 있는 것이다. 이 무덤에서 전실을 대신하고 있는 제례 공간에는 '대기 홀' 이라는 명칭이 붙어 있으며, 묘실은 '그곳에 한 사람이 쉬는 황금 집' 이라고 불렀다. 묘실 뒤에 있는 공간들에는 각각 '샤브티가 놓여 있는, 신이 지나가는 길' , '신들의 쉼터' , '완전함을 자랑하는 보물' , '왼손의 보물' 이라는 이름들이 붙

어 있다. 이런 이름으로 미루어 이 공간들은 왕의 부장품을 보관한 장소임을 알 수 있다.

일반적으로 묘실에는 왕의 미라를 담는 석관이 갖춰져 있다. 그러나 람세스 7세(BC 1136~BC 1129년경)의 무덤은 그냥 바닥을 깎아 만든 것으로 보아 서둘러 급조했음을 알 수 있다. 뚜껑도 석관을 흉내 낸, 즉흥적으로 만든 것에 지나지 않는다.

무덤의 장식은 주로 왕실의 전통적인 장례 문서에 나오는 장면들을 그려 놓은 것이다. "암두아트", "라의 기도", "문의 서", "동굴의 서", "대지의 서", "죽음의 서" 등등이 그것이다. 람세스 4세 때에는 여기에 무덤 천장을 장식하는 "하늘의 서"가 더 추가된다. 하늘을 주유하는 태양의 경로를 그린 그림은 초기 묘실에 등장하는 천체를 그린 천장을 더 발전시킨 것으로 보인다. 극심한 혼란기에 만들어졌음에도 불구하고 묘에는 뛰어난 장식들이 제법 보인다. 특히 람세스 9세의 한 아들의 묘(KV19)에 등장하는 장식은 아주 두드러진다.

이 무덤들에 안치된 왕들 중에 평온한 안식을 누린 왕은 거의 없다. 람세스 9세가 다스리는 동안 창궐한 도굴로 인해 거의 희생되었기 때문이다. 도굴 행위에는 테베 관청

190·191쪽 람세스 6세의 묘실 천장. 천장의 길이를 따라 길게 그려진 두 개의 금색 형상은 하늘의 여신 누트를 나타낸 것이다. 오른쪽 형상은 일몰을 맞아 가라앉았던 태양신이 여신의 몸을 거쳐 새벽 여명으로 다시 떠오르기까지의 밤하늘을 그렸다. 왼쪽 형상은 낮 동안의 하늘을 나타낸 것이다. 여기서 누트는 별들을 자신의 몸 안에 감추고 있다. 아래쪽 벽에는 태초의 신 눈(Nun)이 팔을 뻗어 동쪽 지평에 떠오르는 해를 받치고 있다. 북쪽 벽에는 "대지의 서"에 처음으로 등장하는 장면들이 그려져 있다.

람세스 9세의 무덤에 있는 세 번째 행랑의 천장. 천체를 그린 것이다. 여기에는 하늘을 주유하는 태양신의 여행이 그려져 있다. 왼쪽을 보면 한 마리의 커다란 뱀이 똬리를 틀고 왕의 카르투슈를 지키고 있다.

의 거의 모든 사람이 연루되었을 정도였다. 곳곳에서 자행된 도굴을 은폐하려는 시도가 끊이질 않자, 실태 파악을 위해 왕은 고관대신을 현장에 급파하기까지 했다. 이때의 놀랄 만한 조사 기록을 담고 있는 것으로 현재 대영박물관에 소장되어 있는 애벗 파피루스 Abbot Papyrus가 있다.

무덤 도둑이 바로 무덤 공사에 참여했던 인물이었음이 밝혀지는 일이 드물지 않았다. 이들이야말로 무덤 안의 공간 배치와 그 안에 들어 있는 물품들을 정확하게 알고 있지 않은가. 그러나 훔친 물건을 처분하는 데는 공범이 필요했으리라. 공범 중에는 눈감아 달라는 청탁과 함께 뇌물을 받은 현지 관리들이 부지기수였다. 도굴을 위해 흔히 써먹은 수법은 무덤을 뒤에서 파 들어가는 것이었다. 정면의 봉인된 입구를 건드리지 않으면 무덤이 멀쩡하게 보였기 때문이다. 도둑질은 마치 여가 활동처럼 저질러졌고, 훔친 물건은 팔기 전에 내통한 대장장이에게 가져가 녹였다. 이를 팔아 올린 수익을 나눠 가진 것은 물론이다.

도굴꾼들은 먼저 제17왕조의 오랫동안 잊혀진 무덤들을 집중적으로 공략했다. 그러나 곧 만든 지 얼마 되지 않는, 비교적 보호가 잘된 무덤들에까지 손길을 뻗쳤다. 결국

람세스 9세의 무덤에 등장하는 그림. "대지의 서"에 나오는 장면을 그린 것이다. 부활한 태양을 풍뎅이가 떠받들고 있는 양옆에 일몰의 신 아툼(Atum)이 양의 머리를 하고 있고, 일출의 신 케프리는 풍뎅이 머리를 하고 있다.

그게 결정적인 올가미가 되어 돌아왔지만 말이다. 고문에 못 이겨 도굴 행위를 자백한 경우도 많았던 모양이다. 애벗 파피루스는 바로 이 고백의 내용들을 기록하고 있다. 당시 도굴꾼의 활약을 생생하게 엿볼 수 있는 소중한 자료가 아닐 수 없다. "외관을 뜯어내자, 왕들이 누워 있는 내관이 드러났다. 그곳에는 칼로 무장한 왕의 미라가 들어 있었다. 미라의 목에는 금으로 만든 왕의 휘장 및 장신구들이 아주 많이 걸려 있었다. 미라에는 황금마스크도 씌워져 있었다. 아예 왕의 미라 전체가 완벽하게 황금으로 덮여 있기도 했다. 왕의 관은 안팎이 금과 은으로 치장되어 있었다. 그 안에는 온갖 종류의 보석들이 화려했다. 우리는 이 신의 미라에서 발견한 금은보석, 목에 걸려 있는 휘장, 관 안에 들어 있는 보물 등을 정신없이 그러모았다."

체포된 사람들 가운데는 무죄로 풀려난 사람들도 적지 않았다. 아마도 재판관 중 최소한 한 명이 도굴에 가담했기 때문이 아닐까? 그러나 유죄판결을 받은 사람은 곧 처형되었다. 왕의 무덤을 범했다는 것은 단순한 도굴 이상의 모독에 해당했기 때문이다.

EPILOPGUE

에필로그

신왕국 이후

BC 1069~BC 641년경

분열 그리고 외적의 득세

제3중간기

BC 1069~BC 747년경

제20왕조 말기의 이집트는 세 사람에 의해 다스려졌다. 여전히 람세스 11세(BC 1099~BC 1069년경)가 명목상 전국의 왕이기는 했지만, 실제 그의 권력은 멤피스와 이집트 중간 지역에 한정되어 있었을 따름이다. 이집트 남부와 누비아는 테베를 거점으로 실력을 행사한 헤리호르(Herihor: BC 1080~BC 1070년경)의 손아귀 안에 있었다. 헤리호르는 리비아 출신으로 아문의 대제사장을 지낸 인물이다. 반면 나일강 삼각주의 대부분은 또 다른 리비아 출신 인물 스멘데스Smendes가 차지하였다. 타니스Tanis를 중심으로 활동한 스멘데스는 헤리호르의 아들인 것 같다.

람세스 11세와 헤리호르가 죽자 스멘데스(BC 1069~BC 1043년경)는 이집트 전역의 유일한 지도자를 자처하고 나서면서 제21왕조의 첫 왕이 된다. 그러나 실제 왕권은 여전히 분할되어 두 개의 왕가가 공존했다. 그 하나는 타니스를, 다른 하나는 테베를 각각 그 권력의 본산으로 삼았다. 이집트학 연구가들은 이 시기를 제3중간기(BC 1069~BC 747년경)라고 일컫는다. 이전에 있었던 분열의 시대와는 달리 당시 이 두 가문은 서로 겹사돈을 맺어 가며 비교적 우호적인 관계를 유지했다.

이 시기의 중요한 변화는 주로 경제 분야와 외국과의 관계에서 일어났다. 우선 이집트 대부분의 영토는 이제 개인의 사유지가 되었다. 물론 여전히 세금을 내야 했지만 말이다. 그리고 왕권이 허약해지면서 이집트는 근동아시아 정세에 전혀 영향력을 행사할 수 없는 지경이 되고 말았다. BC 945년경 다시 또 다른 리비아 출신의 왕조, 즉 제22왕조로 정권이 넘어가는 데는 이렇듯 빈약해진 왕실의 보고도 한몫했다. 제22왕조는 전 왕조가 타니스를 중심으로 활동했듯, 나일강 삼각주의 도시 부바스티스Bubastis를 거점으로 삼았다.

이집트 전역을 손아귀에 넣기 위해 신왕조는 조상 대대로 이어져 오던 테베의 각종 기관들을 폐쇄하고, 자신의 아들들을 대제사장으로 세웠다. 예상대로 이런 시도는 적지 않은 저항에 부딪혔고, 반란이 일어날 여지를 만들었다. 대응책으로 제22왕조는 이집트 남부에 대한 지배력을 다시 안정시키기 위해 하나의 공동 왕조를 창설했다. 이 공동 왕조가 나중에 제23왕조(BC 818~BC 715년경)로 알려지

아래 피누젬 2세(Pinudjem II) 미라의 화려한 황금 팔찌. 제21왕조에서 테베의 아문 대제사장이 누린 왕 못지않은 지위를 단적으로 보여 준다.

197쪽 대제사장 피누젬 1세(Pinudjem I)의 딸 마아카라(Maakara)는 아마도 "아문의 신성한 아내"로 알려진 첫 번째 여사제일 것이다. 화려하고 다채로운 장식이 가득한 그녀의 목관은 데이르 엘바하리의 왕실 납골당에서 발견되었다.

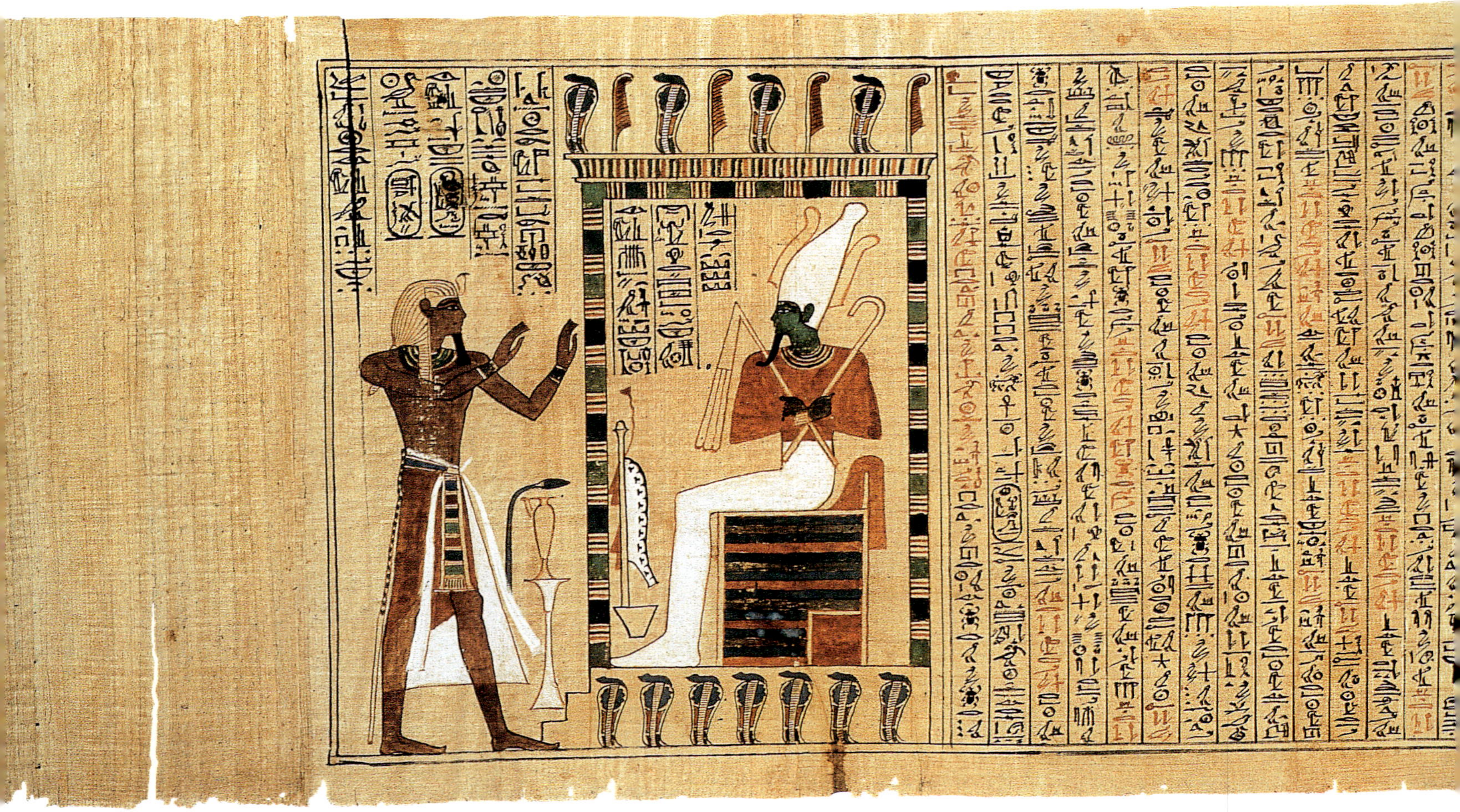

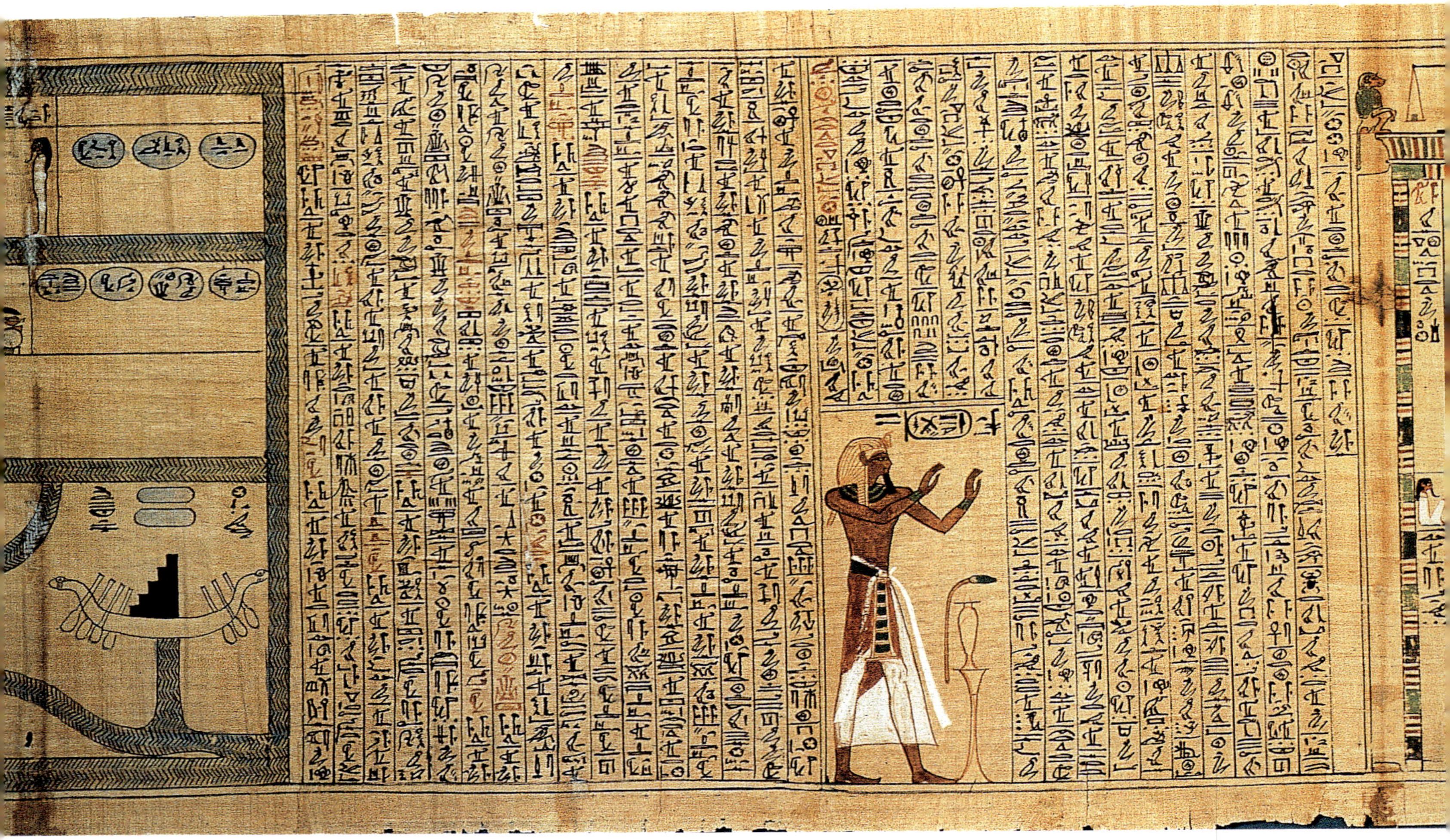

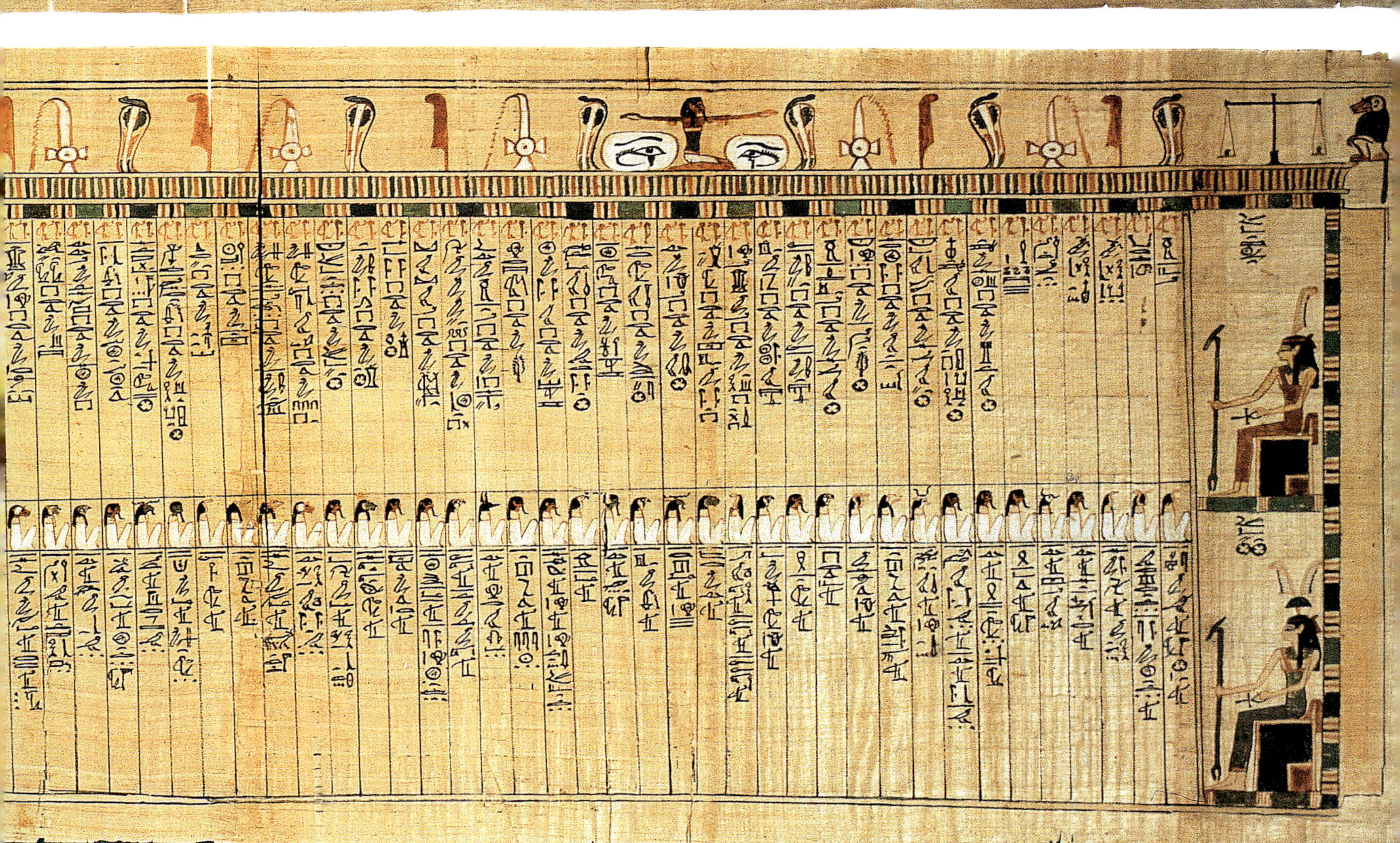

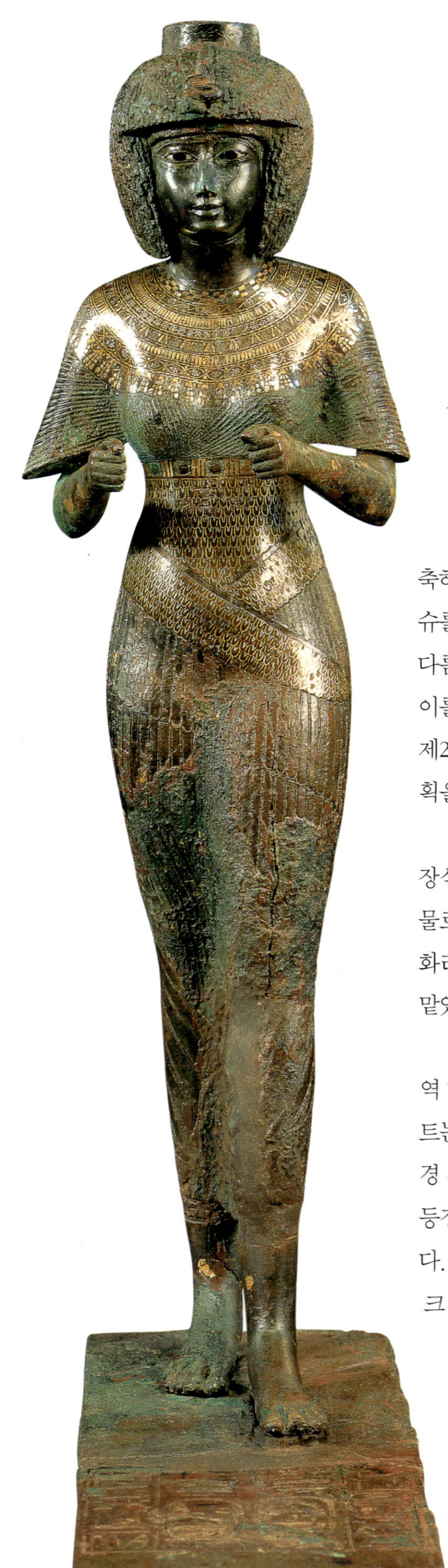

는 왕조다.

이 시기에 테베에 지어진 왕실 건축물은 거의 없다. 왕묘가 이제 타니스에 자리를 잡았기 때문이다. 그러나 대제사장들은 테베에 아문을 기리는 기념물을 짓는 작업을 계속했다. 카르나크에서 헤리호르는 콘수를 섬기는 사원에 뜰과 주랑 홀을 증축하면서 자신을 람세스 11세와 동격으로 묘사했다. 게다가 헤리호르는 왕족의 카르투슈를 버젓이 하고 있다. 이는 그가 자신을 왕과 같은 서열의 공동 왕으로 천명한 것이나 다름없다. 콘수 사원 건설은 헤리호르의 후계자 피누젬 1세 치하에서도 계속되었는데, 이를 위해 피누젬 1세는 람세스 2세의 많은 유적들을 거침없이 망가뜨렸다. 제22왕조와 제23왕조의 대제사장들 역시 아문 신전의 정면에 위치한 안마당을 담으로 둘러쌓을 계획을 세웠으나, 단지 주랑만을 완성했을 따름이다.

도굴꾼들이 횡행했기 때문이었을까?(192쪽 참조) 이 무렵 테베의 귀족층은 아무런 장식이 없는 구덩이나 갱구를 무덤으로 선호했다. 무덤을 화려하게 장식하고 온갖 부장물로 꾸미던 오랜 전통이 사라지고 만 것이다. 그러나 시신이 담겨지는 목관은 여전히 화려하게 꾸몄다. 장례문이 적히고 각종 수호신들이 그려진 목관이 이전에 묘의 사당이 맡았던 역할을 떠안은 셈이다.

제22왕조 왕들에게 근동아시아 정세는 늘 압박감을 주는 현안이었다. 당시 동북 지역 메소포타미아의 호전적인 민족 아시리아는 영토 확장에 열을 올리고 있었지만, 이집트는 팔레스타인에서 일어나는 사건들을 다루기에도 여념이 없을 정도였다. BC 925년경 셰숑크 1세Sheshonq I(BC 945~BC 924년경. 구약성경에 '시삭Shishak'이라는 이름으로 등장하는 이집트 왕)*가 예루살렘으로 쳐들어가 유대인들을 포로로 잡는 성과를 올렸다. 팔레스타인 지방에서 이렇게 이집트가 권력을 회복한 사건은 카르나크에 있는 셰숑크 1세의 전승비에 부조로 새겨져 있다.

이집트 국내에서는 각 지역에 할거한 계파들이 왕족과의 근친혼을 통해 세력을 늘려 가는 데 혈안이 되어 있었다. 이집트의 왕권이 안정감을 잃고 오히려 갈등을 들끓게 만드는 용광로가 되어 버리고 만 것이다. 많은 이들이 왕좌가 자신의 것이라고 외치며 혈투를 벌인 것은 어찌 보면 당연한 귀결이다. BC 818년경에는 페두바스티스 1세Pedubastis I(BC 818~BC 793년경)가 대뜸 자신을 왕으로 선포하고, 제

198·199쪽 피누젬 1세의 "죽음의 서". 제3중간기 동안 아문의 대제사장은 왕의 복식과 칭호를 그대로 썼다. 그래서 피누젬의 장의 파피루스에 적힌 상형문자는 그를 "상이집트의 왕"으로 기록하고 있다.

200쪽 테베의 제22왕조가 만든 이 청동 여인상은 금, 은 그리고 금과 은을 섞어 만든 호박색의 주물을 함께 써서 빚은 것이다. 그 주인공은 아문의 신성한 아내인 카로마마(Karomama)다. 날개 모양의 의상이 엉덩이를 덮고 있는 모습이 이채롭다. 원래 이 여신상은 딸랑이를 손에 쥐고 있었다.

왼쪽 BC 900년경에 만들어진 이 목각비(碑)는 색채 보존 상태가 아주 뛰어나다. 그림의 오른쪽에 보이는 귀족 여인 제다무니우안크(Djedamuniuankh)에게 헌정된 이 목비의 아래쪽에는 테베의 네크로폴리스에 있는 무덤들을 그려 놓았다.

* 르호보암왕 때 이스라엘을 쳐들어왔다는 애굽의 왕. 시삭에 관한 이야기는 구약성경의 『역대하』나 『열왕기상』 등에 자세하게 나온다.

23왕조가 탄생했음을 세상에 알렸다. 이 제23왕조의 말엽에 이르러서는 나일강 삼각주와 나일강 계곡 북부에 둥지를 튼 수많은 왕족의 계파들이 난립하면서 저마다 자신이 왕이라고 우겨댔다. 동시에 나일강 삼각주 사이스Sais라는 도시에 기반을 둔 제24왕조는 착실하게 삼각주 서부를 장악하고 점차 영토를 남쪽으로 넓혀 갔다.

이제 이집트는 그야말로 본격적인 혼란에 빠져들었다. 동쪽 변경에서는 아시리아가 위협적인 칼날을 휘둘렀으며, 남쪽에서는 강력한 힘을 자랑하는 쿠시트Kushite 왕국(누비아족)이 수도 나파타를 중심으로 나일강 계곡을 거쳐 북진하면서 삼각주를 옥죄어 들어왔다. 누비아의 왕 피이Piy(BC 747~BC 716년경)는 멤피스와 카르나크 등지에 자신의 승리를 기념하는 석주를 세우기도 했다. 그러나 그는 자신의 승리를 굳건히 하는 데는 실패한 것으로 보인다. BC 716년경 피이의 동생 나파타 왕 샤바코Shabaqo(BC 716~BC 702년경)가 이집트 정벌의 대미를 장식하면서 제25왕조를 건설했다.

이집트의 마지막 파라오들

후대

BC 747년경 ~ BC 332년

아래 카르나크의 첫 번째 마당에 서 있는 거대한 파피루스 기둥. 제25왕조의 파라오 타하르코가 세운 열 개의 기둥 중 하나다. 왼쪽에 부분적으로 보이는 제1파일론은 제30왕조의 넥타네보 1세가 추가한 것이다.

203쪽 후대의 고관대신인 네스파카슈티(Nespaqashuty)의 조각상. 무릎에 비문이 새겨진 것이 이채롭다. 대부분의 후대 예술품이 그랬듯, 이 조각상은 구왕국 시절의 작풍을 그대로 되살려냈다.

후대라고 불려지는 시대는 제25왕조에서 제30왕조까지의 4세기(BC 747년경~BC 343년)를 가리킨다. 이 시기는 드문드문 이집트 토종의 마지막 왕들이 출현하는 가운데 외적의 지배를 받았던 시절이다.

안정적인 세력을 구축하고자 샤바코는 수도를 멤피스로 정하고 구왕국을 본떠 체제를 정비하려고 애썼다. 과거에 대한 이런 존중은 이후 왕들에게 일종의 모범이 되었다. 그는 전통 복장을 즐겨 입고, 구왕국의 형태를 취한 유적을 건설하는 등 이집트 종교와 전통을 중시함으로써 다른 왕들과의 경쟁에서 우위를 차지할 수 있었다.

샤바코의 후계자 가운데 한 사람인 타하르코Taharqo(BC 690~BC 664년)는 카르나크 아문 신전의 정면에 커다란 정자를 짓기도 했다. 그밖에도 타하르코는 신전의 신성한 호수 옆에 대규모 제례전을 세웠으며, 몬투 사당에 주랑을 추가하기도 했다.

이집트에 대한 아시리아의 공략이 본격화된 것은 타하르코가 재임하던 시절이다. BC 669년 이집트를 정복한 아시리아는 소위 '사이스 왕조' Saite Family라고 불리는 제26왕조를 세웠다. 이 왕조는 말하자면 제25왕조 시절 아시리아가 차지한 시리아와 팔레스타인 영토를 지키기 위해 세워진 일종의 괴뢰정부였다. 이렇게 되자 제25왕조는 원래의 누비아로 밀려나 깊숙이 숨어 버렸다. 이집트에 세워진 아시리아의 군사기지는 조세를 징수하고 외교를 담당하면서 명실상부한 실세로 군림했다. 이로써 사이스 왕조는 한때 근동아시아가 이집트에 공물을 바쳤던 것처럼 새 주인 아시리아에게 의무적으로 공납을 바쳐야만 했다.

그러나 팽창을 거듭하던 아시리아는 이제 그 광대한 영토를 효과적으로 다스릴 수 없는 지경에 빠지고 말았다. 불과 몇 년 만에 제26왕조는 수도를 멤피스에 세우면서 독립을 주장했다. 이전의 왕조와 마찬가지로 제26왕조는 통일 국가의 일체감을 불러일으키기

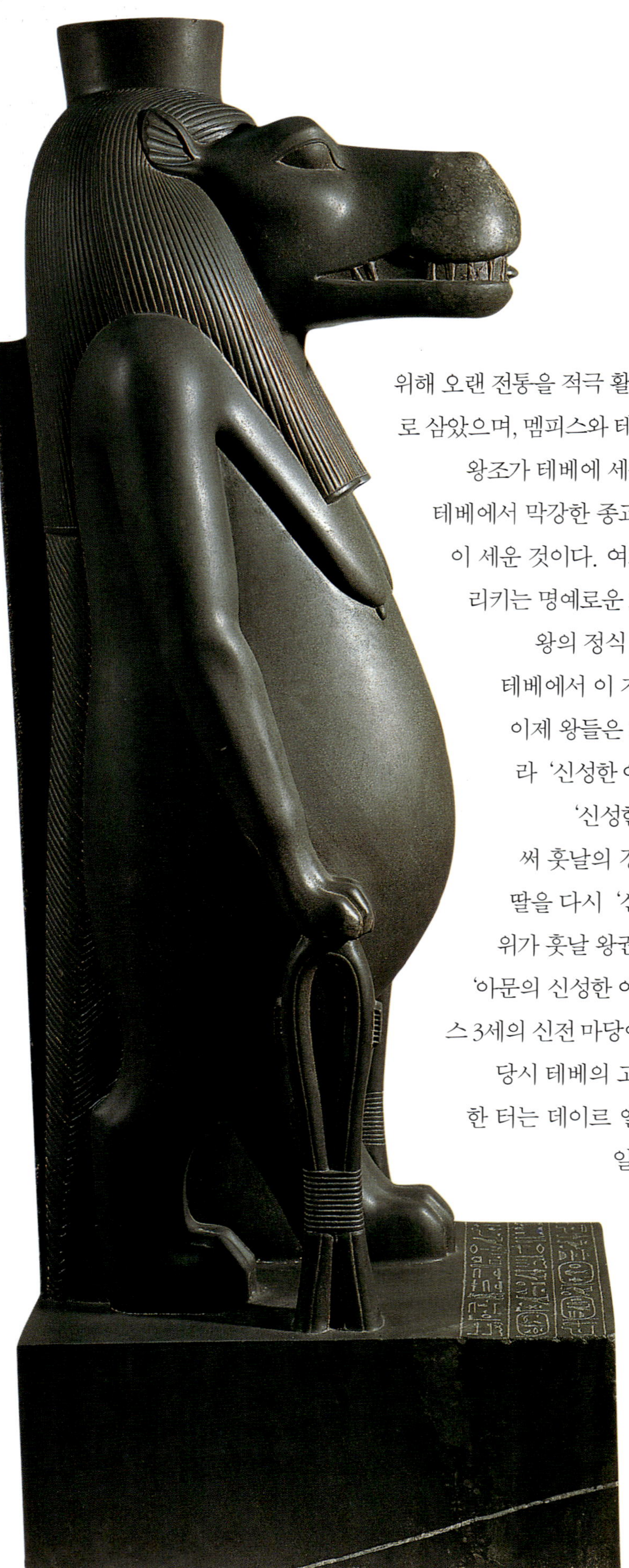

위해 오랜 전통을 적극 활용했다. 이제 왕실의 예술품은 고왕국과 중왕국의 것을 모범으로 삼았으며, 멤피스와 테베에는 새로운 신전들이 속속 들어섰다.

왕조가 테베에 세운 유적들에는 우시르를 섬기는 일군의 사당들이 있었다. 이는 테베에서 막강한 종교적 · 정치적 영향력을 행사했던 소위 '아문의 신성한 아내' 들이 세운 것이다. 여기서 말하는 '아문의 신성한 아내' 란 왕족 출신의 여사제를 가리키는 명예로운 호칭이다.

왕의 정식 왕비였던 여사제는 종교 행사에서 아문의 아내 노릇을 맡았다. 테베에서 이 지위는 제3중간기와 후대를 거치면서 더욱 큰 비중을 차지했다. 이제 왕들은 테베에서의 권위를 드높이기 위해 자신의 딸들 중에 하나를 골라 '신성한 아내' 로서의 역할을 감당하게 하였다.

'신성한 아내' 에게는 물론 결혼이 허락되지 않았다. 자식을 낳음으로써 훗날의 경쟁자가 생겨나는 일을 막기 위한 의도였다. 다음 왕이 자신의 딸을 다시 '신성한 아내' 로 추대하면서 왕실은 그 권위를 이어 갔다. 이 직위가 훗날 왕권 교체에서 중요한 역할을 한 데는 이런 배경이 있었던 것이다. '아문의 신성한 아내' 는 나일강 서안의 메디네트 하부(176쪽 참조)에 있는 람세스 3세의 신전 마당에 마련된 무덤에 묻혔다.

당시 테베의 고위 관리들도 나름대로 화려한 묘를 지었다. 그들이 특히 선호한 터는 데이르 엘바하리에서 가까운 아사시프 지역이었다. 높게 쌓은 벽돌 파일론을 통해 들어가는 삼중 구조로 지어진 무덤은 아예 한 채의 작은 사당을 보는 것만 같다. 무덤의 내부에는 신을 섬기는 비문과 일상생활의 모습을 그린 장면들이 가득하다.

이 시기의 이집트는 지중해 연안의 세계와 갈수록 밀

풍요를 상징하는 여신 타우에레트(Taweret)*를 형상화한 조각상. 녹색 빛깔이 나는 편암을 깎아 만든 이 조각상은 하마 머리에 다른 동물들의 모습을 합쳐 놓은 것이다. 조각상 발치의 비문에는 '아문의 신성한 아내' 니토크리스(Nitocris)의 번영을 지켜 달라는 기도가 새겨져 있다. 카르나크의 우시르 파데드안크(Padedankh : 생명을 주시는 이) 사당에 세워진 것이다. 만든 연대는 BC 650년경으로, 제26왕조에 해당한다.

접한 연관을 가졌다. 이집트 군대만 하더라도 이미 그리스 용병에 상당히 의존할 정도였다. 경제는 말할 것도 없이 지중해권 세계의 무역에 크게 의존했다. 제26왕조부터 그리스 상인들은 나일강 삼각주 지역에 상점을 개설할 수 있었을 뿐만 아니라 각종 지원 혜택까지 누렸다.

그리스에 대한 이집트의 이런 우호적인 정책은 결국 페르시아와의 갈등을 낳고 말았는데, 당시 새롭게 떠오른 지역 실세였던 페르시아가 그리스와 적대적인 관계였기 때문이다.

당시 페르시아제국은 제국의 명성에 걸맞게 리비아에서 인도에 이르는 광활한 영토를 자랑했다. 전부 20개 지역 혹은 분할구로 나뉜 제국의 속국들은 저마다 페르시아 왕에게 세금과 공물을 바쳐야 했다. 때는 BC 525년, 캄비세스Cambyses 장군이 이끄는 페르시아군대를 맞은 이집트는 나일강 삼각주의 펠루시움Pelusium이라는 곳에서 대패하고 만다. 결국 이집트는 페르시아의 속국이 되고 만 것이다. 이집트는 역사상 처음으로 직접 외국 왕에게 지배를 받는 수모를 감수해야 했다. 이때 세워진 페르시아 괴뢰 왕조가

위 제25왕조 시절 테베의 시장을 지낸 몬투멘하트(Montumenhat)의 엘아사시프에 있는 묘에 새겨진 부조. 아기를 품에 안은 한 여자가 앉은 자세로 무화과 열매를 먹고 있다.

* 타우에레트 : Taueret라고도 쓴다. 글자 그대로의 뜻은 '위대한 자' 다. 하마의 머리와 사자의 팔, 악어의 꼬리, 인간의 가슴, 생명을 잉태한 부푼 배를 한 모습으로 그려진다. 생명의 번영과 풍요를 상징하는 여신.

위 둥근 지붕을 한 호르의 외부 목관. 호르는 테베에서 몬투를 섬기던 사제다. 이런 형식의 목관은 제25, 26왕조 때 만들어졌다. 옆면에는 사제가 앉아 있는 죽은 사람 앞에 서서 제사를 드리는 장면을 묘사해 놓았다. 가운데 있는 탁자 위에는 빵, 술, 쇠고기, 날짐승 고기 등이 놓여 있다고 상형문자에 씌어 있다.

207쪽 나무를 깎아 색을 입힌 비문. 제26왕조 때 테베에서 아문 신을 섬기는 사제를 지낸 안케펜콘스(Ankefen-khons)의 것이다. 죽은 자가 라-호라크티(오른쪽)와 아툼(왼쪽)에게 경배를 드리는 모습이다. 일출과 일몰을 상징하는 신들이 함께 등장함으로써 태양의 순환이 완결되고 있다. 아래 새겨진 글은 죽은 자가 사후 세계에서 이런저런 소득을 누릴 것이라고 약속해 주는 내용이다.

이른바 제27왕조(BC 525~BC 404년)다.

이집트에서 신전이 차지하는 비중을 재빨리 간파한 페르시아는 제사장들을 후원하면서 이집트 전역을 장악하려 시도했다. 한때 페르시아가 직접 파라오를 자임하고 나서기도 했지만, 백성의 반응은 냉담했던 것이다.

공동의 적에 대한 그리스의 승리에 고무되어 많은 항전이 일어났다. 침략자가 마침내 쫓겨간 것은 BC 404년, 제28왕조의 유일한 왕인 사이스 출신의 아미르타이오스Amyrtaios에 의해서였다. 그러나 아미르타이오스는 BC 399년 나일강 삼각주의 도시 멘데스Mendes 출신인 네페리테스 1세Nepherites I에 의해 왕위에서 쫓겨났다. 네페리테스와 그의 후계자들(제29왕조: BC 399~BC 380년)은 제30왕조(BC 380~BC 343년)에 의해 몰려나기까지 페르시아 군대를 해안선에 묶어 둘 수 있었다. 제30왕조는 토종으로 이뤄진 마지막 이집트 왕조였다.

제30왕조는 민족주의를 강하게 내세웠다. 특히 전통적인 제례를 드리는 데 조금도 소홀함이 없도록 노력했다. 제30왕조는 카르나크의 아문 신전을 포함한 많은 신전들을 증축하는 데 심혈을 기울였다. 넥타네보 1세(BC 380~BC 362년)가 아문 신전에 제1파일론을 세운 것이 그 좋은 예다. 그러나 제30왕조 역시 이집트를 다시 집어삼키기 위해 끊임없이 도발하는 페르시아를 막아 내기에는 역부족이었다. 결국 이집트의 마지막 파라오 넥타네보 2세Nectanebo II는 페르시아의 아르탁세르크세스 3세Artaxerxes III를 맞아 참패하고 만다. 제2페르시아 점령기를 알리는 서막이었다. 이 시기의 왕조를 제31왕조(BC 343~BC 332년)라고 한다.

그리스와 로마 시대

프톨레마이오스 왕조에서 비잔틴 시대까지

BC 332~서기 641년

이집트를 강점했던 페르시아의 시대는 BC 332년 알렉산더 대왕Alexander the Great이 이끄는 군대가 이집트로 진격해 들어오면서 끝이 났다. 알렉산더 대왕은 BC 352년 마케도니아에서 필리포스 2세Philippos II의 아들로 태어났다. 그러나 후대에 쓰인 이집트 역사는 알렉산더가 이집트 순수 혈통의 마지막 왕 넥타네보 2세가 숨겨 둔 아들이라고 주장한다. 이집트인들은 페르시아는 못마땅하게 여겼지만, 그리스는 오랜 혈맹으로 추켜세웠다. 이런 맥락에서 보자면, 알렉산더의 이집트 정복은 침략이라기보다는 해방에 가까웠던 것이다. 이집트 문화에 대단한 매력을 느낀 알렉산더는 나일강 삼각주에 알렉산드리아Alexandria라는 새 수도를 건설하면서 장차 그가 이룩할 대제국의 중심지로 삼고자 했다.

그러나 알렉산더는 이집트를 정복한 지 불과 9년 만에 바빌론에서 죽었다. 그래서 결국 이집트는 알렉산더의 친구이자 장군인 프톨레마이오스Ptolemaeos의 손에 넘어가게 된다. 프톨레마이오스는 자신의 이름을 딴 새 왕조를 세운다. 프톨레마이오스 1세(BC 305~BC 285년)는 재임하는 동안 신들에 대한 충직한 봉사자로서의 전통적인 파라오 상을 지키기 위해 갖은 노력을 다했다. 고대 이집트 역사와 종교를 공부하는 데도 소홀함이 없을 정도였다. 프톨레마이오스 치하에서 제사장을 지낸 세벤니토스Sebennytos 출신의 마네토Manetho는 이집트 왕들의 역사를 망라한 대역사서 『이집티아카Aegyptiaca』를 썼다. 이 책은 후대 역사가들의 주 원전이 된 대작이다.

프톨레마이오스 왕조는 비록 알렉산드리아에 머물며 나라를 다스렸지만, 전국의 신전을 지원하고 장려하는 데 조금도 아낌이 없었다. 야심에 찬 신전 건설 계획을 추진하면서 특히 이집트 남부를 적극 배려했다. 자신을 아문의 아들이라고 내세웠던 알렉산더가 룩소르 신전에 신을 섬기는 새 성소와 함께 한 척의 커다란 배 모양의 사당까지 세웠던 전례를 잊지 않았던 것이다. 알렉산더는 카르나크도 잊지 않았다. 필리포스 3세 아리다이오스Philippos III. Arrhidaios의 이름이 붙여진 새 성소가 들어섰던 것이다. 이 인물은 알렉산더의 이복동생이자 단명한 후계자였다.

전례의 소중함을 잘 의식한 프톨레마이오스 왕조의 왕들은 프타, 몬투, 콘수 등의 사원을 확장하는 등 카르나크 신전에 많은 기념물을 추가했다. 콘수의 사원 옆에는 모태의 여신 오페트를 섬기는 사원이 새로 세워졌다. 그밖에 나일강 서안의 메디네트 하부에 있는 아문의 작은 사원을 확장했으며, 데이르 엘메디나에는 고대 유적지 곁에 하토르를

208쪽 아문을 섬긴 제사장 우시루르(Ousirour)의 채색 석주. 창조의 신 아툼, 공기의 신 수(Shu) 그리고 물의 신 테프누트(Tefnut) 앞에서 죽은 자가 자신의 사연을 호소하고 있다.

모신 새 사원이 들어섰다. 데이르 엘바하리에는 프톨레마이오스 8세Ptolemaeos VIII(BC 170~BC 116년)가 이집트의 전설적인 현자이면서 신격으로 대접받는 임호텝Imhotep과 하푸의 아들 아멘호텝을 위한 작은 사당을 지었다.

이런 아낌없는 노력에도 불구하고 프톨레마이오스 왕조는 백성의 전폭적인 지지를 받지는 못했다. 왕조가 지배하는 동안 그리스어가 나라의 공식 언어가 되었으며, 그리스어를 쓰는 계층만이 특별 대우를 받았던 것이다. 반면 토종 이집트인들은 이등 국민으로 전락해 무거운 세금을 물어야 했다. 수차례에 걸쳐 저항의 불길이 일어난 것은 당연한 일이다. 그 중 가장 거셌던 것은 프톨레마이오스 5세Ptolemaeos V(BC 205~BC 180년) 때 일어난 봉기였다.

프톨레마이오스 왕조는 이집트의 옛 영화를 되살리기 위해 갖은 노력을 다했지만 새롭게 부상하는 지중해권의 강자에게는 속수무책이었다. 그 강자는 다름 아닌 로마였다. 여왕 클레오파트라 7세Cleopatra VII는 율리우스 카이사르Julius Caesar와 뒤에 로마의 장군이 되는 마르쿠스 안토니우스Marcus Antonius 등과 동맹까지 불사해 가며 새 이집트제국을 지중해 동부의 강국으로 건설할 꿈을 꿨지만 허사였다. BC 31년에 있었던 악티움Actium 해전에서 옥타비아누스Octavianus(뒤에 아우구스투스Augustus 황제가 됨)가 이끄는 로마군에 참패를 당한 것이다. 그 뒤 알렉산드리아를 점령한 옥타비아누스는 클레오파트라와 카이사르 아들의 시신까지 덤으로 차지했다. 이집트가 로마제국의 속국이 되는 순간이었다.

210쪽 카르나크 콘수 신전의 정면에 서 있는 기념 성문. 프톨레마이오스 3세(Ptolemaeos III : BC 246~BC 221년) 때 세워진 것이다.

위 프톨레마이오스 왕조가 세운 신전에 새겨진 프리즈 장식. 기름진 땅을 만들어 준 나일강에 감사를 드리기 위해, 강의 신과 여신이 각종 특산물을 과시하는 장면이다.

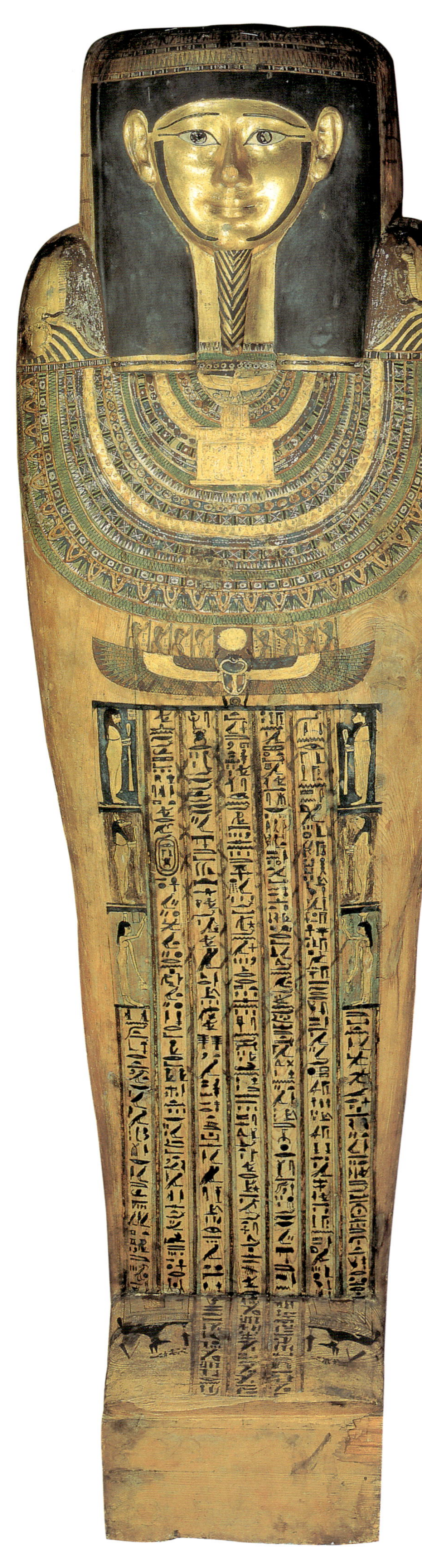

로마제국이 이집트를 탐낸 것은 점점 커져 가는 제국의 식량 공급원으로 삼기 위해서였다. 신전의 조직이 곡물을 징발하고 세금을 거두는 데 중요한 역할을 하고 있다는 것을 안 로마제국은 신전을 짓고 기부를 하는 이집트 왕실의 전통을 지켜 가는 데 많은 관심을 쏟아 부었다. 그러나 테베에서의 공헌은 보잘것없었다. 카르나크와 메디네트 하부에 몇 개의 사당을 짓는 정도에서 끝났던 것이다.

이 시기에 권력의 중심에서 멀리 떨어진 테베는 그 화려한 고대 유적으로 그리스와 로마의 관광객을 끌어 모으는 관광 명소로 발돋움한다. 특히 관심을 끈 유적은 라메세움과 '왕들의 계곡' 에 있는 무덤들이다. 여기에 남아 있는 약 2000여 개의 낙서를 보면, BC 3세기부터 서기 6세기까지 800년 동안 관광객의 발길이 끊이지 않았음을 알 수 있다. 그 중에서도 소위 '멤논의 거상' (90쪽 참조)이라고 알려진, 아멘호텝 3세의 커다란 두 개의 좌상은 관광객이 반드시 들리는 명소였다. 이 거상을 방문한 사람들 가운데는 하드리아누스Hadrianus 황제와 셉티미우스 세베루스Septimius Severus 황제도 끼어 있었다. 그런데 이 두 황제는 재미있는 증언을 했다. 새벽 동틀녘에 북쪽에 있는 거상이 부르는 '노랫가락' 을 들었다는 것이다. 이는 아마도 햇볕을 받기 시작한 돌이 팽창하면서 일어나는 현상으로, 지진으로 인해 금간 곳에 바람이 몰려서 생겨난 소리였을 것이다. 세베루스의 명령으로 수리를 한 다음에는 '노랫소리' 가 멎었기 때문이다.

후대 이후에는 테베에 암석을 깎아 만든 묘가 거의 지어지지 않았다. 프톨레마이오스 왕조 때부터 로마 시대에 이르기까지 벽돌을 쌓아 만든 작은 묘는 많이 남아 있다. 당시 무덤의 주류는 기왕에 있던 무덤과 그 넓은 터를 다시 활용하는 것이었다. 한 예로 신왕국 시대에 만들어져 함께 모여 있는 세 개의 무덤들에서는 자그마치 300여 구가 넘는 미라들이 나왔다. 모두 후대의 것이다. 이 시기의 것으로 보이는 몇몇 귀족층 가족묘도 있으나, 전부 기존 묘를 다시 쓴 것이다. 대신 시신을 담은 관은 아주 크고 화려하며 쌍을 이루고 있다.

212쪽 BC 3세기경, 프톨레마이오스 3세 치하에서 아문의 대제사장이자 최고 성직자였던 호르네지이테프(Hornedjiitef)의 목관. 미라를 담은 내관인 이 목관은 나무로 만들어 금박을 입힌 것이다. 죽은 자에게 씌워진 마스크는, 신성한 존재의 황금 피부를 가진 영원한 젊음을 상징한다.

오른쪽 프톨레마이오스 왕조의 조각상은 고대 이집트의 원형을 따르고 있기는 하지만, 그 얼굴이나 머리 모습을 표현하는 데 있어서는 고전의 영향을 받은 것이 거의 확실하다. 이 현무암 석상은 아마도 클레오파트라와 카이사르 사이에 난 아들 카에사리온(Caesarion)을 표현한 것 같다.

215쪽 왼쪽 서기 2세기 말 테베의 최고 수장을 지낸 소테르(Soter)의 목관 뚜껑 안쪽에 그려진 그림. 소테르의 가족묘는 제19왕조의 무덤을 다시 쓴 것이다. 그림에 등장하는 여인은 이집트 하늘의 여신 누트를 로마 풍으로 표현한 것이다. 여신을 에워싸고 있는 그림들은 동물들로 별자리를 표현한 소위 황도대(黃道帶)이다. 이 황도대는 당시 바빌론에서 새롭게 전파된 것이다.

215쪽 오른쪽 로마 시대의 전통적인 미라는 마스크 대신 초상화를 쓰고 있다. 서기 3세기경의 것으로 추정되는 이 테베 여인의 초상화는 석고로 본을 뜬 것에 색칠을 해 그린 다음 미라를 싸고 있는 아마포에다가 꿰맨 것이다.

* 세라피스: Sarapis라고도 쓴다. 프톨레마이오스 시대 이집트와 그리스의 여러 신들이 뒤섞여 만들어진 신이다. 나중에 로마제국 전체에서 널리 숭배를 받았다. 이집트 신을 대표하는 우시르와 아피스에, 그리스의 제우스, 하데스 등이 합쳐지면서 절대 신이 탄생한 것이다. 알렉산드리아에 있는 사라피움(Sarapeum)이라는 유명한 신전이 이 신을 섬기는 곳이다.

서기 1세기를 거치는 동안 기독교라는 새 종교가 이집트로 스며들어 왔다. 테베 인근의 동굴과 언덕은 고행하는 수도자들이 몰려들어 일종의 수도원 공동체 본산이 되다시피 했다. 고행자들은 몇몇 왕묘를 거처로 삼기도 했다. 람세스 3세의 아들 묘(KV3)는 아예 예배당으로 변모했다. 대부분의 로마 황제들이 기독교에 관대했지만, 모진 박해의 일화도 적지 않다. 특히 디오클레티아누스Diocletianus(284~305년) 치하였던 303년이 그랬다. 이때에는 로마에 대한 저항이 거의 테베의 일상을 이룰 정도여서, 로마 군이 룩소르 신전에 상주하다시피 하였다. 당시 룩소르 신전은 이미 사용되지 않는 폐허나 다름없었다. 아멘호텝 3세의 홀은 황제에게 충성을 맹세하는 전당으로 바뀌었다. 또 신전의 담장 안에는 그리스와 이집트의 여러 신들을 혼합해 탄생한 신 세라피스Serapis*에게 제사를 드리는 작은 사당이 세워졌다.

이후 로마제국이 395년에 분할되면서 이집트는 동로마제국의 수도 콘스탄티노플Constantinople: Byzantium의 지배를 받았다. 4세기 말엽에 이르러 기독교가 로마의 공식 국교로 선포되면서 이교도는 형식적으로 추방되었다. 이집트의 많은 고대 신전들이 기독교 광신도들에 의해 쑥대밭이 된 것도 이때다. 그 중 몇몇은 간신히 살아남아 교회나 수도원으로 쓰였다. 서기 6세기에는 룩소르 신전의 람세스 2세 마당에 교회가 들어섰다.

서기 641년, 이집트를 다스리던 비잔틴의 통치자들은 칼리프 오마르Caliph Omar가 이끄는 군대 앞에 무릎을 꿇었다. 이집트가 아랍제국의 일원이 된 것이다. 수도도 현재 카이로 근처에 새롭게 건설되었다. 신왕국 시대 말기에 수도가 북쪽으로 옮겨진 이래 테베는 몰락의 길을 걸어왔다. 도시가 자랑한 영화는 거의 30세기에 걸쳐 세월의 역류에 휘말려 변방의 시골이 되고 만 것이다. 이후 몇십 년 동안 대부분의 테베 주민이 이슬람교로 귀의하면서 기독교 공동체도 무너지고 말았다. 8세기 말엽에는 이 지역에 단 하나의 수도원만이 연명하고 있었을 따름이다. 중세에 지역 출신의 이슬람 성자 아부 엘하각Abu el-Haggag이 룩소르 신전의 꼭대기에 마련된 사당에 묻혔고, 신전의 나머지는 파편으로 가득 찼다. 모스크를 짓기 위해서였다. 이슬람 성자의 유해를 품은 사당을 포함한 모스크는 아직도 사용되고 있다.

4000년이라는 세월의 질곡을 이어 오면서 신전은, 비록 섬기는 대상은 바뀌었으나, 현대 시민과 고대 선조를 이어 주는 가교 역할을 말 없이 하고 있다.

옮기고 나서 _ 영겁의 영화

처음 책장을 펼쳤을 때 빛이 뿜어져 나오는 것을 보았다. 늘 책에 파묻혀 지내는 생활이지만, 이런 경험은 흔치 않은 일이다. 사실 항상 손에서 책을 놓지 않는 생활을 하다보면, 뭘 읽어도 심드렁해진다. 사랑도 지나치면 쉬 권태가 찾아오는 법. 혹여 진부의 늪에 빠지는 일은 없을까, 그게 그 소리구나 지레 여기고 되새김을 게을리 하는 일은 없을까, 경계와 긴장의 끈을 놓지 않으려 애를 쓰지만 어느덧 책갈피 사이에 코를 묻고 조는 경우가 적지 않다. 그러나 이 책은 만남부터 달랐다. 빛이 소스라쳐 떨쳐 일어나는 감격을 맛본 일이 있는가? 그것도 갈피갈피 스며든 수천 년의 빛이!

눈을 가득 메우는 이 빛의 근원은 무엇일까? 형형색색의 보물들, 금박을 입힌 화려한 장식에서 빛이 비롯되는 것일까? 아니다. 이건 물질의 빛이 아니다! 기원전 1만 년 전으로 거슬러 올라가 서기 641년으로 되짚어 내려오기까지 우리가 확인하게 되는 것은 살아 있음이라는 은총의 생생한 현장이다. 말하자면 살아 노력한 인간의 안간힘을 실감하게 되는 감격의 현장이랄까. 그 중심에는 고대 이집트의 융성했던 도시 테베가 있다. 테베가 숱한 왕조의 부침에도 불구하고 그 건재를 과시할 수 있었던 것은 도시에 세워진 거대한 신전 덕분이다. 즉 살아 있는 생명과 그 생명을 주관하는 신이 만나는 곳이 바로 테베였던 것이다.

테베는 한갓 도시에 그치는 곳이 아니다. 그곳은 우리네 삶의 거의 모든 것을 끌어안은 소우주라 불러 마땅하다. 지금도 우리는 그곳에 가면 신들과 인간들이 어우러져 이뤄낸 기적의 현장을 만날 수 있다. 살고픈, 그것도 영원히 살고픈 열망이 빚어낸 열망의 숨결을! 또 우리는 확인하게 된다. 그 오랜 옛날 사람의 살아가는 모습이 현재 우리의 삶과 크게 다르지 않다는 것을! 권력을 둘러싼 치열한 다툼도, 가족의 생계를 책임져야 했던 가장의 한숨도, 죽음에 대한 두려움에 맞서 영원을 담보하려는 몸부림도, 이 책을 통해 만날 수 있는 축복이다.

그것이 축복인 이유는 간단하다. 지난 역사를 돌아봄으로써 우리의 현재와 미래에 대한 교훈을 얻을 수 있기 때문이다. 예나 지금이나 우리의 인생은 단 한 번뿐인 소중한 기회이다. 이미 지나버린 시간을 되돌릴 수는 없지 않은가. 그러나 역사를 돌아봄으로 해서 우리는 착오와 파오를 줄일 수 있다. 혼란과 미망뿐인 우리네 인생의 현장에 비춰지는 밝은 빛은 지나가버린 과거를 거울삼아 배우려는 자세를 가질 때에만 얻을 수 있는 축복이다. 독자 분들이 이 책을 통해 빛과 만나는 체험을 할 수 있기를 간절히 소망한다. 역사를 알자, 그것은 곧 인간을 아는 길이다.

2006년 1월

김희상

참고 문헌

Baines, J. and Malek, J. *Atlas of Ancient Egypt*. Phaidon Press: Oxford, 1989.

Bierbrier, M. L. *The Tomb-builders of the Pharaohs*. British Museum Press: London, 1982.

Bowman, A. K. *Egypt after the Pharaohs*. British Museum Press: London, 1986.

Clayton, Peter A. *Chronicle of the Pharaohs*. Thames and Hudson: London, 1994.

Egyptian Antiquities Organization. *Official Catalogue: The Egyptian Museum, Cairo*. Verlag Philipp von Zabern: Mainz, 1987.

Egyptian Antiquities Organization. *The Luxor Museum of Ancient Egyptian Art Guidebook*. Egyptian Antiquities Organization: Cairo, 1978.

Faulkner, R. O. *The Ancient Egyptian Book of the Dead*. British Museum Press: London, 1985.

Fletcher, J. *Ancient Egypt: Life, Myth and Art*. Duncan Baird Publishers and Stewart, Tabori and Chang: London and New York, 1999.

Fletcher, J. *Egypt's Sun King. Amenhotep III: An Intimate Chronicle of Ancient Egypt's Most Glorious Pharaoh*. Duncan Baird Publishers and Oxford University Press: London and New York, 2000.

Fletcher, J. *The Egyptian Book of Living and Dying*. Duncan Baird Publishers and Thorsons: London and New York, 2002.

Grimal, N. *A History of Ancient Egypt*. (Translated by Ian Shaw.) Blackwell Publishers: Oxford, 1992.

Hart, G. *Egyptian Myths*. British Museum Press: London, 1990.

Kamil, J. *Luxor: A Guide to Ancient Thebes*. Longman: London, 1973.

Kemp, B. J. *Ancient Egypt: Anatomy of a Civilization*. Routledge: London, 1989.

Kitchen, K. A. *Pharaoh Triumphant: The Life and Times of Ramesses II*. Aris and Phillips Ltd.: Warminster, England, 1982.

Kitchen, K. A. *The Third Intermediate Period in Egypt*. Aris and Phillips Ltd.: Warminster, England 1995.

Lichtheim, M. (ed.) *Ancient Egyptian Literature: A Book of Readings: The Old and Middle Kingdoms*. University of California Press: Berkeley, 1975.

Lichtheim, M. (ed.) *Ancient Egyptian Literature: A Book of Readings: The New Kingdom*. University of California Press: Berkeley, 1973.

Lichtheim, M. (ed.) *Ancient Egyptian Literature: A Book of Readings: The Late Period*. University of California Press: Berkeley, 1980.

Manley, B. *The Penguin Historical Atlas of Ancient Egypt*. Penguin Books: London, 2000.

Manniche, L. *City of the Dead: Thebes in Egypt*. British Museum Press: London, 1987.

McDermott, B. *Decoding Egyptian Hieroglyphs*. Duncan Baird Publishers and Chronicle: London and San Francisco, 2001.

Murnane, W. *United with Eternity: A Concise Guide to the Monuments of Medinet Habu*. University of Chicago Press, American University in Cairo Press: Chicago and Cairo, 1980.

Pemberton, D. *Travellers' Architectural Guides: Ancient Egypt*. Viking Penguin and Chronicle: London and San Francisco, 1992.

Quirke, S. *Who were the Pharaohs?* British Museum Press: London, 1990.

Quirke, S. *Ancient Egyptian Religion*. British Museum Press: London, 1992.

Reeves, N. *The Complete Tutankhamun: The King, the Tomb, the Royal Treasure*. Thames and Hudson: London, 1990.

Reeves, N. and Wilkinson, R. H. *The Complete Valley of the Kings*. Thames and Hudson: London, 1996.

Reeves, N. *Ancient Egypt: The Great Discoveries*. Thames and Hudson: London, 2000.

Riefstahl, E. *Thebes in the Time of Amunhotep III*. University of Oklahoma Press: Norman, Oklahoma, 1964.

Robins, G. *The Art of Ancient Egypt*. British Museum Press, 1999.

Romer, J. *The Valley of the Kings*. Weidenfeld & Nicholson: London, 1981.

Romer, J. *Ancient Lives: The Story of the Pharaoh's Tombmakers*. Weidenfeld & Nicholson: London, 2003.

Schafer, B. E. (ed.) *Temples of Ancient Egypt*. I. B. Tauris: London, 1998.

Shaw, I. and Nicholson, P. *The British Museum Dictionary of Ancient Egypt*. British Museum Press: London, 1995.

Silverman, P. (ed.) Ancient Egypt. Duncan Baird Publishers and Oxford University Press: London and New York, 2003.

Smith, W. Stevenson. *The Art and Architecture of Ancient Egypt*. Pelican Books: Harmondsworth, England, 1981.

Strudwick, N. and Strudwick, H. *Thebes in Egypt: A Guide to the Tombs and Temples of Ancient Luxor*. British Museum Press and Cornell University Press: London and New York, 1999.

Weeks, Kent R. (ed.) *Valley of the Kings*. White Star: Vercelli, Italy, 2001.

Wilkinson, R. H. *The Complete Temples of Ancient Egypt*. Thames and Hudson: London, 2000.

찾아보기

ㅁ

ㅂ

ㅅ